„Gegen das Vergessen".
Der alte ev. Friedhof an der Gnadenkirche
in Bergisch Gladbach

M.-W. Kautz / M. Werling

„Gegen das Vergessen".
Der alte ev. Friedhof an der Gnadenkirche
in Bergisch Gladbach

Eine Dokumentation in Text, Bild und Zeichnung

Fachhochschule Köln
University of Applied Sciences Cologne

Fakultät für
Architektur

und

Band 42

der Schriftenreihe des Bergischen Geschichtsvereins
Abteilung Rhein – Berg e.V.

Köln 2004

Sponsoren

Ev. Kirchengemeinde Bergisch Gladbach

Verschönerungsverein der Stadt
Bergisch Gladbach

H. W. Zanders, Bergisch Gladbach

PÜTZ∞ROTH

Bestattungen und Trauerbegleitung
Bergisch Gladbach

Richerzhagen Grabmale OHG,
Bergisch Gladbach

Alle Rechte vorbehalten

Herausgeber:　Prof. Dr.-Ing. M. Werling
Fachgebiet Baugeschichte,
Stadtbaugeschichte und Entwerfen
am Institut für Baugeschichte und Denkmalpflege
Fakultät für Architektur
Fachhochschule Köln
Betzdorfer Str. 2
50679 Köln

Druck:　Moeker Merkur Druck GmbH
Niehler Gürtel 102, 50733 Köln

ISBN　3 – 932326 – 42 – 3

Inhaltsverzeichnis

1. Einführung 7
   - 1.1 Zum Geleit 7
   - 1.2 Vorwort 9

2. Gegen das Vergessen 11

3. Der alte ev. Friedhof an der Gnadenkirche in Bergisch Gladbach 19

4. Die Papiermacherfamilien Bergisch Gladbachs auf dem alten ev. Friedhof an der Gnadenkirche 29

5. Die Grabsteine des alten ev. Friedhofes in Bergisch Gladbach 41
   - 5.1 Lage bzw. Position der Grabsteine 41
   - 5.2 Zur Typologie der Grabmäler 43
   - 5.3 Zu Sprache und Inhalt der Inschriften 53
   - 5.4 Zu den Grabsteinsymbolen 59
   - 5.5 Über die Hersteller und das Zurichten der Grabsteine 79
   - 5.6 Das verwendete Material und die Polychromie 101
   - 5.7 Restaurierungsaspekte 107
   - 5.8 Vergessene, vergangene Grabstätten 113

6. Anhang zum Text 117
   - 6.1 Anmerkungen zu den Textabbildungen (T) 117
   - 6.2 Anmerkungen zu den Fotografien (F) 119
   - 6.3 Literaturverzeichnis 121

7. Die Dokumentation 129
   - 7.1 Editorische Notiz 129
   - 7.2 Zeichnungs (Z) – und Kommentarteil 131

8. Anhang zur Dokumentation 211
   - 8.1 Liste der Grabsteine nach den Kartierungsnummern 211
   - 8.2 Alphabetische Liste der Grabsteine 213
   - 8.3 Chronologische Liste der Grabsteine 215
   - 8.4 Liste der Grabsteine nach den verwendeten Materialien 217
   - 8.5 Quellenverzeichnis 219
   - 8.6 Verzeichnis der an der Bauaufnahme Beteiligten 220
   - 8.7 Zu den Autoren 221

F01   Blick „von außen" auf den alten ev. Friedhof an der Gnadenkirche

1. Einführung

1.1 Zum Geleit

Was wir als Menschen in Bergisch Gladbach heute denken und fühlen, erstreben und wollen, ist immer auch schon mitgeprägt durch überkommene Strukturen und durch die Entscheidungen, mit denen die Menschen vor uns diese Stadt geformt und gestaltet haben. In der geschäftigen Hast des Alltags sind wir uns dieser grundlegenden historischen Einbindung und Verankerung unseres Denkens und Handelns nicht immer bewusst. Die historischen Friedhöfe unserer Stadt sind Orte der Besinnung und des Gedenkens, die dazu anregen, sich mit der Vergangenheit unserer Stadt und der Vergänglichkeit ihrer Menschen zu beschäftigen und die Zukunftspläne der Gegenwart aus historischer Perspektive neu in den Blick zu nehmen.

Der historische Friedhof an der Gnadenkirche nimmt unter den alten Friedhöfen Bergisch Gladbachs eine herausgehobene Stellung ein, denn zu den hier bestatteten Mitgliedern der protestantischen Gemeinde zählten bis zum Ende des 19. Jahrhunderts bekannte und einflussreiche Fabrikantenfamilien unserer Stadt. Die Grabsteine und ihre Inschriften erzählen von ihrem Leben und von ihrem Tode. Manfred-Walter Kautz und Prof. Dr. Michael Werling, der an der Fachhochschule in Köln lehrt, aber in Bergisch Gladbach wohnt, haben sich zusammengetan, um diese historischen Zeugnisse zu dokumentieren, zu beschreiben und für die Zukunft zu erhalten. Aus unserem Stadtarchiv und aus dem Archiv der evangelischen Gemeinde haben sie zahlreiche Informationen zusammengetragen, die die Inschriften auf den Steinen ergänzen und lebendig werden lassen.

Das vorliegende Buch ist das Ergebnis vielfältiger Arbeitsteilung und Zusammenarbeit. Nicht nur die beiden Autoren, die sich vorher gar nicht kannten, haben durch das Interesse an den Grabsteinen zueinander gefunden. Den Studenten von Professor Werling an der Fachhochschule Köln dienten die Steine als Übungsmaterial zur Erstellung von Bauaufnahmen. Der Bergische Geschichtsverein nahm den Band in seine Schriftenreihe auf. Helfer und Sponsoren griffen den Initiatoren des Projektes finanziell unter die Arme. Die Dokumentation des historischen Friedhofes an der Gnadenkirche ist ein gutes und nachahmenswertes Beispiel bürgerschaftlichen Engagements, das durch die Verbindung und Vernetzung vieler Einzelkräfte das Wissen um unsere städtische Vergangenheit erweitert und das Bergisch Gladbacher Geschichtsbewusstsein stärkt.

Dem Buch wünsche ich viele Leser. Es ist ja nicht das erste dieser Art. Im vergangenen Jahr hat Professor Werling – ebenfalls in Zusammenarbeit mit dem Bergischen Geschichtsverein - bereits eine Dokumentation der Grabsteine an der alten Taufkirche in Refrath veröffentlicht, die eine breite Wirkung erzielt hat. Der alte Friedhof in Sand ist ebenfalls Gegenstand vielfältiger Erhaltungs- und Restaurierungsbemühungen. Vielleicht gelingt es, auf diese Weise nach und nach alle historischen Grabsteine auf den alten Friedhöfen Bergisch Gladbachs zu dokumentieren, zu restaurieren und zu erhalten. Die Geschichte unserer Stadt verdient es, ins Bewusstsein der Bürger gehoben zu werden.

Maria Theresia Opladen
Bürgermeisterin der Stadt Bergisch Gladbach

F02   Blick auf die Grabsteine von Osten

1.2 Vorwort

Der alte Friedhof an der Gnadenkirche in Bergisch Gladbach ist ein Zeugnis der Gründung und Entwicklung der evangelischen Gemeinde von 1775 bis 1895. Er ist ebenso ein Stück bemerkenswerter Zeitgeschichte sowohl der Stadt als auch der hier ansässigen Papiermacherfamilien. Viele der Gräber und Grabdenkmale sind im Laufe der rund 230 Jahre verschwunden. Umsomehr ist es Verpflichtung, das im Jahre 1992 unter Schutz gestellte Kulturdenkmal „Historischer Friedhof Bergisch Gladbach" den nachfolgenden Generationen zu erhalten.

Neben einer ausführlichen Inventarisation der Grabmäler wird im Rahmen dieser Ausarbeitung auch auf die verwendeten Inschriften und Symbole auf den Grabsteinen eingegangen, die ein Stück damaliger Glaubenshaltung dokumentieren. Die alten Kirchenbücher der evangelischen Gemeinde Bergisch Gladbach, weitere Veröffentlichungen sowie die Unterstützung des Stadtarchivs trugen dazu bei, der Nachwelt vieles über die hier Beerdigten nahe zu bringen. Es sind teilweise Vorfahren heute noch in Bergisch Gladbach lebender Familien, welche die Geschicke dieser Stadt maßgebend mitgeprägt haben. Wer sich intensiv mit den Grabmalen, deren Inschriften und der vorliegenden Dokumentation befasst, dem eröffnen sich auch persönliche Schicksale hier bestatteter Personen, deren Leben und Sterben von Glaube, Liebe und Hoffnung getragen war.

Danken möchten wir allen, die beim Zustandekommen vorliegender Veröffentlichung beigetragen haben. An erster Stelle den beteiligten Studierenden des Zusatzstudienganges „Baudenkmalpflege, Denkmalbereichs- und Umfeldplanung" der Fakultät für Architektur der Fachhochschule Köln, die zum Teil für die Erstellung der Bauaufnahmen Sorge trugen. Herrn Prof. Dr. H. Leisen, von der Fakultät für Design und Restaurierung der Fachhochschule Köln, sind wir dankbar für die Beratung bei der Behandlung der restauratorischen Aspekte. Herrn Prof. Dr. U. Jux danken wir für die Hinweise bei der Beurteilung der verwendeten Gesteinarten.

Für einen großzügig gewährten Druckkostenzuschuss danken wir dem Presbyterium der ev. Kirchengemeinde Bergisch Gladbach, dem Verschönerungsverein der Stadt Bergisch Gladbach, Herrn H. W. Zanders, Herrn H. P. Richerzhagen und Herrn F. Roth. Schließlich möchten wir dem Vorsitzenden des Bergischen Geschichtsvereins, Abteilung Rhein - Berg e.V., Herrn M. Morsches, herzlichst Dank sagen, das er diese Veröffentlichung in die Schriftenreihe des Bergischen Geschichtsvereins mit aufgenommen hat.

Abschließend sei angemerkt, das die Einnahmen aus dem Verkauf dieses Buches für die zukünftig fälligen Restaurierungsarbeiten an den Grabdenkmälern vorgesehen sind.

Köln im September 2004

Manfred-Walter Kautz / Michael Werling

F03 Blick auf die Grabsteine von Westen

2. Gegen das Vergessen (T 01 – 04)

Soweit der Rückblick in die Vergangenheit reicht, den die geschichtliche Überlieferung sowie die Forschungsergebnisse der Wissenschaftler eröffnen, beantwortet der Mensch die Konfrontation mit Tod und Vergänglichkeit, das Bewusstsein um die eigene Sterblichkeit nicht nur mit dem Glauben an ein Jenseits oder mit Wiedergeburtsvorstellungen. Neben dem, was die Religionen dem Tod entgegensetzen, gibt es auch einen innerweltlichen Einspruch gegen die Vergänglichkeit. Die Erinnerung wird aufgeboten gegen den Tod. Im Gedächtnis der Lebenden sollen die Toten weiterleben. Dem Streben nach Ruhm, nach Berühmtheit – einem der wirkungsmächtigsten Handlungsmotive der Menschen – ist auch der Wunsch auf Nachruhm eingeschrieben. Die Hoffnung auf ein Weiterleben in der Erinnerung ist es ebenso, die zur Gestaltung, zur Hervorhebung von Grabstätten führt. Die Hügelgräber der Steinzeit, die Pyramiden des Altertums, die Grablegen der mittelalterlichen Herrschergeschlechter, die Grabplatten und Grabdenkmäler auf den Friedhöfen der Vergangenheit und Gegenwart, sie alle sind, unabhängig von ihren unterschiedlichen Formen und Funktionen, immer auch ein Zeichen gegen das Vergessen.

Bei den Ägyptern und Griechen wurde dieser innerweltliche Einspruch gegen die Vergänglichkeit in Form eines ausgeprägten Gräberkultus am weitesten getrieben. Neben den monumentalen Grabbauten gibt es eine Fülle von Totengedenksteinen sowohl für hochgestellte Persönlichkeiten als auch für Privatleute, die ebenfalls dieses Empfinden bezeugen. Auch der heute im Louvre in Paris befindliche Grabstein des Königs Wadji[1] (Djet) „Schlange" (Altes Reich) ist zugleich ein Gedenkstein, den seine Nachkommen oder die Priesterschaft für ihn vor ca. 5000 Jahren an seinem Grabe bzw. an seiner Mastaba[2] aufgestellt haben „um seinen Namen zu beleben"[3] (T01/A). Durch diese ägyptische Ausdrucksweise wird deutlich, welche Funktion man dem Stein bzw. dem darauf befindlichen Text und der evtl. Bebilderung zuordnete: Der Name und damit die Person, die durch den Namen identifiziert wird, bleibt im Gedächtnis der Menschen lebendig, bzw. soll dadurch für alle Ewigkeit in der Erinnerung wachgehalten werden[4]. Mit „feinem Sinn für Gestaltung und Verteilung"[5] ist in die obere Hälfte des ursprünglich ca. 2.50 m hohen Grabsteines der Horusname des Königs in Form einer Schlange mit erhobenem Kopf angebracht. Darunter befindet sich die Ansicht eines Palastes, durch Rillenschmuck gegliedert und von Türmen bewehrt, welche aus der Fassade hervortreten und die Tore flankieren. Über diesem gerahmten Motiv sitzt der Falkengott Horus, nach dem äußerst komplizierten System der religiösen Vorstellungen der Ägypter die Idee des Göttlichen „par excellence".

Vor den griechischen, griechisch- römischen und römischen Städten wurden ganze Gräberstrassen angelegt, welche dicht mit Grabsteinen (in der Regel Stelen), kleinen Baulichkeiten, Tempeln und imposanten Monumenten (z.B. dem Mausoleum zu Harlikarnassos, oder dem Grabmal der Cäcilia Metella bei Rom) besetzt waren, damit

---

[1] Der Grabstein ist ca. 65 cm breit, besteht aus Kalkstein und wird in die erste Dynastie (Altes Reich bzw. Thinitische Zeit, ca. 2900 – 2630 v. Chr.) datiert.
[2] Eine Mastaba (arab.) ist ein ägyptisches Bankgrab. Es handelt sich hierbei in der Regel um rechteckige geböschte Baukörper von zum Teil mehreren Metern Höhe, die oft mit einer Vielzahl von Kammern ausgestattet waren, um sowohl den Verstorbenen als auch die Grabbeigaben aufnehmen zu können (vgl. u.a. Koepf/Binding [3]1999, S. 314 f.).
[3] Eggebrecht 1990, S. 98.
[4] Ebenda, S. 98.
[5] Lange/Hirmer 1978, Abb. 6, bzw. Text S. 48.

Gegen das Vergessen / 1

T 01

Grabstein des Königs Wadji

Grabstele eines Mädchens

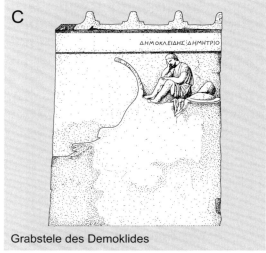

Grabstele des Demoklides

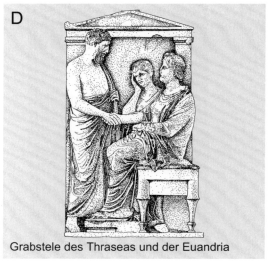

Grabstele des Thraseas und der Euandria

die Bestatteten im Gedächtnis der Lebenden „verankert" bleiben. Als Beispiel einer griechischen Grabstele sei die eines Mädchens (T01/B), entstanden um 460 v. Chr. angeführt. Sie ist ca. 1,43 m. hoch und mit einer prächtigen Volutenpalmette bekrönt. Dargestellt ist ein Mädchen, welches mit einem schlichten Frauengewand (Peplos) bekleidet in ein Kästchen blickt, dem sie einen Gegenstand entnimmt. Die junge Frau, die mit einem gewissen Ernst ihrer Beschäftigung nachgeht, ist nun eine „Braut des Hades und bereitet sich in stiller Versunkenheit auf ihr neues Dasein vor"[6]. Als ein weiteres Beispiel aus der Zeit der griechischen Antike sei die Reliefstele des athenischen Seemannes Demoklides, Sohn des Demetrios dargestellt, entstanden wahrscheinlich zu Anfang des 4. Jh. v. Chr.[7] (T01/C). Die Schlichtheit dieses einst bemalten Reliefs vermittelt eindringlich die Stimmung von Trauer angesichts des ebenfalls wohl allzu früh Verstorbenen. Dieser ist als kleine sitzende Figur am Bug seines Schiffes abgebildet. Sein Kopf ist entblößt, die Ellbogen hat er auf die Knie gestützt. Hinter ihm liegt sein Schild, obenauf ein sog. korinthischer Helm. Von einem noch stärkeren plastischen Eigenleben der Figuren zeugt das Grabrelief des Thraseas und der Euandria, entstanden wohl um 350 – 340 v. Chr. (T01/D). Thraseas nimmt Abschied von seiner Gattin Euandria, die auf einem Schemel mit einer Fußbank sitzt. „Im Hintergrund der Oberkörper einer Sklavin mit kurzgeschnittenem Haar, die ihre Hand an die Wange und Schläfe schmiegt, eine Geste, die als Ausdruck ausweglosen Leids oft auf Grabreliefs zu finden ist. Der Abschied aus dem Leben beschwört das bürgerliche Bild der Familie und damit die innige Verbundenheit des Ehepaares: Die Blicke der beiden tauchen ineinander, und der Handschlag unterstreicht diese Aussage"[8].

Römische Grabsteine mit Inschriften und Reliefdarstellungen gegen das Vergessen sind überall gefunden worden, soweit sich römische Herrschaft und Kolonisation erstreckten. Zuerst hat man die Grabsteine noch aus der Heimat importieren lassen müssen, aber schon bald waren in jeder größeren Garnisonsstadt z.B. entlang der Rheingrenze germanische und gallische Handwerker in der römischen Steinmetzkunst ausgebildet gewesen[9]. Einen kleinen Überblick über die Vielfalt römischer Grabsteine vermitteln die Abbildungen (T02/B,C und D).

Bei (T02/B) handelt es sich um einen, für römische Verhältnisse, relativ einfachen Grabstein in Form einer Inschriftenplatte. Sie berichtet über den Tod des Steuermanns Lucius Octavius Elaites aus Köln und stammt wohl aus dem 1. Jh. n. Chr.[10] Die Betextung lautet in der Übersetzung wie folgt: „Hier liegt Lucius Octavius Elaites, Sohn des Lucius, Steuermann, 58 Jahre alt, nach einer Dienstzeit von 34 Jahren. Dionysius, Sohn des Plestharchus, aus Tralles, (von Beruf) Schreiber, (hat) entsprechend den Verdiensten (sein Grabmal errichtet)"[11]. Weitaus anspruchsvoller ist jener Grabstein des Legionsveteranen Caius Iulius Maternus aus Köln, aus dem 2. Jh. n. Chr. (T02/C). Auf der oberen Hälfte der Steinplatte ist ein Totenmahl dargestellt, was – gemessen an der Zahl der wiedergefundenen Grabsteine – wohl ein beliebtes Motiv gewesen war. „Totenmahlszenen auf Grabsteinen sicherten möglicherweise die Teilnahme des Toten am Gedächtnismahl, das sich alljährlich im

---

[6] Antikensammlung 1992, S. 108.
[7] Branigan/Vickers 1991, S. 203.
[8] Antikensammlung 1992, S. 114.
[9] Bechert 1982, S. 251 f.
[10] Der Grabstein befindet sich im Römisch Germanischen Museum in Köln, (vgl. Bechert 1982, S. 70).
[11] Ebenda, S. 70.

Gegen das Vergessen / 2

T 02

A

Grabstein der Rignedrudis

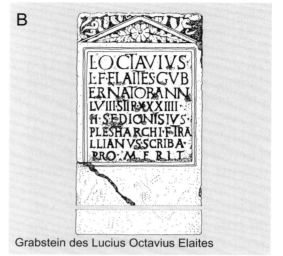

B

Grabstein des Lucius Octavius Elaites

C

Grabstein des Caius Iulius Maternus

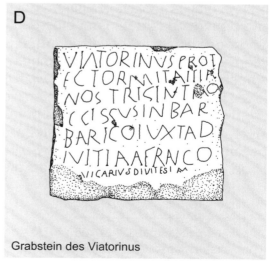

D

Grabstein des Viatorinus

Februar am Grabe wiederholte"[12]. Die Inschrift unterhalb dieser Szene lautet übersetzt: „Den Totengöttern (geweiht). Caius Iulius Maternus, Veteran der 1. minervischen Legion, errichtete (diesen Grabstein) zu seinen Lebzeiten für sich und für Maria Marcellina, seine liebe und treue verstorbene Gattin"[13]. Die Denkweise jener Zeit, möglichst jedem, sei er auch noch so unbedeutend, ein Erinnerungsmal zu setzen, verdeutlicht das Fragment eines Grabsteines für einen Soldaten aus dem 4. Jh. n. Chr. (T02/D). Die Betextung lautet in der Übersetzung: „Der Leibgardist Viatorinus diente 30 Jahre (und) wurde im Barbarenland nahe Deutz von einem Franken erschlagen. Der stellvertretende Kommandant der Deutzer Einheit (hat den Grabstein gesetzt)"[14].

Man darf davon ausgehen, dass bei der Gestaltung der Grabsteine allmählich und ohne formalen Bruch ein Übergang von der römischen zur römisch – christlichen bzw. zur fränkisch – christlichen Welt stattgefunden hatte. Als der Grabstein für das Mädchen Rignedrudis im 6. Jh. in Köln geschaffen wurde (T02/A), war aus dem „zwielichtigen Mysterienkult" der Christen längst eine staatstragende Institution geworden. Man musste sich nicht mehr verstecken, bzw. im Verborgenen agieren, sondern konnte mittlerweile auch auf den Grabsteinen das religiöse Bekenntnis dokumentieren. Für den Grabstein der Rignedrudis wurde ein römisches Gesims umgearbeitet. In Feldmitte der Steinplatte ist die Inschrift auf einer vorgezogenen Lineatur und mit einigen Ligaturen[15] ausgeführt. Die Betextung wird durch zwei clipei (Rundschilde) gerahmt. Mit dem oberen Rundmedaillon ist ein recht schlicht gehaltenes Christogramm verbunden mit dem ersten und letzten Buchstaben des griechischen Alphabets, mit Alpha und Omega[16], eingeschrieben. Das Motiv wird seitlich von Palmzweigen flankiert. Das untere Medaillon zeigt ein Taubenpaar zu seiten einer Pflanze, die als arbor vitae (Baum des Lebens) gedeutet werden darf[17]. Die Tauben selbst stehen für das christliche Symbol der Unschuld, Sanftmut und der Liebe. Die Übersetzung der Inschrift lautet: „In diesem Grab ruht in Frieden guten Angedenkens Rignedrudis. Sie war den Eltern teuer und ließ allzu viel Liebe zurück. Sie lebte in dieser Zeit 16 Jahre und verließ diese Welt 15 Tage vor den Kalenden des Mai (= 17. April)"[18].

Die Christen übernahmen also jene Sitte, Grabdenkmäler wie die Römer zu errichten. Aus der Beisetzung von Leichen in unterirdischen Begräbnisstätten (Katakomben) entsprang dann die Gewohnheit, Geistliche, Fürsten und später auch wohlhabende bzw. um die Kirche verdiente Bürger in Gewölben unter dem Fußboden der Kirchen, Kapellen und Kreuzgänge zu bestatten. Als Beispiel sei der Gedenkstein des Gozelinus angeführt, der im Jahre 1908 bei Ausgrabungen im südlichen Chorumgang der ehemaligen Zisterzienserabteikirche in Altenberg gefunden wurde (T03/B). Es handelt sich um eine rechteckige Platte von 197/67 cm Größe, die sich auf einer gemauerten Bettung in 80 cm Tiefe unter dem heutigen Bodenbelag der Kirche befand[19]. Das Grab ist geostet und kann, aufgrund seiner Positionierung in die 2. Hälfte des 12. Jh. datiert werden. Die mit einer umlaufenden Randprofilierung

---

[12] Ebenda, S. 252.
[13] Ebenda, S. 125.
[14] Ebenda, S. 256.
[15] In der Schriftkunde sind Ligaturen Zusammenziehungen von Buchstaben.
[16] Vgl. die nachfolgenden Erläuterungen bzw. Anm. 21-23.
[17] Päffgen/Ristow 1996, S. 740.
[18] Der Grabstein stammt aus Köln und befindet sich heute im Rheinischen Landesmuseum in Bonn (vgl. Bechert 1982, S. 236 f.).
[19] Bockemühl/Eckert 1970, S. 80 ff.

Gegen das Vergessen / 3

T 03

A

Hochgrabplatte des Herzogs Gerhard II. von Jülich und Berg

B

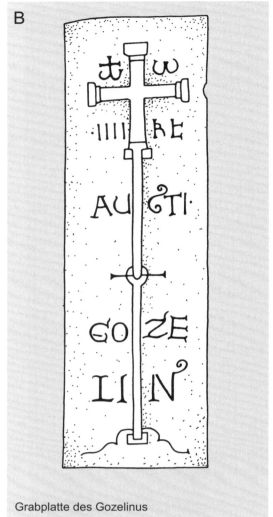

Grabplatte des Gozelinus

C

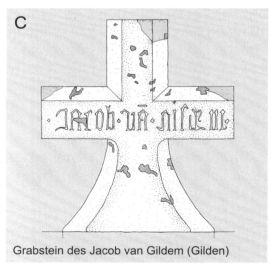

Grabstein des Jacob van Gildem (Gilden)

versehene Platte wird im Innenfeld von einem Kreuzstab geprägt, an dem sich folgende Inschrift entlangrankt: Quartis Kal(endis) AUG(us)TI O(biit) GOZE – LIN(us)[20]. Der Kopf des Kreuzes ist mit dem ersten und letzten Buchstaben des griechischen Alphabetes in Verbindung gebracht. Dies stellt eine Verknüpfung dar, die nicht nur mit dem Kreuzeszeichen sondern schon in frühchristlicher Zeit auch mit dem Christusmonogramm hergestellt wurde[21]. Der Ursprung geht wohl in die vorkonstantinische Zeit zurück, lässt sich bereits im 4. Jh. schon im ganzen Mittelmeerraum und in Gallien lokalisieren und ist nicht nur auf Grabplatten oder Sarkophagen sondern auch auf den unterschiedlichsten Gebrauchsgegenständen des täglichen Lebens zu finden[22]. Die Quelle dieser Symbolik ist in der Offenbarung des Johannes zu finden: „Ich bin das Alpha und das Omega, der Erste und der Letzte, der Anfang und das Ende"[23]. Wer dieser Gozelinus war, ist nach wie vor ungewiss. Als Mitglied der ehemaligen Zisterzienserabtei, als Abt oder Dignitär, ist er weder in den Urkunden noch in den entsprechenden Registern nachzuweisen[24]. Die ursprüngliche Lage der Grabplatte, nämlich in unmittelbarer Nachbarschaft der Ostapsis von Bau I und der würdige Ausdruck des Denkmals sprechen allerdings dafür, dass hier zweifellos an eine beachtliche Person erinnert werden sollte. Möglicherweise war es sogar der Baumeister, der für die Errichtung der ersten Abteikirche, die Verantwortung trug[25].

Als äußeres Zeichen des Bestattungsortes wurden aber auch oberhalb des Fußbodens entweder Sarkophage aufgestellt, oder in denselben Grabplatten mit Inschriften und den Reliefbildnissen der Verstorbenen eingelassen. Diese Grabplatten, die eine besondere Gruppe der Grabmäler darstellen, wurden sowohl aus den verschiedensten Steinsorten als auch aus Metall, in der Regel aus Messing oder Bronze, gefertigt. Die gotische Kunst fügte dann zu dem Sarkophag noch den Baldachin hinzu, welcher, tempelartig ausgebildet, bisweilen mit einer Unzahl von Figuren und Reliefs geschmückt wurde. Auf dem Sarkophag lag gewöhnlich die Porträtfigur des Verstorbenen in vollem Waffenschmuck, in Fürstentracht, Ornat und dergleichen, und zu ihren Füßen ein Tier, welches entweder dem Wappen entlehnt war, oder eine Tugend symbolisierte.

Als ein weiteres Beispiel aus der ehemaligen Zisterzienserabteikirche Altenberg sei aus der Fülle der noch vorhandenen Grabdenkmäler u.a. der bergischen Grafen bzw. Herzöge, jene Hochgrabplatte des Herzogs Gerhard II von Jülich und Berg (gest. 1475) angeführt (T03/A). Das Grabmal besteht aus einer niedrigen Tumba aus Trachyt, die Ende des 15. Jh. gefertigt wurde und im Jahre 1896 erneuert werden musste. Die Deckplatte ist aus zisiliertem Bronzeguss hergestellt, ist 3.46 m lang, 1.73 m breit und aus 12 einzelnen Tafeln zusammengesetzt[26]. Der Verstorbene ist in zeitgenössischer Rüstung dargestellt, die Hände sind zum Gebet gefaltet, während die Füße, wie schon angedeutet, auf Löwen, dem Wappentier der Grafen von Berg, ruhen. Zu seiner Rechten ist das vollständige Wappen seiner Familie angebracht. Die lebensgroße Figur des Herzogs wird von floralen Ziergliedern bzw. einer gotisch geprägten Himmelsarchitektur umfasst.

---

[20] Ebenda, Anm. 5, S. 88.
[21] Schwarz-Winklhofer / Biedermann ²1980, S. 86.
[22] Ebenda, S. 86.
[23] Die Bibel 1980, Einheitsübersetzung, Offenb. des Joh. 22, 13, S. 1411.
[24] Bockemühl/Eckert 1970, S. 80 ff.
[25] Ebenda, S. 87.
[26] Zurstraßen 1992, S. 31.

Gegen das Vergessen / 4

T 04

Medici - Kapelle in Florenz
Grabmal des Giuliano de Medici

Grabstein des Henrich Kippekausen

Grabstein der Elisabeth Klein von Urbach

Grabstein der Anna Gertrut Gerats

Als die Fußböden der Kirchen mit Gedenksteinen völlig ausgelegt waren und sich ein regelrechter Platzmangel einstellte, wurden die Grabplatten an den Wänden und Pfeilern der Kirchenschiffe und Kapellen aufgerichtet und entsprechend befestigt. Ein gleiches geschah auch später mit solchen in den Fußboden eingelassenen Grabplatten, welche man vor der völligen Zerstörung durch Fußtritte schützen wollte. Die minder bevorzugten Gemeindemitglieder wurden mittlerweile längst außerhalb der Kirche, aber in unmittelbarer Nachbarschaft der Kirche, auf dem sog. Kirchhof begraben, wo man ihnen ebenfalls Grabsteine errichtete. Auf dem Alten Refrather Friedhof ist ein wenn auch recht schlichter kreuzförmiger Grabstein aus dem 15. Jh. erhalten geblieben (T03/C). Er beeindruckt zunächst durch seine geschweift ausgebildete Fußverbreiterung. Ein weiteres Indiz seines hohen Alters ist neben der Art der Umrissbildung die einzeilige, in gotischen Buchstaben gesetzte Beschriftung.

Mit der wachsenden Ruhmsucht des Individuums, welche sich mit dem Beginn der Renaissancezeit zuerst in Italien entwickelte, wuchs auch der Grabmälerluxus. Die italienischen Kirchen und Klöster sowie die Hallen der Friedhöfe (Campo Santo in Pisa[27]) sind voll von prächtigen Grabmälern, gestaltet von den besten Künstlern und Steinmetzen der damaligen Zeit. Päpste und Fürsten wetteiferten in der Errichtung von prunkvollen Grabmonumenten, mit deren Ausführung bisweilen schon zu Lebzeiten derer, für welche die Grabmäler bestimmt waren, begonnen wurde. Die aufwendig gestaltete Grabkapelle der Medici in Florenz ist ein solches Beispiel. Sie umfasst eine Krypta mit Gräbern von Mitgliedern der Medici- Familie, die Grabkapelle der Medici- Fürsten, die sog. „Capella dei Principi" und schließlich die sog. Sagrestia Nuova, die Neue Sakristei, die von Michelangeo (mit Unterbrechungen von 1520 – 1534) gebaut und ausgeführt wurde. Die dort befindlichen Grabskulpturen sind den beiden Medici Giuliano, Herzog von Nemours (T04/A) und Lorenzo, Herzog von Urbino gewidmet. Die Herzöge sind jeweils in sitzender Haltung dargestellt. Beiden Skulpturen sind auf leicht geschwungenen und schräg verlaufenden Sarkophagdeckeln allegorische Liegefiguren beigefügt, welche die Charaktereigenschaften der Dargestellten versinnbildlichen sollen[28]. Im 17. und 18. Jh., zu Zeiten der Barock- und Rokokokunst wurde diese Thematik weiter ausgebildet und zu üppigsten, völlig weltlichem und bis zur Geschmacklosigkeit überladenen Prunk getrieben. Die Ruhmsucht der übrigen Bevölkerung hielt sich dagegen in Grenzen, wenngleich man auch bei einem einfachen Grabstein in Form von Winkelstützen, Fußverbreiterungen, Wappenschildern, der Verwendung von christlichen Symbolen und einer zum Teil recht schwülstig formulierten Betextung versuchte, gestalterisch wenigstens ansatzweise mitzuhalten. Die Abbildungen der Grabsteine (T04/B – D), sämtlich auf dem alten Friedhof in Refrath zu finden, geben hierzu einen kleinen Überblick. Damit sind wir im Rahmen dieses einleitenden Kapitels in jener Zeit angelangt, in der es galt, sowohl hygienische als auch neugewonnene ästhetische Erkenntnisse auf den Begräbnisstätten durchzusetzen. Im Laufe des 18. Jh. wurden nämlich die Kirchenbestattungen grundsätzlich verboten, die Kirchhöfe innerhalb der Städte geschlossen und durch neue Friedhöfe vor den Toren ersetzt und durch die Antikenrezeption des Klassizismus eine Vielzahl neuer Grabmalformen entwickelt.

---

[27] Der Monumentalfriedhof Campo Santo, der ab dem Jahre 1278 nach einem Entwurf von Giovanni di Simone erbaut wurde, diente einst den Begräbnissen der illustren Einwohner von Pisa. Die Erde des Friedhofes soll vor ca. 800 Jahren auf 53 Schiffen aus dem Hl. Land herangeholt worden sein, damit die Bewohner der Stadt in heiliger Erde ruhen können. Heute stellt er einen der größten Pisaner Museumskomplexe in Sachen Sepulkralkultur dar (vgl. u.a. Jöckle 1993, S. 106).
[28] Koch [16]1999, S. 114 ff.

Beiblatt zum Urkataster von 1869

Ev. Kirche von Berg. Gladbach und Umgebung

T 05

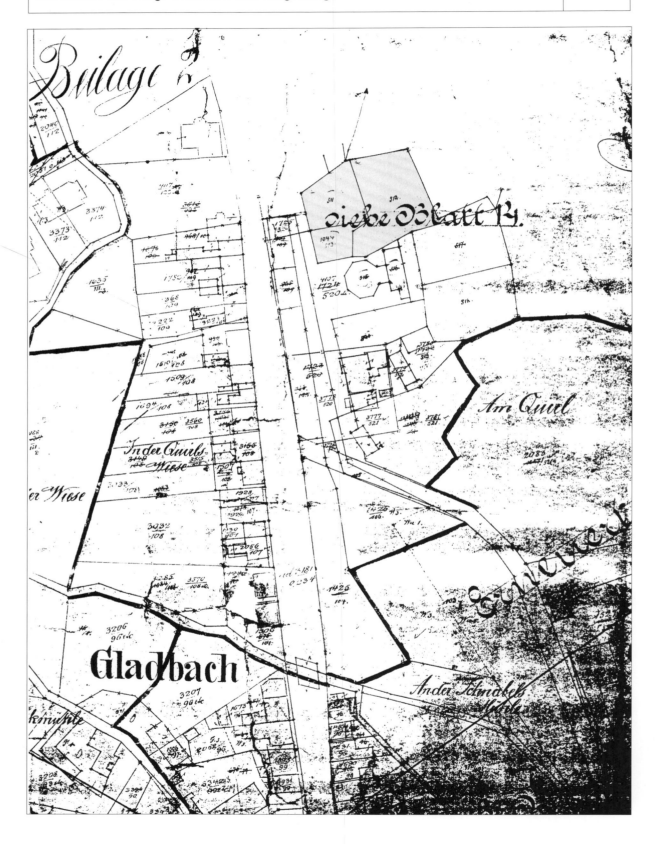

3. Der alte ev. Friedhof an der Gnadenkirche in Bergisch Gladbach (T 05)

Als Einleitung zur Geschichte des alten ev. Friedhofes neben der Gnadenkirche in Bergisch Gladbach sei zunächst und in aller Kürze etwas zur allgemeinen Entwicklung von Friedhöfen festgehalten. Der Friedhof (zu althochdeutsch frithof „eingehegter Raum" im Sinne von „vriten", was soviel wie „hegen" bedeutet) bezeichnet die abgesonderte Stätte, an der die Toten bestattet werden[29]. Seit dem Neolithikum (Jungsteinzeit, ca. 3500 v. Chr.) wurden Gräber in besonderen Bezirken angelegt. Einer dieser uns heute bekannten Bestattungsplätze ist die Nekropole von Hambledon Hill im Südwesten Englands[30]. Es handelt sich hierbei um einen mächtigen Kreidehügel, der sich über die umliegende Weidelandschaft erhebt und nachweislich vor ca. 5500 Jahren für die damals am Fuße des weithin sichtbaren Hügels siedelnde Gemeinschaft den rituellen Bestattungsplatz darstellte.

Aber nicht nur Anhöhen sondern auch natürliche oder künstlich geschaffene Höhlen, man denke z. B. an die Felsengräber in Oberägypten oder an die mehr als 100 Felskammergräber der mykenischen Nekropole von Arméni auf Kreta, boten sich als Begräbnisstätten in der frühen Zeit der Menschheitsgeschichte an. Während Hambledon Hill zu den größten jungsteinzeitlichen Ausgrabungsstätten unseres Jahrhunderts in Europa gehört[31], darf gleiches im asiatischen Raum für Troia gelten. Dort hat man in den Jahren 1984/85 einen Friedhof in der Nähe des ins Meer hinausragenden Be°iktepe ausgegraben, ca. 8 km von Troia entfernt[32]. Auch diese Ruhestätte ist von der ehemals besiedelten Fläche abgesondert, aber an würdiger Stelle positioniert, dass sogar Schiffe, die an dieser Bucht vorbeikamen, den in spätbronzezeitlicher Zeit (ca. 1350 v. Chr.) angelegten Friedhof als Landmarke verwenden konnten.

Bei den griechischen Städten des Altertums findet man ebenso oft die Gräber der ehemaligen Bewohner außerhalb aber nahe der Stadtmauer angelegt. Nachweisen lässt sich dies z. B. durch die antike Stadt Samothrake, wo sich, trotz einer noch fehlenden systematischen Grabung und Bearbeitung der Bestattungsplätze, zuhauf Gräber unterhalb der nordwestlichen Partie der ehemaligen Stadtmauer antreffen lassen[33]. Und auch vor den Toren der Stadt war es, wie sich dies ebenfalls in Samothrake nachweisen lässt, üblich, Nekropolen anzulegen. Dort hat sich unterhalb des sog. „Großen Festtores" ein ca. 400 Urnengräber umfassender Friedhof erhalten, der von der früharchaischen Zeit (7. Jh. v. Chr.) bis in das 2. Jahrhundert n. Chr. genutzt wurde[34].

Diesen Brauch haben die Römer geradezu kultiviert, indem sie vor den Toren ihrer Städte sog. Gräberstraßen von zum Teil kolossalen Dimensionen anlegten. Als Beispiel hierfür seien die berühmte Via Appia in Rom oder die Gräberstraße vor dem Herkulaner Tor in Pompeji angeführt. Auch für das römische Köln darf angenommen werden, dass zumindest die wichtigsten Landstrassen von dieser einstigen Metropole der Provinz Niedergermaniens (Germania Inferior) in das nördliche, südliche und

---

[29] Brockhaus [20]2001, Bd.7, S. 710.
[30] Mercer 1989, S. 154 f.
[31] Ebenda, S. 154.
[32] Basedow 2001, S.415 f.
[33] Ehrhardt 1985, S. 34.
[34] Ebenda, S. 34.

westliche Hinterland ebenfalls von Gräbern flankiert waren[35]. Sowohl in der vorchristlichen Zeit bei den Kulturvölkern des Altertums als auch bei den germanischen Volksstämmen war es demnach Brauch, die Toten vor den Städten bzw. Ortschaften beizusetzen. Anfänglich bestatteten auch die Christen ihre Toten noch nach diesem altem Brauch, erst als im 5. und 6. Jh. die Christenverfolgung allmählich aufhörte, änderte sich die Lage der Begräbnisplätze. So wurde über den Gräbern der Blutzeugen des neuen Glaubens Kirchen errichtet, die durch die Ausdehnung der Siedlungen bald innerhalb der Städte lagen. „Das römische Gesetz – hominem mortuum in urbe ne sepelito neve urito (ein Toter soll in der Stadt weder begraben noch verbrannt werden) – verlor an Bedeutung gegenüber dem neuen Gedanken, möglichst in der Nähe der Märtyrer die letzte Ruhestätte zu finden"[36]. Durch diese „bevorzugte Lage" erhofften sich die Christen nach dem Tod u.a. eine besondere Fürbitte durch jene Heiligen bzw. Märtyrer. Wie sehr dieser Vorzug geschätzt wurde, ist aus der Inschrift eines Grabsteines zu entnehmen, der in St. Gereon/Köln gefunden und in das 5. Jahrhundert eingeordnet wurde: „Wenn jemand meinen Namen wissen will, Rudufula heiße ich. Ich lebte vier Jahre und elf Monate und bin nun den Märtyrern beigesellt (sociata martyribus)"[37].

Seit dem frühen Mittelalter befanden sich deshalb die christlichen Begräbnisplätze eines Ortes fast immer in unmittelbarer Nähe der Kirchen. Schon „Karl der Große verlangte im Jahre 785 im Capitulare de partibus saxonae ausdrücklich, dass Beerdigungen auf Kirchhöfen (ad cimiteria ecclesiae) und nicht auf freiem Feld (et non ad tumulos paganorum) erfolgen sollten"[38]. Wenn die lebenden Gläubigen in der Kirche versammelt waren, wussten sie sich den Gräbern ihrer Toten nahe. Die Verstorbenen nahmen gleichsam an den Opfern, Gottesdiensten und Gebeten teil, ihre Gräber mahnten dagegen die Lebendigen zu einem frommen Lebenswandel[39]. Auf dem mittelalterlichen Friedhof wurde aber nicht nur beigesetzt, sondern auf ihm wurden auch Gottesdienste abgehalten, Taufen und Eheschließungen vollzogen[40].

Kirche und Kirchhof stellten darüber hinaus auch den Ort eines besonderen Schutzes dar. So durften Asylsuchende z.B. innerhalb der Kirchhofsmauern nicht weiter verfolgt werden. Die mehr oder weniger zentrale Lage innerhalb der Ansiedlung sowie der besondere Schutz und auch die Prägung der mittelalterlichen Gesellschaft durch das Christentum machten Kirche und Kirchhof zu einem Ort, an dem oder in dessen Nähe sich das gesellschaftliche Leben in einer Gemeinde abspielte. So diente der Friedhof auch als Versammlungsplatz oder als Stätte der Gerichtsbarkeit. In Kriegszeiten galt er als letzter Ort der Verteidigung der Gemeinschaft. Auf dem Friedhof wurde ebenso Handel und Gewerbe getrieben, Vieh geweidet, Wäsche getrocknet, ja sogar getanzt und gespielt[41]. Auf einigen Kirchhöfen soll sich sogar das Back – oder Brauhaus eines Ortes befunden haben[42].

Aber auch auf dem Friedhof standen „nach kirchlichem Willen und Volksglauben"[43] nicht alle Bestattungsplätze in gleichem Ansehen, d.h. der mittelalterliche Kirchhof

---

[35] Wolff ³1989, S. 17.
[36] Praßler 1967, S. 216.
[37] Ebenda, S. 216.
[38] Ebenda, S. 217.
[39] Derwein 1931, S. 31.
[40] Wagner 1995, S. 15.
[41] Ebenda, S. 15.
[42] Ohler ²1990, S. 155.
[43] Derwein 1931, S. 34.

war mittlerweile auch zu einem Spiegelbild jener, sowohl das Diesseits als auch das Jenseits umfassenden, ständisch gegliederten Gemeinschaft geworden. Ziel höchster Sehnsucht war es, in der Kirche selbst bestattet zu werden, aber verhältnismäßig wenigen wurde zunächst dieses Glück zuteil[44]. „Als bevorzugte Plätze galten ebenso die Vorhallen der Kirchen, oder eine Stelle nahe der Kirchenmauer, so war man den Reliquien und heiligen Opfern möglichst nahe. Eine irgendwie reinigende Wirkung schrieb man vielfach der Bestattung eines Sünders unter der Dachtraufe zu"[45].

Waren es zunächst nur die Privilegierten wie Geistliche oder Adlige, so wurden bald, wie dies z.B. für Köln zu vermuten ist, etwa die Hälfte der Toten in den Kirchen beigesetzt, „namentlich fast alle einigermaßen Begüterten und längere Zeit Ansässigen"[46]. Starke Überfüllung war die Folge, von unerträglichen Dünsten[47], sogar Schwindel – und Ohnmachtsanfällen durch Verwesungsgerüche[48] wird berichtet. Für die andere Hälfte der Bevölkerung von Köln standen dagegen nur noch die Kirchhöfe zur Verfügung, wo sich ebenso bald beengte Verhältnisse einstellten. So mussten bereits nach 5 Jahren die Grabstätten für Neubelegungen geräumt werden. Die dabei ausgegrabenen Gebeine ließen sich in sog. Beinhäusern aufbewahren. Allerdings verdanken die Ossuarien ihre Entstehung nicht allein diesem geschilderten Platzmangel. Es ging auch darum, „die Schädel der Verstorbenen in die Nähe der Altäre zu rücken und – mit dem Aufkommen der Vorstellung vom Fegefeuer – die Lebenden zur Fürbitte zu mahnen"[49].

Als im 16. Jahrhundert die Reformation sich auch gegen den herkömmlichen Totenkult wandte und die Bestattung „ad sanctos" (bei den Heiligen) ihren ursprünglichen Sinn verlor, hatte dies auch eine einschneidende bzw. geradezu „entspannende" Auswirkung auf das Friedhofswesen der damaligen Zeit. Die nun erfolgte Spaltung in zwei christliche Konfessionen erforderte auch zwei getrennte Kirchhöfe. Außerdem hatte man, wegen den schon erwähnten katastrophalen hygienischen Verhältnissen, wohl zunehmend das Bedürfnis, die neuen Bestattungsplätze außerhalb der Ortschaften anzusiedeln[50].

Konnte man zuvor z.B. noch den Kirchhof bei der St. Laurentiuskirche in Bergisch Gladbach für alle verstorbenen Christen als Bestattungsplatz nutzen, war dies zumindest für die evangelisch gesinnten Gemeindemitglieder nicht mehr möglich. Dafür gewährte die Stadt Mülheim diesen Christen des Umlandes auf ihrem schon im Jahre 1610 angelegten evangelischen Friedhof entsprechende Aufnahme[51]. Parallel dazu war für die evangelische Bevölkerung in Köln der Friedhof im Weyertal (sog. Geusenfriedhof) angelegt worden[52].

Im 18. Jahrhundert führte die Aufklärung zu weiteren besonders tiefgreifenden Veränderungen in der Friedhofs- und Bestattungskultur. Durch die gewaltigen Umwälzungen in jener Zeit, in Folge von Säkularisation, Industrialisierung und Ver-

---

[44] Wagner 1995, S. 17.
[45] Derwein 1931, S. 34.
[46] Vogts 1932, S. 7.
[47] Ebenda, S. 7.
[48] Abt/Vomm 1995, S. 13.
[49] Illi 1992, S. 18 und Anm. 75.
[50] Wagner 1995, S. 20.
[51] Leitner 2003, S. 204.
[52] Ebenda, S. 222.

städterung „wurden Tod und Bestattung – im übertragenen und im Wortsinn – zunehmend aus dem öffentlichen Leben ausgegrenzt"[53]. Eine Folge dieser Entwicklung war, dass nun in ganz Europa neue Friedhöfe nur noch außerhalb der Stadtmauern angelegt wurden. In Kölns französischer Zeit veranlasste ein in vielen Punkten auch heute noch durchaus gültiges „Kaiserliches Dekret über die Begräbnisse"[54] aus dem Jahre 1804, dass:

„1. Art. Keine Beerdigung darf in den Kirchen, Tempeln, Synagogen[55], Hospitälern, öffentlichen Kapellen, und überhaupt in keinem der geschlossenen Gebäude, wo die Bürger zur Begehung ihres Gottesdienstes sich versammeln, noch in dem Innern der Städte und Flecken, stattfinden.

2. Es sollen, außerhalb jeder Stadt oder Fleckens, 35 bis 40 Metern von ihrem Umkreis entlegen, Grundstücke besonders der Beerdigung der Todten gewidmet werden.(...)

8. Sobald die neuen Plätze eingerichtet sind, die Beerdigung zu empfangen, sollen die jetzigen Todesäcker geschlossen werden, und im Zustande bleiben wo sie sich befinden, ohne dass man fünf Jahre lang Gebrauch davon machen könne.

9. Von dieser Zeit anzunehmen sollen die Grundstücke die wirklich zu Todesäckern dienen, von den Gemeinden denen sie zugehören, verpachtet werden können: aber mit dem Beding dass sie nur besäet oder bepflanzt werden, ohne dass man irgend eine Aufwühlung oder Gründung für Errichtung eines Gebäudes, bis anders darüber verordnet seyn wird, vornehmen könne"[56].

Diese Order und ihre näheren Ausführungsbestimmungen trafen natürlich v.a. die Begräbnisplätze der katholischen Bevölkerung, während die protestantischen bzw. jüdischen Gemeinden ihre Angehörigen ja längst außerhalb der Stadtmauern bestatteten. Bei der Suche nach einem geeigneten Gelände für einen eigenen Friedhof in Bergisch Gladbach bot sich allerdings noch die traditionelle Lösung an.

Es begann im Jahre 1770. Die Papierfabrikanten und Besitzer von Papiermühlen Heinrich Schnabel ("Schnabelsmühle") und Abraham Fues ("Dombach" sowie ab 1772 "Gohrsmühle"), der Bensberger Amtsjäger Alfred Kaesmann, Gerhard Martin Fues "et Consorten" richteten an den Schutzherrn der Protestanten im bergischen Raum, König Friedrich den II. von Preussen - den "alten Fritz" - die Bitte, eine eigene evangelische Gemeinde in Gladbach gründen sowie hierfür eine Kirche bauen zu dürfen[57].

Die Reformierten zu Gladbach und Tombach bestanden zu der Zeit aus 16 Haushaltungen mit 70 Seelen. Zu Gottesdiensten, Trauungen, Taufen und Beerdigungen mussten sie zu Fuß oder per Pferdewagen nach wie vor nach Mülheim, der schon erwähnten ersten und nächstgelegenen evangelischen Gemeinde im Umkreis von

---

[53] Zander/Bätz 2001, S. 7.
[54] „Décret impérial sur les sépultures" vom 12 Juni 1804 mit Ausführungsbestimmungen von 1805, 1806 und 1809 (vgl. u.a. Pieper 1905, S. 11).
[55] Die Verfasser des Dekrets wussten offensichtlich nicht, das in Synagogen Bestattungen schon immer unzulässig waren.
[56] Zitiert nach Pieper 1905, S. 89 f.
[57] Rehse 1900, S. 56.

Köln. Vor allem der Transport der Verstorbenen und die Pflege der Gräber gestalteten sich zeitaufwendig und schwierig.

Es dauerte 5 Jahre, bis ein Dekret des Landesherrn Karl Theodor, Kurfürst zu Jülich, Kleve und Berg vom 29. August 1775 den Gladbachern und Tombachern schließlich die Gründung einer eigenständigen Gemeinde sowie den Bau einer eigenen Kirche - zunächst ohne Turm und Glocken! - gestattete. Dieses Dekret lautete auszugsweise wie folgt:

"Wir Carl Theodor von Gottes Gnaden Pfalz=Grafen bey Rhein, des heiligen Römischen Reiches Erz=Schatzmeister und Churfürst in Bayern, zu Jülich, Cleve und Berg Hertzog, Fürsten zu Mörs, Marquis zu Bergen op Zoom; Grafen zu Veldenz, Sponheim, der Marck und Ravensburg, Herr zu Ravenstein e.t.c.

Thun Kund und fügen hiermit zu wissen, Nachdem uns Reformirte zu Gladbach und Tombach, Bergischen Amts Portz, um Ihnen das publicum religionis exercitium zu verstatten, unterthenigst gebeten, wie auch denenselben solches jedoch ohne Thurm und Glocken, und dergestalt zu verwilligen gnädigst bewogen worden...."[58]

Mit dieser Genehmigung war auch das Recht verbunden, die Verstorbenen innerhalb der Gemeinde bestatten zu dürfen. Man wählte hierfür ein unmittelbar neben der Kirche gelegenes Stück Land, nämlich den hier beschriebenen historischen Friedhof. Das deutet darauf hin, das die Landgemeinden wohl immer noch an dem uralten Brauch festhielten, ihre Toten innerhalb der umfriedeten Kirchengrundstücke zu bestatten, was – wie oben dargestellt – eigentlich in jeder Hinsicht der damaligen Praxis widersprach. Im Jahre 1776 wurde mit dem Bau der Kirche und des dahinterliegenden Predigerhauses (heute Küsterhaus und Gemeindebüro) begonnen. Hiervon zeugt eine am Sockel der östlichen Wand des alten Predigerhauses gefundene Platte, die folgende Inschrift trägt:

"Dieser Stein, den ich aufgerichtet habe zu einem Mal,
soll ein Gotteshaus werden (1. Mos. 28).
Erbaut auf dem Grund der Apostel und Propheten, da ER selbst,
JESUS CHRISTUS der Eckstein ist, auf welchem der ganze Bau
ineinander gefügt, wächst zu einem heiligen Tempel in dem Herrn."

Diese Inschrift vom 20. April 1776 trägt die Unterschriften von Heinrich Schnabel, Gerhard Martin Fues, Abraham Fues, Peter Kaesmann, Franz Heinrich Fauth und Gerhard Jacob Fues. Diese Männer sind auch die Gründer der evangelischen Gemeinde zu Gladbach und Tombach[59]. Da die Gemeinde sehr klein war und auch trotz größter Opferbereitschaft und bestem Willen nicht in der Lage war die Kosten für Kirche, Predigerhaus und geplantem Schulhaus aufzubringen, beantragte sie bei der kurfürstlichen Landesregierung in Düsseldorf ein sogenanntes "Collectenpatent", mit dem bei ihren Glaubensbrüdern in deutschen Landen bis nach Holland und Dänemark um brüderliche Hilfe gebeten wurde. Das bei der evangelischen Gemeinde aus der damaligen Zeit aufbewahrte Kollektenbuch weist aus, dass u.a. in folgenden Orten für die Gladbacher Ev. Kirche gesammelt wurde: *„Cölln, Aachen, Burdscheidt, Elberfeld, Barmen, 'im Schwarzbergischen' (im jetzigen Kreis*

---
[58] Ebenda, S. 57 f.
[59] Veröffentlichung "Eine Handvoll Christen baut eine Kirche", Fundstelle u. Verfasser nicht feststellbar; aufgefunden im Archiv des Ev. Verw. Amtes.

Gummersbach), Dühseldorf, Sohlingen, Langenberg, Frankfurt, Pfurth, Graeffrath, Gruiten, Schöller, Wülffrath, Waldt, Cronenberg, Ronsdorf, Dühn, Urdenbach, Erkrath, Hilden, Haan, Düren, Eschweiler, Stolberg, Wickrat und Gladbach im Julichschen (jetzt M. Gladbach), Reid, Mülheim a. d. Ruhr, Kettwig, Heiligenhaus, Homberg, Remscheid und Burg, Mettmann, Velbert, Hückeswagen und Wermelskirchen; außerdem liefen Gaben ein vom Magistrat der Freien Reichsstadt Bremen, von den Reformirten Schweizer Kantonen und von Freunden in Kopenhagen. Besonders ergiebig war aber die Kollekte in den reichen Städten des reformirten Hollands, das damals weit und breit den Glaubensbrüdern half"[60]. Die Kollekten erbrachten die stattliche Summe von 8.151 Reichstalern und 45 1/4 Stübern[61].

Am 12. Oktober 1777 wurde die Kirche durch den damaligen Inspektor (Superintendent) der Mülheimer Klasse (Synode) Conrad Arnold Bresser eingeweiht. Auch die Einweihungspredigt, die mit den Worten aus der heiligen Schrift beginnt *"Hier ist nichts anderes denn GOTTES Haus!"*[62] ist im Archiv der Gemeinde aufbewahrt. Im Jahre 1777 beginnt auch die Belegung des historischen Friedhofes neben der Kirche. Über die erste Beerdigung besagt das Totenregister[63]:

"1777 den 30. September starb gleich nach der Geburt ein Söhnlein der Eheleute Johannes Gläser und Gertraud Vierkotten; Daßelbe wurde auf dem hierselbst neu angelegten Kirchhofe begraben den 1. October."[64].

Der zuerst offene Begräbnisplatz wurde im Jahre 1782 mit einer Mauer umgeben. Die Kosten hierfür wurden durch eine Sammlung bei den Gemeindegliedern aufgebracht[65]. Der Hauptzugang zu dem Friedhof führte durch das damalige Nordtor. In jener Zeit verlief die Gladbacher Hauptstraße, die von Köln nach Wipperfürth führte, am Gasthaus "Bock" und an der Laurentiuskirche vorbei zur alten Poststation - dem heutigen Gasthaus Paas. Weiter ging sie entlang des Alten Paasweges zur evangelischen Kirche, die früher als gleichseitiges Octogon gebaut etwa 8 Meter kürzer war, vorbei am Friedhof, entlang der Rückseite der Häuser Hauptstraße 268 (Gasthaus "Schmidt am Dom") und 270 (Heuser) zum "Waatsack", durch Strundorf weiter nach Wipperfürth (T05).

In der Folgezeit wurde der Friedhof mehrfach, zuletzt im Jahre 1820 erweitert. Bis zum Jahre 1869 war der Kirchhof *"durchaus gefüllt und keine einzige Stelle mehr vorhanden....., wo noch ein Grab in gesetzlicher Tiefe gemacht werden konnte"*[66]. Ab Dezember 1870 fanden alle Beerdigungen auf dem neuen Friedhof Quirlsberg statt. Während sich der neue Friedhof durch die Entwicklung seiner Anlagen von Jahr zu Jahr verschönerte, geriet der historische Friedhof neben der Gnadenkirche zunehmend in Vergessenheit und verwahrloste. Im Frühjahr 1895 beschloss das Presbyterium auf Veranlassung des damaligen Pfarrers Ludwig Rehse, den unwürdigen Zustand des alten Friedhofes zu beenden und ihn wieder herzurichten[67].

---

[60] Rehse 1900, S. 67.
[61] Ev. Verw. Amt, „Kollektenbuch", vgl. auch Rehse 1900, S. 67.
[62] Veröffentlichung "Eine Handvoll Christen baut eine Kirche", Fundstelle u. Verfasser nicht feststellbar; aufgefunden im Archiv des Ev. Verw. Amtes.
[63] Ev. Verw. Amt „Taufen, Trauungen, Bestattungen 1776 – 1856" K9, „Verzeichnis der Gestorbenen und Begrabenen", S. 1, Nr. 1.
[64] Rehse 1900, S. 95.
[65] Ebenda, S. 95.
[66] Ebenda, S. 246.
[67] Ebenda, S. 248.

Auch nach dem 2. Weltkrieg wurde dem historischen Friedhof wenig Aufmerksamkeit zuteil. Erst in unserer Zeit hat sich das Presbyterium erneut des Friedhofes angenommen. Es stellte den Antrag an die Stadt Bergisch Gladbach sowie das Amt für Denkmalpflege, den Friedhof unter Schutz zu stellen und die noch vorhandenen Grabdenkmale zu restaurieren. Im Jahre 1992 wurde der Eingabe entsprochen und der Friedhof nach den Vorgaben des Rheinischen Amtes für Denkmalpflege instandgesetzt (T 24).

In den 93 Jahren seines Bestehens (1777 bis 1870) sind insgesamt 612 Angehörige der evangelischen Gemeinde auf dem historischen Friedhof beigesetzt worden. Die Letzte, die hier ihre Ruhestätte fand, war die Witwe des Gründers der Papierfabrik Johann Wilhelm Adolph Zanders (Grabmal Nr. 10), Julie Zanders, geb. Müller, (geboren am 17.06.1804 in der Dombach, gestorben am 28.11.1869 auf der Schnabelsmühle). Sie wurde am 01.Dezember 1869 in aller Stille ohne Grabrede und Leichenpredigt beerdigt[68](Grabmal Nr. 11). Heute befinden sich auf dem historischen Friedhof 34 Grabsteine aus der Zeit von 1782 bis 1895 mit den Namen von 43 Verstorbenen. Zwei Grabmale wurden im Jahre 1997 nach Aufgabe der Familiengrabstätte auf dem Friedhof Quirlsberg auf Bitten der Familie auf den historischen Friedhof verlegt. Es handelt sich um die Grabsteine von Carl August Koch (Nr. 15) und Johanna Koch geb. Fues (Nr. 16), beide im Jahre 1795 geboren. Beide Grabmale fügen sich sowohl in die Historie des alten Friedhofes als auch in die Geschichte der hier zur Ruhe gebetteten früheren Papiermacherfamilien Bergisch Gladbachs ein. Über diese - soweit auf den Grabsteinen verewigt - gibt das nachfolgende Kapitel einen kurzen Überblick.

---

[68] Schmitz 1938, ohne Seitenangabe.

Papiermacherfamilien
auf dem alten ev. Friedhof an der Gnadenkirche in Bergisch Gladbach

T 06

A

Zanders, Johann Wilhelm Adolf
(Grabmal Nr. 10)
geb. 21. Januar 1795, gest. 04. September 1831

B

Zanders, Julie, geb. Müller
(Grabmal Nr. 11)
geb. 17. Juni 1804, gest. 28. Nov. 1869

C

Koch, Carl August
(Grabmal Nr. 15)
geb. 12. Februar 1795, gest. 19. Februar 1880

D

Koch, Johanna
(Grabmal Nr. 16)
geb. 20. März 1795, gest. 14. April 1884

4. Die Papiermacherfamilien Bergisch Gladbachs auf dem alten ev. Friedhof an der Gnadenkirche (T 06)

Nachdem Blätter zum Beschriften bereits lange vor unserer Zeitrechnung in Ägypten bekannt waren und das Papier im heutigen Sinne 105 n. Chr. in China erfunden wurde, nahm es nach einem im Jahre 751 zwischen Chinesen und Arabern geführten Krieg seinen Weg auch nach Europa. Die Erfindung der Buchdruckerkunst durch Gutenberg (1436 -1441) löste einen großen Papierbedarf aus. Papiermühlen und Druckereien nahmen an Zahl zu.

Am 29. August 1582 erteilte Herzog Wilhelm II. von Berg die erste Konzession zum Bau einer Papiermühle im Strunderthal. Dieses war der Beginn der Papierherstellung in Gladbach und der Gründung weiterer Papiermühlen entlang der Strunde, die wegen ihrer ausgezeichneten Wasserqualität und gleichmäßigen Wasserführung auch als der „fleißigste Bach im Herzogtum" bezeichnet wurde. Im Jahre 1596 erwarb Steffen Jacobs die Papiermühle „Zum Quirl" und errichtete 1602 die spätere „Gohrsmühle". Im Zeitraum von 1652 bis 1685 wird der Name Fues neben Steffen Jacobs erstmals als Miteigentümer der „Dombachmühle" erwähnt. Im Jahre 1685 erwarb Cornelius Fues die Mühle und erscheint 1693 mit seiner Frau Maria van Nüth auch als Anteilseigner an der „Quirlsmühle", der späteren „Schnabelsmühle" in der Chronik der Papiermacher Bergisch Gladbachs. Ab 1737 befinden sich bereits alle 3 großen Papiermühlen, die „Dombach", die „Quirlsmühle" und die „Gohrsmühle" im Besitz der Familie Fues. Ab dem Jahre 1741 gesellen sich der Name Schnabel (Schnabelsmühle) und ab 1797 der Name Fauth (Schnabelsmühle) hinzu.

Alle diese Namen prägten sowohl die Entwicklung der Papiermühlen als auch die der evangelischen Gemeinde in Gladbach. Das gilt auch für die späteren Eigentümernamen wie Müller, Koch, Maurenbrecher und Zanders. Sie alle finden sich auf den Grabmalen des historischen Friedhofes wieder (vgl. Nr. 01, 13, 14, 24, 26, 27A, 30 und 32 (Fues), 27B, 28, 29 (Fauth), 27C und 27A (Schnabel), 15, 16 und 17 (Koch), 31 (Maurenbrecher), 08, 09, 10 und 11 (Zanders). Viele von Ihnen waren Kirchmeister dieser Gemeinde und gestalteten als Ratsherren, Bürgermeister oder Hofräte die Geschicke der Stadt Gladbach und der bergischen Region. Wegen der Bedeutung dieser Namen sowohl für die Entwicklung der Papierherstellung im Strundetal als auch ihrer Verdienste für die Stadt Bergisch Gladbach und die Region wird nachfolgend in alphabetischer Reihenfolge auf die Familien näher eingegangen[69].

Fauth, Johann Gottfried (Grabmal Nr. 27B)
geb. 08.01.1732, gest. 16.03.1797.

Er entstammte einer wohlhabenden, kunstinteressierten Kaufmannsfamilie aus Mülheim am Rhein. Nach Abschluss der Lateinschule studierte er Rechtswissenschaft und wurde nassauisch-oranischer Hofrat sowie Resident des westfälischen Kreises im Römischen Reich deutscher Nation. Durch seine Heirat mit Anna Helena Katharina Schnabel, der Tochter des Papierfabrikanten Heinrich Schnabel (Nr. 27C) stieg er in das Geschäft seines Schwiegervaters ein. Im Jahre 1797 übernahm er mit

---
[69] Über die Geschichte der Papiermühlen im Strundertal und deren Besitzer geben u.a. folgende Veröffentlichungen Aufschluss: F. Schmitz, Die Papiermühlen und Papiermacher des bergischen Strundertales, Berg. Gladbach 1979, H.Koch, Zanders- Aus der Geschichte eines Unternehmens, Bergisch Gladbach 1989, K. v. Eyll, 400 Jahre Papiermühlen an der Strunde, Bergisch Gladbach 1982.

seiner Frau die „Schnabelsmühle". Diese ging mit seinem Tode im gleichen Jahr auf seinen Sohn Franz Heinrich Fauth (Nr. 29) über.

Sein Sohn

Fauth, Franz Heinrich (Grabmal Nr. 29)
geb. 15.01.1766, gest. 08.09.1820

nahm den gleichen beruflichen Werdegang wie sein Vater. Die Kinderzeit verbrachte er auf der „Schnabelsmühle", vertraut gemacht durch seinen rührigen Großvater Heinrich Schnabel mit allem, was zur Papiermacherei gehörte. Er besuchte die Lateinschule in Köln und studierte im kurpfälzischen Heidelberg Rechtswissenschaft. Im Jahre 1798 wurde er Hofrat und übernahm auf Betreiben seines Vater dessen öffentliche Ämter. Im Jahre 1792 heiratete er Anna Catharina Pütter (Nr.28), eine Nichte des bergischen Medizinalrates Johann Wilhelm Zanders (Nr.08), dessen 3. Sohn Johann Wilhelm Zanders später die Nachfolge von Franz Heinrich Fauth und dessen Sohn Gottfried auf der „Schnabelsmühle" antreten sollte. Im Jahre 1797 übernahm er von seinem Vater die „Schnabelsmühle" und führte sie durch die schwere Zeit der napoleonischen Besetzung bis zu seinem Tode 1820.

Schmitz[70] schreibt über ihn und sein Grabmal in seiner Abhandlung: „Der Mann, der in ... den Grabplatten seinen Großeltern (Nr. 27A u. C), dem Vater (Nr. 27B) und der Gattin (Nr. 28) künstlerisch ausgeführte Denkmäler setzen ließ, ruht hier mit zwei seiner Kinder unter einem schmucklosen Steine. Franz Heinrich Fauth - geboren - gestorben: nichts von seinem Stande, nichts von seiner Arbeit, nichts von seinem tragischen Schicksal, kein Wort von seiner Bedeutung, die dieser Mann für seine Stadt, seinen Kreis, seine Provinz, für Deutschland gehabt hat. Da nimmt es freilich kein Wunder, daß er fast vergessen ist, selbst in Bergisch Gladbach, einer Stadt, die sein Andenken in Ehren halten muß, weil die Heimat ihm so vieles zu danken hat. Franz Heinrich Fauth war Lateinschüler in Köln, Student der Rechte in Heidelberg, nach Zuccalmaglio darauf Stadtsyndikus (ständiger Anwalt) in Elberfeld, mit 32 Jahren nassau-oranischer Hofrat, Mitarbeiter an der Verwaltung der Grafschaft Beilstein, Kreisgesandter der Fürstentümer Lippe, Wied- Runkel, Sayn und der Grafschaft Hachenburg, Resident (Geschäftsführer) des niederrheinisch-westfälischen Kreises im alten römischen Reiche deutscher Nation - (das alte römische Reich war von Maximilian I. bis zu seinem Untergange 1806 in zehn Kreise geteilt) - Als solcher hatte er die ständischen Angelegenheiten der Fürstentümer dieses Kreises, sowie des kurbrandenburgischen Minden, von Friesland und Mörs zu bearbeiten.

In der Zeit der Fremdherrschaft war er Maire (Bürgermeister) der Munizipalität (Gemeinde) Gladbach, Deputierter (Abgeordneter) des Industriestandes (Fabriken, Mühlen, Spedition) im alten Amte Porz, Mitglied des Generalrates im Rheindepartement; nach der Einverleibung Bergs in Preussen wurde Fauth Bürgermeister von Gladbach und Bensberg, Polizeivogt des ehemaligen Kantons Mülheim, Führer des Banners von Gladbach, das er in den Befreiungskriegen zum Schutze der Heimat aus Gladbacher Landsturmleuten gebildet hatte, und als solcher der Retter des Altenberger Domes beim Brande im Jahre 1815. Zu alledem war er seit dem Tode seines Vaters 1797 doch auch der Besitzer der Schnabelsmühle in einer Zeit, da die französische Zoll- und Wirtschaftspolitik alle Betriebsamkeit im Bergischen lahmlegte

---

[70] Schmitz 1938, ohne Seitenangabe.

und der sinkende Volkswohlstand auch an seinem Werke seine zerrüttende Kraft offenbarte. So kam es, daß die Mittel seiner Nachkommen nicht ausreichten, auch ihm eine von Dankbarkeit redende Grabplatte zu schaffen. Sein Denkstein schweigt. Umso lauter muß die Nachwelt d.h. unsere Gegenwart, voll Staunen über die ungeheure Arbeitsleistung, die dieser Mann im Dienste an Heimat und Vaterland auf sich genommen hat, sein Lob künden".

Wie erwähnt, sind auf seinem Grabstein seine Kinder

Fauth, Helene (Grabmal Nr. 29)
geb.08.11.1793 , gest. 03.04.1824 und

Fauth, Gottfried (Grabmal Nr. 29)
geb. 17.02.1796, gest. 11.02.1829 verewigt.

Jacob Gottfried Matthias Fauth trat als 17-jähriger in die Befreiungsarmee und diente bis zum 8.Oktober 1815 im 29. Königlich- preußischen Infanterieregiment. Mit dem Tode seines Vaters im Jahre 1820 übernahm er die „Schnabelsmühle", geriet aber bald in wirtschaftliche Schwierigkeiten. 1823 nahm er deshalb J. W. Zanders als Mitgesellschafter in das Unternehmen auf. Im Jahre 1829 verstarb Gottfried Fauth im Alter von knapp 33 Jahren. Mit seinem Tod verschwand der Name Fauth in der weiteren Geschichte der Papiermacher.

Familie Fues
Von den auf dem historischen Friedhof beerdigten Papiermacherfamilien ist der Name Fues der, der in Gladbach schon um 1600 erscheint. Es ist **Fues, Heinrich** der sich aus Herrenbreitungen in Hessen als Papiermachergeselle auf Wanderschaft begab und schließlich auf der „Quirlsmühle" des Steffen Jacobs seine Arbeit leistete. Im Jahre 1611 heiratete er und übernahm wenige Jahre später als Meistergeselle die selbständige Führung der Papiermühle „Dombach". Etwa 1638 verstarb seine Frau. Nach 2 Jahren Witwerschaft heiratete er in 2. Ehe eine Witwe aus dem Hause „Zur Windmühle" aus Mülheim am Rhein. Aus dieser Ehe gingen eine Tochter und der Sohn **Fues, Cornelius** hervor. Dieser heiratete Maria van Nüth und war dadurch mit den Jacobs, denen sein Vater als Geselle gedient hatte, verwandtschaftlich verbunden. Aus dieser Ehe entstammten die Söhne Martin und Gerhard Fues. Beide wurden Papiermeister. Nach dem Tode seiner Frau Maria heiratete Cornelius Fues in zweiter Ehe Maria Schink von Dhünn. Auch aus dieser Ehe gingen zwei Söhne hervor; diese spielten im Strundertal und der Papierindustrie allerdings keine Rolle.

Nach dem Tode seines Vaters führte er mit seiner Mutter bis zu deren Tod die „Dombach" weiter. Im Jahre 1685 erwarb er die Mühle durch Kauf und führte sie gemeinsam mit seiner Frau bis zum Jahre 1709. Darüber hinaus erhielt er aus dem Erbe der Familie van Nüth einen Anteil an der „Quirlsmühle" den er 1703 seinem Sohn **Fues, Martin** überließ. Martin führte die Mühle bis zu seinem Tode bis 1741. Er hatte 4 Kinder, Johann Jakob Fues, der das obere Drittel der Mühle erhielt und unverheiratet blieb, Johann Wilhelm Fues, der seinen Erbteil verkaufte, Anna Helene Fues, die in 2. Ehe ihren Vetter Aurelius Fues heiratete, und Johanna Gerdraut Fues (Nr. 27A), die Heinrich Schnabel (Nr. 27C) heiratete, der 2 Drittel der Mühle erwarb. **Fues, Gerhard**, jüngerer Sohn von Cornelius Fues, erbte von diesem die „Dombach". Im Jahre 1699 heiratete er Maria Liefferingh, Tochter des Kaufmanns Hendrik Liefferingh und dessen Frau Clara Helena, geb. Becks. Zwischen 1699 und

1725 baute er neben der alten „Oberen Dombach" eine neue Papiermühle, die „Untere Dombach". In den 27 Jahren seines Wirkens verdoppelte er seinen Besitz. Von seinen 6 Söhnen wurden 5 Mühlenbesitzer. Gerhard Martin, verheiratet mit Katharina Juliane Happe, gest. 02.06.1766, wurde Eigentümer der Holzmühle in Strundorf, Wilhelm Aurelius übernahm die Gohrsmühle, Cornelius Heinrich und Abraham erhielten die Dombach, Johann Isaak, verheiratet mit Katharina Elisabeth Schneider, geb. 24.06.1727, gest. 12.06.1803, (Grabmal Nr.24) erbte die Fruchtmühle zu Gierath. Der sechste Sohn Johannes Jacobus war – wohl aus gesundheitlichen Gründen – der Einzige, der keine Mühle besaß. Er verstarb im Jahre 1745 im besten Mannesalter. Der Ehe entsprangen ferner zwei Töchter. Anna Maria Elisabeth, geb. Am 03.03. 1713, verstarb bereits am 23. 07. 1727. Johanna Margaretha, geb. am 23.10.1718, gest. am 03.10.1781, heiratete einen Steinkauler aus Mülheim am Rhein. Gerhard Fues war Kirchenältester der Mülheimer Gemeinde. Auf dem historischen Friedhof sind folgende Grabstätten aus der weitverzweigten Familie Fues zu finden:

Fues, Johanna Gerdraut (Grabmal Nr. 27A)
geb. 06.10.1709, gest. 17.11.1789.

Sie war die Tochter des Martin Fues. Im Jahre 1738 heiratete sie Heinrich Schnabel (Nr. 27C). Der Ehe entsprangen 4 Kinder, als Zwillingsschwestern Maria Johanna und Anna Helena Katharina, die Johann Gottfried Fauth (Nr. 27B) heiratete, sowie die Söhne Carl Jakob Friedrich und Bernhard Phillip Wilhelm.

Fues, Johann Isaak (Grabmal Nr. 24)
geb. 23.09.1716, gest. 27.04.1797 auf dem Gierath.

Seine Ehefrau Elisabeth geb. Schneider, geb. 24.06.1727, gest. 12.06.1803 ist auf dem Grabstein verewigt. Johann Isaak Fues besaß die Fruchtmühle in Gierath. Sein Vater war Gerhard Fues

Fues, Catharina Elisabeth, geb. Schneider (Grabmal Nr. 24)
geb. 24.06.1727, gest. 12.06.1803.

Catharina Elisabeth Fues war mit Johann Isaak Fues verheiratet. Dieser war der jüngste Sohn von Gerhard Fues und erbte von ihm die Fruchtmühle zu Gierath.

Fues, Johann Wilhelm Aurelius (Grabmal Nr. 26)
geb. 25.02.1755, gest. 29.02.1828.

Johann Wilhelm Aurelius Fues war Besitzer der „Quirlsmühle", der „Kieppemühle" und -zunächst gemeinsam mit Gustav Müller- der „Dombach". Er heiratete Clara Wihelmine, geborene Clarenbach, an die auf dem Grabstein ebenfalls erinnert wird.

Fues, Clara Wilhelmine, geb. Clarenbach (Grabmal Nr. 26)
geb. 25.10.1762, gest.29.10.1832.

Der Ehe entstammten die Kinder Wilhelm Ludwig, der ebenfalls auf dem Grabstein Nr. 26 genannt wird, und Wilhelmine, die unverheiratet 1865 verstarb (Nr. 14).

Fues, Wihelm Ludwig (Grabmal Nr. 26)
geb. 08.05.1785, gest. 26.12.1817.

Er war - wie vor beschrieben - der Sohn Johann Wilhelm Aurelius Fues und dessen Frau Clara Wilhelmine, geborene Clarenbach. Am 10.07.1814 heiratete er Anna Johanna Hoesch (Nr.16), die Tochter eines Dürener Papierfabrikanten. Im gleichen Jahr übernahm er die „Kieppemühle" von seinem Vater. Nur drei Jahre später verstarb er am 26.12.1817. Er hinterließ die junge Witwe mit den drei Töchtern Aurelie Eleonore, deren Grabstein ebenfalls auf dem historischen Friedhof zu finden ist (Nr. 13), Clara Ludolphine Hermine und Louise Wilhelmine Friederica. Anna Johanna Fues führte die Papiermühle zunächst bis 1819 unter dem Firmennamen „Ludwig Fues und Franz Wittlich", dann bis 1824 alleine weiter. Am 03.06.1824 heiratete sie den Kaufmann Carl August Koch (Nr. 15), der das Unternehmen weiterführte.

Fues, Gerhard Jacob (Grabmal Nr. 32)
geb. 25.02.1761, gest. 06.05.1825.

Er heiratete am 29.09.1793 Adelheit Louise Christine Sproegel, die Tochter des Arztes und Professors der Heilkunde Friedrich Otto Sproegel, aus Köln. Die Ehe dauerte nur bis zum Tode seiner jungen Frau am 22.12.1794. Wenig später verstarb auch sein am 25.10.1794 geborener Sohn. Im Jahre 1796 traf ihn ein weiterer Schicksalsschlag; die ihm gehörende „Gohrsmühle" brannte ab. Er nahm Kredite auf und baute die Mühle wieder auf. Am 01.05,1798 heiratete er Henriette Helene Gerdraut Schnabel. Aus dieser Ehe gingen 6 Kinder hervor. Zu seinem Besitz gehörten neben der „Gohrsmühle" auch die „Cederwaldsmühle" mit dazugehörenden Ländereien. Als 1813 während der Befreiungskriege der Aufruf des Generalgouverneurs zur Bildung des Bergischen Landsturms erschien, übernahm er als Feldobrist die Spitze des „Banner Gladbach" und leistete erhebliche finanzielle Zuwendungen. Nach seinem Tode gingen beide Mühlen auf die Witwe über. Sie übertrug diese am 15.12.1843 auf ihr Söhne Heinrich und Eduard Fues.

Fues, Wilhelmine (Grabmal Nr. 14)
geb. 11.06.1792, gest. 08.05.1865.

Sie war die Tochter des Johann Wilhelm Aurelius Fues und dessen Frau Clara Wilhelmina Christina, geb. Clarenbach (Nr. 26). Sie verstarb unverheiratet.

Fues, Johanna, geb. Frowein (Grabmal Nr. 30)
geb. 02.09.1825, gest. 13.05.1858.

Sie heiratete am 12.09.1851 Eduard Fues, den Mitinhaber der „Gohrsmühle". Aus der Ehe gingen zwei Töchter - Maria Emilie und Emma Maria - hervor, die beide im frühesten Kindesalter verstarben. Sie selbst verstarb nach nur sechseinhalb Jahren Ehe.

Fues, Eleonore Auguste, geb. Schnabel (Grabmal Nr. 01)
geb. 31.10.1801, gest. 29.06.1880.

Am 07.04.1835 heiratete sie Heinrich Fues, der gemeinsam mit seinem Bruder Eduard 1843 das Erbe von Gerhard Jakob Fues übernommen hatte. Dazu gehörten die „Gohrsmühle" und die „Cederwaldsmühle". Heinrich Fues engagierte sich - wie sein Vater - auch in der Gemeinde. Er war im Rat der Stadt Bergisch Gladbach und im Schulvorstand. Beide Brüder führten die Firma „Gerhard Jacob Fues" bis 1860. Am 02.08.1860 verkauften sie den gesamten Besitz, zu dem außer den beiden genannten Mühlen die Braunkohlengruben „Cederwald", „Heidkamps-Maassen", „Schornshäuschen" und „Jüch" gehörten. Nach dem Verkauf übersiedelten sie zu ihren Brüdern nach Hanau. Damit endete nach rund 250 Jahren die Aera der Papiermacherfamilie Fues in Bergisch Gladbach.

Koch, Karl August (Grabmal Nr. 15)
geb.12.02.1795 in Münsingen, gest. 19.02.1880 auf der Kieppemühle.

Karl August Koch kam als Sohn des Burgvogtes von Grafeneck, Johann Michael Koch aus dem Württembergischen. Als gelernter Kaufmann arbeitete er zunächst im Kontor der Firma Bruckmann und Weitz, Heilbronn und übersiedelte dann nach Köln. Im Jahre 1824 heiratete er Anna Johanna Fues, geb. Hoesch (Nr. 16), und übernahm die „Kieppemühle". Er erweiterte und modernisierte das Unternehmen ständig, steigerte sowohl die Palette der Erzeugnisse als auch deren Qualität und exportierte sie 1861 bereits nach Rio de Janeiro. Auf der internationalen Industrieausstellung in London 1862 eröffnete er sich auch den Weg nach England und in die englischen Kolonien. Im Jahre 1876 beteiligte er Otto Poensgen und Ferdinand Pfeiffer zu gleichen Teilen an seinem Unternehmen. Neben seinen Erfolgen als Kaufmann und Papierfabrikant erwarb er sich hohe Verdienste in öffentlichen Ämtern; so war er Mitglied des Schulvorstandes, Stadtverordneter, Abgeordneter des Provinziallandtages und Richter am Friedensgericht zu Bensberg. Für die junge evangelische Gemeinde in Bergisch Gladbach war er mehr als 50 Jahre als Diakon, Ältester und Kirchmeister tätig[71].

Erfreulicherweise gibt es von einem Enkel von Karl August Koch und Johanna Koch, geb. Hoesch eine kurze „Charakteristik", welche an dieser Stelle erneut abgedruckt werden soll[72]:

„Als einziger noch überlebender Enkel meiner Großeltern Carl August Koch und Johanna Hoesch auf der Kieppemühle will ich nachstehend einiges zur Charakteristik derselben beitragen. Gern gäbe ich genaue historische Daten, aber die Feststellung derselben ist in früheren Jahren versäumt worden. Carl August Koch wurde am 12. Febr. 1795 in Münsingen auf der Rauhen Alb in Württemberg geboren. Sein Vater war Königl. Förster oder Oberförster daselbst. Heranwachsend erwählte er den Kaufmannsberuf und war an verschiedenen Orten tätig, zuletzt in einem Speditionsgeschäft in Köln. Das Haus hatte in dieser Zeit einmal die Verfrachtung von Effekten des Reichsfreiherrn vom Stein. Von Köln aus lernte C. A. Koch meine Großmutter, Johanna geb. Hoesch aus Düren, geb. 20. März 1795 kennen, die ihren ersten Mann Ludwig Wilh. Fues (aus der Dombach, geb. 08. 5. 1785, Sohn von Joh. Wilh. Aurelius Fues) nach 3½-jähriger Ehe am 25. Dezember 1817 verloren hatte und nun unter

---

[71] Rehse 1900, S. 237 ff.
[72] Unveränderter Nachdruck aus: Heimat zwischen Sülz und Dhünn. Geschichte und Volkskunde in Bergisch Gladbach und Umgebung. Hrsg. Bergischer Geschichtsverein, Abt. Rhein- Berg e.V., Heft 11, Berg. Gladbach 2004, bzw. aus: „Guten Abend" 1927, Nr. 33. Schreibweise und Interpunktion entsprechen dem des Originals. Das sich der Autor als einziger noch überlebender Enkel bezeichnet, kommt hierfür wahrscheinlich Ernst Poensgen (1848 – 1925) infrage. Er war der jüngste Bruder von Otto Poensgen (1845 bis 1918) und lebte als Pfarrer und Superintendent in Bochum. Ob es sich evtl. um eines der Kinder von Clara Hermine Fues verh. Schmidt oder Luise Wilhelmine Fues verh. Goecke handelt, konnte nicht geklärt werden.

schweren Verhältnissen mit kraftvollem Willen den Weiterbetrieb der kleinen Papierfabrik Kieppemühle in die Hand genommen hatte.

Am 03. Juni 1824 fand die Vermählung der beiden statt, die in fester treuer Gemeinschaft über 55 Jahre Freud und Leid geteilt haben. Mit meinem verstorbenen Bruder verdanke ich nach dem frühen Tod meiner Eltern diesen trefflichen Menschen eine glückliche Jugend, ein kräftiges Vorbild, eine auf der schlichten Selbstverständlichkeit der sittlichen Grundtugenden: Wahrheit, Fleiß, Gehorsam, Gottesfurcht, ruhende unreflektierte Erziehung und die treueste fürsorgende Liebe in äußeren und inneren Angelegenheiten.

Mein Großvater Koch lebte sich schnell in das ihm ungewohnte Fabrikgeschäft ein und hob es im Laufe der Jahre durch Energie und Umsicht auf die Höhe, die es schon bei seinem Tode (19.2.1880) besaß. Der Weg war kein leichter, da große finanzielle Mittel im Anfang nicht zu Gebote standen. Er hat wohl später gern sich des schweren Jahres 1848 als eines glücklich überwundenen erinnert, in dem es ihm oft schwer gewesen sei, von Lohntag zu Lohntag vom Schaaffhausenschen Bankverein in Köln das nötige Geld für seine Arbeiter zu bekommen. Das Verhältnis der letzteren zur Firma C. A. Koch war, wie damals überall im Strunder Tal, durchaus patriarchalisch, auf gegenseitiges Vertrauen aufgebaut und nicht durch scharfe Contrakte auf die Schneide gestellt. Die Arbeiter litten auch in dieser Zeit keine Not und waren in ihren bescheidenen friedlichen Lebensbedingungen zufrieden. Sie hatten dabei niemals Veranlassung, sich über üppige Lebenshaltung der Kieppemühle zu beklagen. Es ging dortselbst einfach und anspruchslos zu.

Mein Großvater war ein Mann von ausgeprägter Eigenart. „Strengste Redlichkeit und Pflichttreue, unermüdlichen Fleiß, ausgezeichnete Geschäftstüchtigkeit, freundliche Hilfswilligkeit und gemeinnütziges Wirken", sagte ihm bei seinem Scheiden der Nachruf der evangelischen Kirchengemeinde B.- Gladbach nach, in deren Presbyterium er von 1831 – 1841 und dann wieder von 1854 – 1880 als Kirchmeister gewaltet hat, ein umsichtiger, sparsamer Haushalter, der die Einkünfte der kleinen Gemeinde durch ein kluges Finanzgebaren wie durch persönliche Opferwilligkeit zu fördern wusste. Ebenso war er lange Jahre auf dem Gebiet der bürgerlichen Interessen als Mitglied des Schulvorstandes und Stadtrats und als Deputierter zum Provinziallandtag tätig. Ehrwürdig und achtungsvoll war uns Kindern auch seine Beteiligung am Friedensgericht in Bensberg. Seine Tätigkeit für das Gemeinwohl wurde 1874 bei seiner goldenen Hochzeit und 1877 bei der Jahrhundertfeier der Kirchgemeinde durch Verleihung des Kronenordens 4. bzw. 3. Klasse ausgezeichnet.

Der obigen Charakteristik ist nur noch weniges hinzuzufügen. C. A. Koch war von rastloser Arbeitskraft, in früher Stunde auf und bis auf eine kurze Mittagsruhe bis zum Abend unausgesetzt tätig. Er gehörte nicht zu den bequemen und biegsamen Menschen, sondern glich eher einer knorrigen Eiche von kernhaftem, aber schwer zu behandelndem Holz. In Haus und Beruf in gutem Sinne eine Herrschernatur, entscheidend, bestimmend, durchgreifend, auch wohl eigensinnig auf eigener Meinung bestehend. Bei entgegentretenden Widerständen leicht cholerisch aufbrausend und doch daneben im Kreise der Seinen und gern gesehener, gastfreundlich empfangener Gäste, eine heitere, fröhliche, liebenswürdige Natur. Bei aller Einfachheit seiner Bildung besaß er ein warmes Interesse für alles Weltgeschehen, besonders auf politischem Gebiete, ein Geist des gemäßigten Fortschritts der alten Jahre und vaterländisch treuer Gesinnung.

Die Großmutter, Johanna Koch, geb. Hoesch aus Düren, hat die Eigenschaften ihres Gatten in glücklicher Weise ergänzt. Eine Frau von zartem und starkem Herzen, an eigener Vervollkommnung arbeitend, von starkem Bildungstrieb und gediegener Selbstzucht; klug und besonnen, ausgleichend und vermittelnd, voll großer, treuer Liebe, blieb sie stets Herrin über die kleinen Leiden des Lebens und unverzagt bei den großen. Wie sie äußerlich bis ins hohe Alter auf sich hielt, so beseelte sie innerlich ein stilles, starkes Pflichtgefühl, das weniger von sich redete, als treu das Seine tat. Und diesen Sinn suchte sie auch denen einzuprägen, welche sie erzieherisch beeinflusste. Auch sie eine unermüdlich tätige und doch nicht unruhige Natur, viel beschäftigt und doch harmonisch. Mit ihrem Mann eine aus jener Vorzeit, die noch keine Nerven kannte und duldete, starb sie im 90. Lebensjahr am 14. 4 1884".

Koch, Johanna (Grabmal Nr. 16)
geb. 20.03.1795, gest. 14.04.1884 auf der Kieppemühle.

Anna Johanna Koch, geb. Hoesch war die Tochter eines Papierfabrikanten aus Düren. Sie heiratete am 18.04.1814 in erster Ehe Ludwig Fues, den Eigentümer der „Kieppemühle". Aus der Ehe ging eine Tochter, Aurelie Eleonore Fues (Nr. 13) hervor. Nach dem frühen Tod von Ludwig Fues 1817 führte sie das kleine Unternehmen weiter. Im Jahre 1824 heiratete sie in zweiter Ehe Karl August Koch (Nr.15). Die Ehe blieb kinderlos. Auf dem Friedhof befindet sich ferner

Koch, Friedrich Joseph (Grabmal Nr. 17)
geb. 29.06.1789 zu Munsingen, gest. 25.06.1838 zu Kieppemühle.

Bei dem hier Beerdigten, der zu Besuch auf der Kieppemühle weilte, muss es sich um einen Bruder oder nahen Verwandten von Karl August Koch (Nr. 15) handeln.

Maurenbrecher, Heinrich Jakob (Grabmal Nr. 31)
geb. 28.11.1779, gest. 30.07.1856.

Heinrich Jakob Maurenbrecher war Kaufmann in Düsseldorf. Im Jahre 1827 übernahm er die „Obere Dombach", an der er durch Gesellschaftervertrag schon vorher beteiligt war. Sechs Jahre später, am 30.10.1833 erwarb er auch die „Untere Dombach" und vereinigte beide Papiermühlen aus dem früheren Fuesschen Besitz zu einem Unternehmen. Um 1850 nahm er seinen Sohn Wilhelm in das Unternehmen auf. Dieser führte die „Dombach" bis 1869 und musste sie dann wegen Überschuldung in die Aktiengesellschaft „Dombacher Papierfabrik" umwandeln lassen. Nach Liquidation der AG. ging im Jahre 1876 die „Dombach" per Vertrag auf die Firma „J.W. Zanders" über.

Poensgen, Aurelie geb Fues (Grabmal Nr. 13)
geb. 25.05.1815 auf der Kieppemühle, gest. 21.05.1857.

Sie war die älteste Tochter von Wilhelm Ludwig Fues (Nr. 26), dem Eigentümer der „Kieppemühle" und dessen Frau Anna Johanna, geb. Hoesch aus Düren. Im Jahre 1814 heiratete sie den Pastor Eduard Poensgen. Ihr Sohn Julius Otto Poensgen trat später in die Papierfabrik „Kieppemühle" ein.

Schnabel, Heinrich (Grabmal Nr. 27C)
geb. 16.07.1706, gest. 24.02.1797.

Heinrich Schnabel entstammt einer alten Pfarrersfamilie vom Weidenhof auf dem Pfaffenberg bei Wiehl. Sein Vater Jakob Heinrich Schnabel heiratete Apollonia Magdalena Recklinghausen, die Tochter des Jülich-Bergischen Bergvogtes von Recklinghausen zu Braunswerth bei Engelskirchen. Dieser erwarb 1703 bis 1712 die Hammer- und Hüttengerechtigkeit in Braunswerth und betrieb dort ein Hammerwerk.

Heinrich Schnabel wurde als 5. Kind geboren. Seine Eltern und sämtliche Geschwister haben alle auf dem Friedhof in Drabenderhöhe ihre letzte Ruhestätte gefunden. Ihn selbst zog es nach Bergisch Gladbach. Hier heiratete er als Kaufmann im Jahre 1738 Johanna Gerdraut Fues (Nr. 27A) und erwarb den größeren Teil der „Quirlsmühle", die später seinen Namen „Schnabels- Mühle" trug. Im Jahre 1771 erweiterte er seinen Besitz durch den Ankauf des Hauses Kradepohl mit dem Gut „Schornhäuschen" und umfangreichen Ländereien. So betrieb er neben seinem Mühlenbetrieb auch Landwirtschaft. Im Jahre 1773 erwarb er die „Kradepohlsmühle", eine Öl- und Lederwalkmühle, die er später zum Mahlen von Lumpen zur Papierherstellung nutzte. Etwa 1782 gelang es ihm das restliche Drittel der „Quirlsmühle" von Wilhelm Aurelius Fues (Nr. 26) zu erwerben, damit war er alleiniger Eigentümer dieser Mühle.

Neben seinen vielseitigen beruflichen Aktivitäten war er- seinem großväterlichen Erbe folgend - kirchlich engagiert. Er war, neben einigen Gleichgesinnten, der Gründer der „evangelischen Gemeinde zu Bergisch Gladbach und Dombach". Ihm ist es zu verdanken, dass diese Gemeinde nach Eingaben an die staatlichen und kirchlichen Instanzen sowie an König Friedrich II. im Jahre 1775 ihre erste evangelische Kirche in Bergisch Gladbach, die „Gnadenkirche", nebst Friedhof errichten durfte. Von diesem Zeitpunkt an trugen seine Papierbögen als Wasserzeichen die Umschrift des bis heute gültigen Kirchensiegels „Spes nostra in deo". In seinem Haus fand die erste Sitzung des Presbyteriums statt. Von 1775 bis 1795 war er Kirchmeister der Gemeinde. Seine christliche Grundhaltung wird sowohl an der Inschrift seines Grabsteines als auch dem seiner vor ihm 1782 verstorbenen Frau deutlich.

Steinkauler, Theodor (Grabmal Nr. 07)
geb. 30.11.1784, gest. 03.08.1845.

Theodor Steinkauler, angesehener Kaufmann aus Mülheim, heiratete Jacobine Zanders (Nr.06), die Tochter des Medizinalrates Johann Wilhelm Gottfried Zanders (Nr.08) und war Schwager von Johann Wilhelm Adolf Zanders (Nr. 10), dem Gründer der Papierfabrik „J.W. Zanders". Theodor Steinkauler besaß unter anderem den Rommerscheider Hof und erwarb von Gustav Josua Müller, dem Vater von Julie Zanders, geb. Müller (Nr. 11) das Hofgut Igel, den heutigen Igeler Hof, der sich nunmehr im Eigentum der Familie Zanders befindet.

Steinkauler, Jacobine, geb. Zanders (Grabmal Nr. 06)
geb. 11.08.1791, gest. 17.11.1844.

Sie war die Tochter des Medizinalrates Johann Wilhelm Gottfried Zanders (Nr.08) und Schwester von Johann Wilhelm Adolf Zanders, dem Gründer der Papierfabrik „J.W. Zanders". Verheiratet mit Theodor Steinkauler (Nr. 07).

Zanders, Johann Wilhelm Gottfried (Grabmal Nr. 08)
geb. 18.10.1748, gest. 30.09.1815.

Er entstammt einer alteingesessenen Düsseldorfer Familie und war - wie sein Vater Johann Bernard Zanders - Arzt sowie Stadt-Medikus und Medizinalrat in Düsseldorf. Sein Sohn Johann Wilhelm Adolf Zanders (Nr. 10) war der Gründer der Papierfabrik „J.W. Zanders".

Zanders, Johann Heinrich (Grabmal Nr. 09)
geb. 02.04.1756, gest. 28.12.1811.

J.H. Zanders ist in den Matrikeln der Universität Duisburg als stud. jur. immatr. 1776 Okt. 8. vermerkt. Er war ein Bruder des Johann Wilhelm Gottfried Zanders (Nr. 08)

Zanders, Johann Wilhelm Adolf (Grabmal Nr. 10)
geb. 21.01.1795, gest. 04.09.1831.

Johann Wilhelm Adolf Zanders war Sohn des Düsseldorfer Arztes und Medizinalrates Dr. med. Johann Wilhelm Gottfried Zanders (Nr. 08) und dessen Frau Maria Gertrud, geb. Pütter. Letztere entstammte einem vornehmen Handelshause in Düsseldorf. Nach Abschluss der Schule und vorbereitender Studien wandte sich J.W. Zanders dem Forstfach zu. Nach weiteren Studien 1817 in Göttingen und 1818 in Marburg übersiedelte er nach Bergisch Gladbach und investierte einen Teil seines Vermögens in das von Schulden bedrohte Unternehmen - die „Schnabelsmühle des Hofrates Franz Heinrich Fauth (Nr. 29). Nach dessen Tod wurde diese älteste Papiermühle Bergisch Gladbachs gemeinsames Eigentum von dessen Sohn Gottfried Fauth (Nr. 29) und J.W. Zanders. Beide führten das Unternehmen auf der Grundlage eines am 16.06.1824 geschlossenen Gesellschaftervertrages bis zum Tode Heinrich Fauths 1829 gemeinsam. Am 28.07.1829 übernahm J.W. Zanders durch notarielle Urkunde des Notars Nuß die Geschäftsanteile und den Hausrat des Verstorbenen; es war der Gründungstag der Firma „J.W. Zanders". Am 10.05.1824 heiratete er Julie Müller (Nr. 11), die Tochter des Papierfabrikanten und Eigentümers der "Oberen Dombach", Gustav Josua Müller. Die Ehe endete durch den Tod von J.W. Zanders bereits nach 7 Jahren am 04.09.1831. Ab diesem Zeitpunkt übernahm Julie Zanders das Unternehmen. 1857 nahm sie ihren Sohn Richard als Mitgesellschafter in die Firma auf. Sie führte das Unternehmen 38 Jahre umsichtig und erfolgreich. Erst mit ihrem Ableben am 28.11.1869 ging die Firma ganz auf Richard Zanders über.

Zanders, Julie, geb. Müller (Grabmal Nr. 11)
geb. 17.06.1804, gest. 28.11.1869.

Julie war die älteste Tochter des Papierfabrikanten Gustav Josua Müller und dessen Frau Anna Johanna Friederika, geb. Maurenbrecher. Sie wuchs auf der „Oberen Dombach" auf und war von klein an - insbesondere nach dem frühen Tod ihrer Mutter 1808 - mit allen Abläufen in einer Papierfabrik vertraut. Die 2. Frau ihres Vaters, Charlotte Scholling -hochgebildet und geistreich- verstand es, in ihren Stiefkindern auch das Schöngeistige in der Zeit der beginnenden Romantik zu wecken. Am 10.05.1824 heiratete Julie Johann Wilhelm Adolf Zanders, den späteren Eigentümer der Schnabelsmühle und Gründer der Firma „J.W. Zanders". Im Jahre 1827 musste sie miterleben, wie ihr elterliches Anwesen, die „Obere Dombach" in Konkurs ging und verkauft wurde. Dieses prägte ihr späteres Leben und Wirken im eigenen Unternehmen nachhaltig. Die glückliche Ehe mit J.W. Zanders dauerte durch dessen frühen Tod 1831 nur 7 Jahre; ihr entsprangen 4 Kinder.

Mit dem Tod ihres Mannes sah sich Julie vor einer fast unlösbaren Aufgabe, der Erziehung ihrer 4 unmündigen Kinder und der Fortführung des erst 2 Jahre alten Unternehmens. Sie übernahm 1831 die Leitung der Firma und führte diese – unterstützt durch treue Mitarbeiter - 38 Jahre bis zu ihrem Tode am 28.11.1869. Sie führte das Unternehmen durch die unruhigen Zeiten der Freiheitsbestrebungen sowie der holländischen und englischen Konkurrenz in Fabrikation und Absatz von Papiererzeugnissen Mitte 1800. Sie löste Schulden ab und vermehrte das Firmenvermögen. Mit ihr begann der Aufstieg der Firma zum wichtigsten Gladbacher Industriebetrieb. Sie unterstützte sowohl ihren verarmten Vater, ihre Schwestern als auch ihre alleinlebende Stiefmutter. Ihr unternehmerisches Wirken war von hohem sozialen Engagement gegenüber ihrer Arbeiterschaft gekennzeichnet. Ohne die Erfolge der nachfolgenden Generationen schmälern zu wollen, ist es ihr Verdienst, durch ihre Leistungen die Grundlagen für die Weiterentwicklung des Unternehmens „J.W. Zanders" in Bergisch Gladbach bis in unsere Zeit geschaffen zu haben.

Lage bzw. Position der Grabsteine   T 07

A

Blick auf den alten Friedhof, (Foto der Fa. Grümmer, Köln, Dellbr. aus dem Jahre 1938).

B

Anordnung der Grabsteine auf dem alten ev. Friedhof an der Gnadenkirche

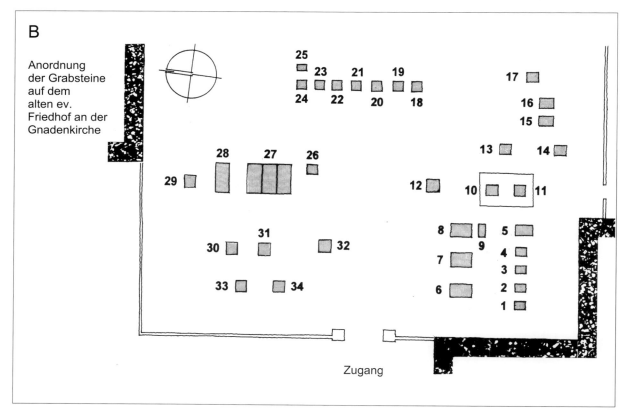

Zugang

5. Die Grabsteine des alten ev. Friedhofes in Bergisch Gladbach

5.1 Lage bzw. Position der Grabsteine (T 07)

Der alte Friedhof der evangelischen Gemeinde zu Bergisch Gladbach liegt unmittelbar östlich der Gnadenkirche. Erschlossen wird das ca. 520 m² große ummauerte Areal über ein schmiedeeisernes Tor, welches sich zur Ostwand der Gnadenkirche hin öffnet. Als der Friedhof noch im Jahre 1775 angelegt wurde, hatte man – wie schon angedeutet - eine andere Erschließung vorgesehen. Damals lag nämlich das Friedhofstor an der Nordseite und führte unmittelbar von der Hauptstrasse bzw. Mülheim- Wipperfürther- Strasse in den seit 1782 mauerumfriedeten Raum. Als man die Häuser Hauptstrasse 268 (Gasthaus „Schmidt am Dom") und 270 (Heuser) zum „Waatsack" errichtete, wurde ein Teil der Friedhofsmauer einschließlich des Nordtores verdeckt bzw. überbaut. Heute lässt sich die Position dieses ehemaligen Eingangstores lediglich an den noch vorhandenen Störungen im Mauerwerk erahnen.

Die ehemalige Erschließung aus nördlicher Richtung belegen allerdings auch die Grabdenkmäler Nr. 18- 25 bzw. Nr. 26- 29, die entsprechend ihrer Ausrichtung noch heute auf diese ehemalige Zuwegung reagieren. Bevor diese Erschließung im Bereich der Grabsteine Nr. 13- 17 auslief, muss sie eine Abzweigung besessen haben, welche Richtung Kirche zulief und der Zuwegung der dortigen Begräbnisplätze Rechnung trug. Auch dies lässt sich v.a. auf Grund der Ausrichtung der Grabstellen Nr. 1- 9 nachvollziehen. Dass man in späterer Zeit dieses kurze Stück Weg mit einem eigenen Eingangstor ausstattete, hat sicherlich mit der oben angeführten Verbauung des alten Tores zutun. Außerdem war dadurch eine kürzere bzw. günstigere Verbindung von der Kirche zum Friedhof geschaffen, was ebenfalls für die Einrichtung des neuen Zuganges sprach bzw. die Freigabe der Bebauung im Bereich des ehemaligen Nordtores plausibel macht. Heute bedeckt eine Rasenfläche ohne erkennbares Wegenetz das Areal und altehrwürdiger Baumbestand kommt dem idyllisch gelegenen Ort sehr zustatten.

F04 Blick auf das Grabdenkmal von Gerhard Jacob Fues (Nr. 32)

5.2 Zur Typologie der Grabmäler (T 23)

Die Möglichkeiten der Grabmalgestaltung waren, trotz des relativ kleinen Friedhofes, für den vorliegenden Forschungszeitraumes des 18. und 19. Jahrhunderts sehr vielfältig. Fast sämtliche Grabmaltypen, die von den Kulturvölkern des Mittelmeerraumes in Jahrtausenden entwickelt wurden, standen in dieser Zeit sowohl den Auftraggebern als auch den Grabmalherstellern zur Auswahl. Diese zur Verfügung stehende Vielfalt lässt sich auf fast allen städtischen Friedhöfen jener Zeit und natürlich auch auf dem hier zu behandelnden Friedhof nachvollziehen. Und so steht der Grabaltar nach römischem Vorbild neben der Grabstele im griechischen Geschmack, diese wiederum neben einer Grabsäule, bis hin zu den christlich motivierten Grabkreuzen, um nur einige Möglichkeiten anzudeuten. Dieser „Stilmix" ist nicht nur für die Kunstinteressierten unserer Zeit irritierend, er war schon zur Zeit der Aufstellung jener Grabmale, zumindest für eine Teil der Bevölkerung befremdlich. Vor allem wurde den Initiatoren vorgeworfen, dass die ausgewählten Grabmaltypen den Bestattungsbräuchen fremder Völker und Religionen entsprechen und in keiner Weise den Gepflogenheiten des Christentums.

Funktional betrachtet ist natürlich die antikisierende Aschenurne auf dem Grabaltar eines darunter befindlichen Erdbestatteten unsinnig. Und auch bei den vorhandenen reich ornamentierten Grabplatten, die wohl dem christlichen Brauch der Bestattung in der Kirche aufgreifen, darf, weil sie unter freiem Himmel aufgestellt sind, ein Fragezeichen gesetzt werden. Trotzdem setzte man sich über diesen Bruch zwischen Funktion, Bedeutung und Form des Grabmal leicht hinweg. Das Grabmal sollte in jener Zeit v.a. auch eine Symbolische Gestalt annehmen, mit deren Wahl man bestimmte ethische oder religiöse Vorstellungen verband und entsprechend zum Ausdruck bringen bzw. der Nachwelt übermitteln wollte. Nach dem Verständnis jener Zeit war es auch in keiner Weise widersprüchlich, die zur Verfügung stehenden Typen und Stile zu mischen und an einem Grabmal entsprechend zum Einsatz zu bringen. Im folgenden soll versucht werden, die auf dem hiesigen Friedhof vorzufindenden Grabmaltypen vorzustellen und zu klassifizieren. Entsprechend ihrer Art lassen sich demnach fünf Kategorien auf dem Friedhof nachweisen:

In der **ersten Gruppe** sollen die Stelen behandelt werden, die sich als einfache, meist am Kopfende aufgerichteten Steinplatten präsentieren und sich zu allen Zeiten in der Sepulkralkultur nachweisen lassen.

In der **zweiten Gruppe** werden die sog. klassizistischen Grabmaltypen Beachtung finden müssen. Auf unserem Friedhof handelt es sich um die Grabsäule, den Zippus bzw. den zippusartigen Pfeiler und dem ebenfalls der klassischen Formensprache nachempfundenen Grabaltar. Nachweisen lassen sich diese speziellen Grabmaltypen in Deutschland etwa ab dem Jahre 1795[73].

Die **dritte Gruppe**, die man als die romantischen Grabdenkmäler bezeichnen könnte, stellen u.a. die aufgesockelten Grabkreuze dar.

Die **vierte Gruppe** umfasst die ausgestaltete und flach liegende Grabplatte, in Sarggröße.

---

[73] Meis 2002, S. 33, bzw. Memmesheimer 1969, S. 92 ff.

Und eine **fünfte** und letzte **Gruppe** umschreibt die sog. Kleindenkmäler, also die Pult – und Kissensteine, die zu einem großen Teil die Grabzeichen auf diesem Friedhof ausmachen.

Zur ersten Gruppe

Die ältesten der erhaltenen Grabdenkmäler im Rahmen der hier vorliegenden Untersuchung gehören zum Typus der Grabstele. Es handelt sich hierbei um eine in der Regel einfache, aufrechtstehende Steinplatte, die mit Inschriften oder Ornamentik versehen sein kann und zuweilen auch auf einem sockelartigen Unterbau aufgesetzt ist[74]. Wie schon oben erwähnt, finden sie im Totenkult der Völker schon lange Verwendung. Etymologisch geht die Bezeichnung „Stele" eigentlich auf das griechische Wort für „Säule" zurück, ist aber heute als ein sog. „Sammelbegriff" für eine Vielzahl von unterschiedlichen Ausformungen in Gebrauch[75]. Hier sei der Terminus zunächst für die zwei Grabmale eingesetzt, die dem Begriff der freistehenden hochrechteckigen Platte aus Stein am meisten gerecht werden.

Die älteste der beiden hier zu lokalisierenden Grabstelen erinnert an Anna Maria Biesenbach (Nr. 22). Es handelt sich um einen einfachen, nicht aufgesockelten Gedenkstein, der auf der Vorderseite beschriftet ist, auf der Rück- bzw. Bildseite das Relief eines Cherubins zeigt und am Kopfende durch einen flachen Karniesbogen abgeschlossen ist. Dieser Stein ist um das Jahr 1791 gefertigt worden. Der zweite stelenförmige Gedenkstein, der ca. zwei Jahrzehnte später entstanden sein dürfte und an Johann Heinrich Zanders (Nr. 9) erinnern soll, ragt ebenfalls unvermittelt aus dem Erdreich und ist als sog. stehendes Rechteck angelegt. Ungewöhnlich ist, dass die Kanten dieser Steinplatte spitzwinkelig gefügt sind. Auch bei dieser Stele ist vorderseitig eine Inschrift in die Oberfläche eingetieft, die allerdings schon so zerstört ist, dass sich außer dem Namen und des Geburts- und Sterbedatums keine weiteren Informationen mehr nachweisen lassen.

Neben diesen relativ einfachen Grabplatten besitzen wir auf dem Friedhof noch weitere fünf Grabstelen, die sich allerdings vor allem durch ihre Gestaltung von den beiden Vorgenannten unterscheiden. Nur frontseitig betrachtet erscheinen sie nämlich in ihrem klassizistischen Habitus eher als dreiteilige Grabpfeiler mit kubischem Schaft und entsprechend antiken Symbolen. Lediglich die schlanke Seitenansicht offenbart die Zugehörigkeit zur Gruppe der plattenartigen Grabzeichen. Der älteste in der Reihe dieser Grabmale ist der des Ehepaares Johann Isaac und Catharina Elisabeth Fues (Nr. 24), gefertigt und aufgestellt vermutlich um 1800. Der relativ breit angelegte Schaft dieser aufgesockelten Grabstele verjüngt sich in eindrucksvoller Weise zur Oberseite hin und wird von einem Giebelaufsatz bekrönt, der außer einem frontseitigen Relief, welches Todessymbole zum Inhalt hat, keinerlei Zierrat besitzt. Die Grabstele des Johann Wilhelm Zanders (Nr. 10) entspricht im Duktus der zuvor beschriebenen. Allerdings ist der Schaft nicht als breit gelagertes sondern als stehendes Rechteck ausgebildet. Entsprechende Profilierungen gliedern die einzelnen Abschnitte des Grabmals. Das besondere an diesem Grabzeichen ist, dass nicht nur der Schaft, sondern auch die kreuzdachförmige Deckplatte allseitig mit erhaben gearbeiteten Reliefs geschmückt ist.

---

[74] Koepf/Binding ³1999 S. 436, bzw. Meis 2002, S. 35.
[75] Ebenda, S. 35.

Die Grabstele für Regine Louise Kaesmann (Nr. 34) aus der Mitte des 19. Jahrhunderts ist im Aufbau ebenfalls dreiteilig angelegt, konzentriert seinen gestalterischen Anspruch allerdings wieder ganz auf die Vorderseite. Der ebenfalls leicht konisch geformte Schaft zeigt über der Beschriftung das erhaben aufgearbeitete Relief eines auf einer gesenkten Fackel und einer verhüllten Urne gestützten Thanatos. Es handelt sich um ein im Klassizismus sehr beliebtes Motiv, welches hier in recht guter gestalterischer und handwerklicher Arbeit vertreten ist und durch den gewählten rötlich schimmernden Sandstein eine besondere Hervorhebung erfährt. Dieses Grabmal unterscheidet sich auch in der Gestaltung der Abdeckplatte, welche frontseitig durch ornamentgeschmückte Voluten gebildet wird, denen mittig eine großformatige Mittelakroterie aufgesetzt ist.

Die Beschäftigung mit klassizistischen Formen und Symbolen hat auch bei dem Grabmal der Wilhelmine Paas (Nr. 12) Eingang gefunden. Der mehrteilige Sockel, der sich nach oben hin verjüngende Schaft und der relativ aufwendig gestaltete Giebelaufsatz. Versatzstücke der griechisch – römischen Kunst und Architektur, sind hier in eindrucksvoller Weise miteinander verbunden. Interessant ist, dass in der Inschriftenplatte, die im bewussten Gegensatz zum gelblichen Sandstein aus blaugrauem Kohlenkalk geschnitten ist, über der Beschriftung wieder ein christliches Symbol aufgegriffen wurde. Das Grabmal für Wilhelmine Fues (Nr. 14) aus dem Jahre 1865 spiegelt dagegen schon den neuen architektonischen bzw. grabkünstlerischen Zeitgeschmack wider. Hier gibt es wohl noch den dreiteiligen Aufbau, nämlich Sockel, Schaft und Bekrönung, aber die Ausformung bzw. die gewählte Zierrat entspricht nun wieder mehr dem, der christlichen Kunst bzw. mittelalterlich geprägten Architektur, zugewandten Auftraggeber.

Zur zweiten Gruppe

Grabsäule

In der Baukunst sind die Säulen, die sich im Gegensatz zu den Pfeilern über einem kreisförmigen Grundriss entwickeln, als Stützglieder schon seit Jahrtausenden in Gebrauch. Die Säule als Grabzeichen reicht ebenfalls weit zurück. Sie lässt sich sowohl bei dem Totenkult im alten Ägypten als auch später bei den Griechen und Römern nachweisen[76]. In der Regel handelt es sich wie bei dem Grabmal der Aurelie Poensgen (Nr. 13) um eine freistehende Säule, welche am Fuß durch ein Basenprofil geschmückt, auf einer quadratischen Platte aufsitzt. Bei der hiesigen Grabsäule ist das gesamte Motiv zusätzlich aufgesockelt. Der Schaft verläuft leicht konisch, was bei diesem Architekturglied ebenfalls typisch ist und am oberen Ende findet sich in der Regel auch ein formaler Abschluss, z.B. in Form eines Kapitells. Bei dem Grabmal Nr. 13 ist dies durch eine relativ weit auskragende und mehrfach gestuft ausgebildete Abdeckplatte bewerkstelligt, die von sechs Akroterien in Form von gedrückten Spitzbogen gekrönt ist.

Kapitell, (at: capitellum) bedeutet Köpfchen, d.h. philosophisch betrachtet ist das Kapitell die Krone der Säule, die Bekrönung des Bauelementes bzw. der Grabsäule, das über Jahrtausende in allen Kulturen der Welt eine bedeutende Rolle gespielt hat und dem wohl der Baum als das Urbild zugrunde liegt. Wir dürfen deshalb den Sym-

---

[76] Meis 2002, S. 43 ff., bzw. Memmesheimer 1969, S. 114 ff.

bolwert einer bekrönten Säule mit etwas starkem verknüpfen. Man denke hierbei unter anderem auch an die antike Überlieferung, nach der die Säulen des Herakles das Himmelsgewölbe tragen[77]. Daneben galt dieses Motiv auch als Ausdruck der Macht und Hoheit, weshalb man z.B. in der römischen Kaiserzeit Säulen als Staatssymbole aufgestellt hat, auf denen politische Ereignisse oder Gesetzestexte verzeichnet waren[78]. Die aufrechtstehenden Säulen vermitteln also etwas starkes und lebendiges. Deshalb kommt im Bereich der Sepulkralkultur auch eher die gebrochene Säule zur Anwendung, weil sie das verloschene Leben viel deutlicher zum Ausdruck bringt. In der Grabmalkunst hat sie deshalb besonders im 19. Jahrhundert eine große Bedeutung und tritt daher auch in den vielfältigsten Variationen auf, während es sich bei der hier erörterten Grabsäule, die im Jahre 1857 geschaffen worden sein dürfte, um ein selten vorkommendes Einzelstück handelt. Ungeklärt bleibt die Frage, ob diese Grabsäule als oberen Abschluss ursprünglich vielleicht ein schlankes gusseisernes Kreuz getragen hat, welches heute nicht mehr vorhanden ist, dessen vermörteltes Dübelloch aber kopfseitig noch gut nachvollzogen werden kann. Dass dieses besondere Grabdenkmal erhalten geblieben ist, hat sicherlich damit zutun, dass es zweifelsohne mit der schon erwähnten Einmaligkeit dieses Objektes zutun hat, wobei der Einfluss der Nachkommen sicherlich auch eine Rolle gespielt haben mag.

Zippus bzw. zippusartiger Pfeiler

Neben den hauptsächlichen Gestaltungselementen der klassizistischen Grabmalkunst, nämlich der Stele, der Grabsäule und dem Grabaltar spielt der sog. Zippus eine durchaus wichtige Rolle. Zunächst bedarf es allerdings einer Erklärung des Begriffs „Zippus oder Cippus". Ursprünglich verstand man unter dieser Bezeichnung im antiken Italien einen aufgerichteten Grenzstein, der sowohl aus Stein als auch aus Holz bestehen konnte. Außerdem dient dieser Begriff als Fachterminus für etruskische Grabsteine, die pfahlartig, zylindrisch als auch eine kugelige Form aufweisen können, wobei sich diese meist durch einen kopfseitig besonders herausgearbeiteten Abschluss auszeichnen[79]. Dieser Grabmaltypus war auch als ein oft reich dekorierter Markstein eines individuellen römischen Begräbnisplatzes in Gebrauch. Panofsky[80], der dies nachweisen konnte, gelang in diesem Zusammenhang auch die notwendige Abgrenzung gegenüber dem Grabaltar, mit dem der Zippus terminologisch teilweise gleichgesetzt wird[81].

Die Grundform eines Zippus ist demnach dem eines Pfeilers ähnlich. Die Grundelemente dieser Grabmalform bestehen aus einem Unterbau, einem sich darüber erhebendem Schaft, welcher mit Inschriften und Bildwerk geschmückt sein kann und einem bekrönenden giebelförmigen Abschluss, dem Eckakroterien beigefügt sind. Da es mittlerweile in der entsprechenden Literatur zum Grundsatz geworden ist, das der Zippus auf einem quadratischen Grundriss steht, sei für das Zippusdenkmal, welches sich über einem rechteckigen Grundriss entwickelt, der Begriff des „zippusartigen Pfeilers" verwendet. Folgen wir diesem Unterscheidungskriterium, so besitzen wir auf dem hiesigen Friedhof drei Monumente, auf die jene Variationsmöglichkeit zutrifft.

---

[77] Lurker [5]1991, S. 639.
[78] Ebenda, S. 640.
[79] Koepf/Binding [3]1999 S. 506, oder Brockhaus [20]2001, Bd. 4, S. 580.
[80] Panofsky 1993, S. 25 ff.
[81] Vgl. auch Meis 2002, S. 37.

Bei dem Grabdenkmal der Familie Fauth (Nr. 29) handelt es sich z.B. um einen solchen dreiteilig angelegten Typus. Der relativ hohe Sockel, der den entsprechenden Unterbau bietet, ist ohne jegliche Zierrat, lediglich die am Kopf des Sockels ausgebildete Schräge leitet zum unmittelbar darüber aufsitzenden Schaft über. Der als zweites Element dieses Grabmals dienende Schaft ist konisch gearbeitet, allseitig beschriftet, allerdings wiederum ohne eine Verzierung. Lediglich bei dem dritten Teil, welches sich als ein über einer auskragenden Deckplatte entwickelndes Pyramidendach darstellt, fallen die an den vier Ecken befindlichen Akroterien auf, die mit stilisierten Palmetten geschmückt sind.

Ähnlich ist der zippusartige Pfeiler der Familie Fues (Nr. 26) gefügt. Ein wesentliches Unterscheidungsmerkmal besteht darin, dass er am Fuß des auf dem Unterbau aufsitzenden Schaftes ein mit Plättchen abgesetztes wulstförmiges Profil zeigt. Der Schaft, der mit einer breit überkragenden, gestuften Deckplatte abschließt, trägt neben der Betextung ein Relief mit entsprechender Todessymbolik. Das Grabmal des Friedrich Joseph Koch (Nr. 17), welches ebenfalls die Gestalt eines flachen zippusartigen Pfeilers besitzt, unterscheidet sich wesentlich von den beiden vorgenannten. Der relativ hohe und auf der Vorderseite beschriftete Sockel, schließt mit einem breiten Profilband ab, welches durch einen Wulst im unteren Bereich und durch eine Hohlkehle im oberen Bereich begrenzt wird. Der Schaft ist auf der Frontseite zurückgesetzt und mit einer Inschriftentafel bestückt. Oberhalb des Schaftes ist ein Fries angeordnet, der mit drei Blattrosetten geschmückt ist.
In einer dem Sockelabschluss entsprechenden Weise folgt darüber eine zum Teil erheblich beschädigte Leiste in Form eines sog. „steigenden Karnies". Der oberste Abschluss bildet allerdings eine Übergiebelung in Form eines Tympanons mit Eckakroterien. Alle Ornamente sind, wie bei dem zuvor besprochenen Beispiel auf den zurückgesetzten Flächen reliefartig aufgearbeitet.

Grabaltar

Neben der Stele oder dem vorgenannten Zippus ist die Ausschmückung eines Grabplatzes mit einem Altar in der Antike ebenso verbreitet wie allgemein beliebt gewesen. Für das gesamte römische Reich lassen sie sich, von den zunächst relativ klein dimensionierten Grabaltären, bis zu monumentaler Größe gesteigert, nachweisen. Ursprünglich diente der Altarblock als Träger einer Grabinschrift, konnte aber durch entsprechende eingetiefte Nischen auch mit der vollplastischen Darstellung des oder der Verstorbenen geschmückt sein. Als abschließende Bekrönung diente in der Regel ein reliefiertes Schmuckband. Hierbei spielten natürlich der Zeitgeschmack aber auch die Stellung des Auftraggebers eine maßgebliche Rolle. Bei den größeren Grabaltären war sogar, durch eine Platte verschließbar, eine Kammer innerhalb des Altarblocks ausgespart, in der eine Urne mit dem Leichenbrand und evtl. Grabbeigaben eingestellt werden konnten[82].

Das klassizistische Grabdenkmal des Gerhard Jacob Fues (Nr. 32) gehört zu den wenigen erhaltenen Beispielen seiner Art, weil es einem solch antiken Grabaltar nachempfunden wurde. Durch gliedernde Gesimse und Profile unterteilt, besteht dieser Grabaltar aus einem Sockel, dem Altarblock, einer Mensa und einer darauf mittig abgestellten Urne als bekrönendes Schmuckstück. Dieses Motiv stimmt mit

---

[82] Meis 2002, S. 42, bzw. Memmesheimer 1969, S. 104 ff.

den antiken Bekrönungen eines Grabaltares allerdings nicht überein. Den im Götterkult vorgebildeten Beispielen entsprechend, war die Bekrönung z.B. mit Polstern an der Oberseite verziert, die giebelfeldartig zusammengebunden, als Träger für übelabwehrende Medusenköpfe oder Titanenmasken genutzt werden konnten. In Übereinstimmung steht allerdings die Art und Weise der Beschriftung, welche im Altarblock auf erhöht angeordnete Inschriftenplatten eingegraben, den Bezug zu dem Verstorbenen herstellen.

Zur dritten Gruppe

Der Begriff der romantischen Grabmale umfasst natürlich mehr als die hier zu thematisierenden aufgesockelten Grabkreuze. Hierunter zählen z.B. auch die Fialtürme, das Tabernakel – Grabmal oder die torbogenartig ausgestalteten Grabmale. Aber auf dem hiesigen Friedhof lassen sich lediglich die Grabkreuze nachweisen, sodass von ihnen die Rede sein soll.

Das 19. Jahrhundert zeichnet sich in der Sepulkralkultur unter anderem dadurch aus, dass ein Wiederaufleben christlichen Gedankengutes festgestellt werden kann. Nun spielte das Kreuz, jetzt häufig aufgesockelt, auf dem Friedhof wieder eine wichtige Rolle (vgl. die Grabmale Nr. 11,18,19,31 und 33). Und auch die religiösen Inschriften, die zuvor in der Folge von aufgeklärt – materialistischem Denken und politisch – revolutionären Ideen auf den klassizistischen Grabmälern der Zeit bis 1830 nicht erwünscht waren, finden im Zeichen einer neoreligiösen Begeisterung wieder ihren festen Platz. Auch die Anknüpfung an eine gotische Formensprache war in jener Zeit ein Zeichen religiöser Tradition auf den Friedhöfen. Die Neogotik, im späten 18. Jahrhundert mit der Idee des „Englischen" Landschaftsgartens als stimmungsbildendes rückwärtsgewandtes Element nach Deutschland gebracht, galt als ein genuin christlicher Stil und wurde zum „Medium klerikaler Restauration"[83]. Dieser religiöse Ansatz verschmolz mit anderen Tendenzen, denn dieser „urteutsche Stil" war in einer Zeit der nationalen Identitätssuche v.a. nach den Befreiungskriegen von 1813/15 zugleich auch zu einem prägenden Stil „patriotischer" Denkmäler mutiert. In der profanen Kunst diente er der bürgerlich – städtischen Selbstdarstellung, in der sakralen- und sepulkralen Kunst wurde ihm als „urchristlicher Stil" der Boden bereitet.

Zum vielzitierten Höhepunkt der Neogotik in Deutschland wurde schließlich der im Jahre 1842 begonnene Weiterbau des Kölner Domes[84]. Dieses Vorhaben bzw. Verlangen nach einem monumentalen Denkmal nationaler Einheit und deutscher Größe, das man in der Vollendung dieser Bischofskirche zu realisieren beabsichtigte, wirkte sich gerade im Rheinland als ein wichtiger Impuls aus. Durch diese neogotische Formensprache konnten v.a. „kirchentreue, katholische Familien" – gewissermaßen im Kleinmaßstäblichen - ihren unverbrüchlichen Glauben dokumentieren. Auf dem hiesigen Friedhof wird dies beispielhaft durch das mit gotischem Nasenwerk verzierte, aufgesockelte Grabkreuz der Emma Pauly (Nr. 33) verkörpert, das gotischen Kirchenbau zu zitieren versucht und um 1848 errichtet wurde. Aber auch die Grabkreuze Nr. 18 und Nr. 33, die ebenfalls um die Mitte des 19. Jh. entstanden sind, bevorzugen die gotische Formensprache, indem ein Dreipassmotiv, kleeblattförmige Balkenenden, entsprechend aufwendige Basenprofilierungen oder relativ

---

[83] Germann 1974, S. 189.
[84] Ebenda, S. 170 ff.

weit auskragende Abdeckplatten in Form von gotisch anmutenden Wasserschlägen zum Einsatz kommen.

Das in Form eines Krückenkreuzes gestaltete Grabzeichen des Friedrich Dilthey (Nr. 19) symbolisiert nicht nur diese Faszination nach christlichen Stilelementen, sondern verdeutlicht auch das Zeitalter der Industrialisierung, wo man mittlerweile auch mit modernen Materialien, wie etwa dem Gusseisen, durchaus erfolgreich Sepukralkunst produzierte. Das gesockelte neugotische Grabkreuz aus Gusseisen war nämlich für die Besteller aus Kostengründen fast ebenso attraktiv wie die aus Holz gefertigten, die nach wie vor für die unteren Schichten der Bevölkerung eine zentrale, heute im einzelnen nicht mehr zu belegende Rolle spielten. Ein weiterer Vorteil bestand darin, dass durch die technischen Entwicklungen z. B. im Bereich der Herstellung von gusseisernen Grabkreuzen, eine solch breite Variationsmöglichkeit im Dekor angeboten werden konnte, was sie im ganzen 19. Jahrhundert besonders beliebt machte, wenngleich sich dies anhand nur noch eines Beispiels auf unserem Friedhof schwerlich nachvollziehen lässt.

Neben der Neogotik trugen aber bald auch Neorenaissance, Neobarock und Neoklassizismus zur historischen Vielfalt auf den deutschen Friedhöfen bei. Das Grabmal der Julie Zanders (Nr. 11), welche aus einer angesehenen Papiermacherfamilie stammte, ist ebenfalls von einer solch christlich beeinflussten Formensprache geprägt: ein mächtiger Sockel wird bekrönt von einem hohen Kreuz. Die Ausschmückung (Basenprofilierung, kassettierte Sockelflächen, gefaste Balkenkanten) zitieren Elemente sowohl der Romanik bzw. Gotik als auch des Barocks. Das Grabmal wurde um 1869 geschaffen, also in einer Zeit, in der sich die historischen Formensprachen auf den Friedhöfen längst in ihrer ganzen Breite entfalten konnten.

Zur vierten Gruppe

Für die meistverbreiteten epigraphischen Denkmäler in unseren Breiten können Grabzeichen in Form von Stelen oder Grabkreuzen gehalten werden. Die die letzte Ruhestätte bestimmter Personen kennzeichnenden steinernen Grabplatten ergänzen das Bild des Kulturniveaus der jeweiligen Gesellschaft und lassen sich im Grunde auch zu allen Zeiten immer wieder nachweisen. Während die vorgenannten Grabmale als senkrecht stehende „Kennzeichen" eine gewisse Signalwirkung besitzen, vermitteln liegende bzw. grababdeckende Platten eher den Eindruck des Ruhenden bzw. Schützenden. Das sie sich aber, unabhängig von ihrem ursprünglichen Schutzcharakter, schon von jeher hervorragend eigneten, ein Zeichen gegen das Vergessen zu sein, wird auch an den hier vorhandenen sieben Grabplatten deutlich.

Die älteste hier zu besprechende Grabplatte (Nr. 27) ist im ausgehenden 18. Jahrhundert gefertigt worden. Es handelt sich hierbei eigentlich um ein dreiteiliges und durch einen knappen Unterbau in leichte Schräglage gebrachtes „Platten – Arrangement", das Grabstellengröße besitzt. Der im Gegensatz zu den recht anspruchsvoll gestalteten Platten gefügte Unterbau, aus Bruchsteinen in reichlich Mörtel gebettet, macht deutlich, dass diese Platten wohl in der Vergangenheit von ihrer ursprünglichen Stelle entfernt und sekundär verlegt sind.

Im Mittelalter befand sich eine solche Stelle zunächst weniger unter freiem Himmel, sondern über den Grabplätzen in den Kirchen oder Kreuzgängen. Erst später, als der

Platz nicht mehr ausreichte, wurden sie auch über die Feldbegräbnisse gelegt. In der Zeit, als der Friedhof angelegt wurde, bzw. die drei Grabplatten gefertigt wurden, sprach man sich längst gegen die Beisetzungen in Grüften und im Kircheninneren aus, d.h. die Platten waren in jedem Falle für den Außenbereich bestimmt. Allen drei rechteckig gefügten Steinplatten ist ein längs der vier Ränder verlaufendes wulstförmiges Profil eigen. Fast die gesamte obere Hälfte dieser Platten wird jeweils von einem länglich runden Kranz geschmückt, der die Reliefwappen der bestatteten Familienangehörigen umrahmt. Während über diesen Abzeichen, am Kopfende der Grabmale, sich in allen drei Fällen noch ein Wahlspruch lokalisieren lässt, ziehen sich in mehrzeiliger Anordnung und fast die gesamte untere Hälfte dieser Grabplatten einnehmend, die entsprechenden personenbezogenen Inschriften.

Die ebenfalls eine ganze Grabstelle bedeckende Grabplatte der Anna Catharina Fauth (Nr. 28) ist in gleicher Weise durch einen entsprechenden, nur knapp aus dem Erdreich herausragenden Unterbau in Schräglage gebracht. Das rechteckig angelegte Grabmal vermittelt allerdings nicht nur in einer eigens dafür erhaben gearbeiteten Inschriftentafel die Lebensdaten der Verstorbenen, sondern die ebenfalls aus dem Stein herausgearbeiteten Symbole verkünden Familienstolz, eheliche Gemeinschaft über den Tod hinaus bzw. den Glauben an ein jenseitiges Leben. In der Tradition mittelalterlicher Grabplatten ist längs aller vier Ränder des Steines ein zweizeiliger Grabtext eingeschlagen, der einer Heilsbotschaft gleich, den Hinterbliebenen Trost zusprechen soll.

Weniger aufwendig ist die Grabplatte für Johann Wilhelm Gottfried Zanders (Nr. 8) gestaltet. Sie unterscheidet sich im Vergleich zu den Vorgenannten v.a. durch die Wahl einer vernünftigen Plattenstärke. Dadurch ließ sich u.a. auch ein umlaufendes wulstförmiges Profil anarbeiten, was die Oberseite von der übrigen Platte formal abzusetzen half. Im Mittelteil der Steinplatte befindet sich in mehreren untereinander gefügten Schriftzeilen, die Betextung der Grabplatte. Am Kopfende ist ein erhaben angearbeitetes Relief in Form eines schildförmigen Familienwappens zu finden, von einem geflügelten Visier bekrönt und von einem Eichenlaubgebinde und Schleifenbändern geschmückt.

Die Grabplatte der Jacobine Steinkauler (Nr. 6) aus dem Jahre 1844 und die ihres Mannes Theodor Steinkauler (Nr. 7) aus dem Jahre 1845 sind identisch. Sie zeichnen sich v. a. dadurch aus, dass sie am Kopfende durch einen eingezogenen Flachbogen geschmückt sind. Ein Motiv was sich häufiger bei stelenartigen Grabmalen lokalisieren lässt, denn bei liegenden Platten. Auch bei diesen beiden Denkmälern ist die Oberfläche umlaufend durch ein Profilband, hier in Form eines fallenden Karnies, von der übrigen Steinplatte abgesetzt. Im Mittelteil bzw. lediglich in der oberen Hälfte (Nr. 6) befindet sich die mehrzeilige Inschrift, und am bzw. im gerundeten Kopfende ist jeweils das Familienwappen mit Rüstungsvisier und entsprechenden Trauer- und Todessymbolen reliefartig aus dem Stein gearbeitet.

Zur fünften Gruppe

Kleindenkmäler

Ein Drittel der Grabmale auf dem alten ev. Friedhof machen die sog. Kleindenkmäler aus, worunter, neben den kleinen unmittelbar in das Erdreich eingelassenen Schriftplatten, auch Kissensteine und Pultsteine zu verstehen sind. Die beiden letztgenannten unterscheiden sich prinzipiell dadurch, dass die Kissensteine einen kissenartigen waagerechten Unterbau besitzen, der in der Regel eine Inschriftenplatte trägt, während diese bei den Pultsteinen durch eine abgeschrägte Oberfläche dem Betrachter präsentiert wird. Die Grundfläche dieser Kleingrabmale bewegt sich um ein viertel Quadratmeter (z.B. B/H = 60/40 cm) und kann sowohl rechteckig als auch quadratisch angelegt sein[85].

Auf Grund der geringen Größe dieser Schrift- und Symbolträger, die zumindest auf dem hier besprochenen Friedhof auch einen äußerst geringen handwerklichen bzw. steinmetzkünstlerischen Einsatz dokumentieren, darf man davon ausgehen, dass in der Regel die weniger Wohlhabenden für ihre Verstorbenen solche Kleingrabmale auswählten. Aber auch für die Kennzeichnung von Kindergräbern griff man gerne auf jene Grabsteinformen zurück, wie dies zumindest an zwei Beispielen (Nr. 2 und 4) gut nachvollzogen werden kann. Ein weiterer Grund lässt sich für die Wahl eines solchen Kleindenkmals anführen, nämlich, dass man sich - im Sinne der Gleichheit aller Menschen nach dem Tode - aus Überzeugung gegen die Aufstellung eines „Großgrabmals" entschied. Dies könnte z.B. bei den Kissensteinen Nr. 15 und 16 der Fall gewesen sein. Die Bestatteten, C. A. Koch und seine Ehefrau J. Joch betrieben eine der hiesigen Papierfabriken (Kieppemühle). Außerdem hatte C. A. Koch einige bedeutende öffentliche Ämter inne, was ebenfalls Grund genug gewesen wäre, für die Errichtung eines repräsentativen Grabmals Sorge zu tragen.

Im Vergleich zu anderen Friedhöfen sind die hier vorzufindenden Pultsteine, wie schon erwähnt, recht dürftig gestaltet. Vier der insgesamt sechs Grabmale besitzen einen aus verputztem Mauerwerk bestehenden, leicht ansteigenden Unterbau, auf dem die Inschriftenplatte ein- bzw. aufgelegt ist. Bei dem Grabmal Nr. 23 nimmt der gemauerte Sockel in keiner Weise Rücksicht auf die durch einen eingezogenen Flachbogen geschmückte und beschriftete Marmorplatte. Das ist m.E. ein eindeutiger Hinweis darauf, dass die Inschriftenplatte ursprünglich mit einem andersartig gestalteten Grabmal verbunden war und vermutlich erst in unserer Zeit auf dem hiesigen Friedhof in Form eines Pultsteines aufgestellt wurde.

---

[85] Vgl. u.a. Meis 2002, S. 107 ff.

Schriftbild bzw. verwendete Schriftarten T 08

A

Grabmal Biesenbach (Nr. 22), um 1791/92

> HIER RUHET ANNA MAR[IA]
> BIESENBACH EHEFRA[U]
> [V]ON W[EI]L ABRAHAM GLASE[R]
> GEB 170[.] DEN 2[.] JULII
> GEST 179[.] DEN 10 DECEM[.]

B

Grabmal Fues (Nr. 24), um 1797 bzw. 1803

> JOHANN ISAAC FUE[S]
> GEB. 1726. D. 23. SEPT.
> IN DER DOMBACH.
> GEST. D. 27. APRIL 179[.]
> AUF DEM GIERATH

C

Grabmal Steinkauler (Nr. 07), um 1845

> Theodor Steinkauler
> geb. d. 30 Nov. 1784, gest. d. 3 Aug. 1845.
> Er wandelte in der Liebe und war
> getreu bis in den Tod.

5.3 Zu Sprache und Inhalt der Inschriften (T 08)

Christliche Grabdenkmäler dienen hauptsächlich der Memoria, d.h. dem liturgisch – religiösen Totengedenken. Wie man auch auf dem alten Friedhof neben der Gnadenkirche gut nachvollziehen kann, ist die Memoria allerdings nicht unabhängig von sozialen Hierarchien zu denken, weil Grabdenkmäler eben auch der Selbstdarstellung dienen, indem z.B. Ämter, Verdienste oder Standeszugehörigkeiten eine entsprechende Erwähnung finden. Wenn wir uns die Inschriften vor Augen führen, so lässt sich feststellen, dass hinter der Topik der Inschriften und neben der allgemeinen anthropologisch begründeten Scheu vor dem Tod auch literarische Traditionen lokalisiert werden können, die bis in antike Zeiten zurückreichen. Anzuführen wäre z.B. das Totengedicht, bestimmte Frömmigkeitsvorstellungen, wie der Tod und die Auferstehung, sowie soziale und religiöse Normen, die grundsätzlich verlangen, die Toten zu rühmen und ihnen positive Eigenschaften, d.h. ein normgerechtes Leben zu attestieren. Als Standardformular kann auch für den hier behandelten Friedhof gelten: Grußformel, Epitheta, Name, biographische Daten und eine evtl. abschließende Heilsbotschaft.

Die Grabinschriften

Von den 34 Grabdenkmalen gehören 5 noch dem 18. Jahrhundert, die restlichen 29 dem 19. Jahrhundert an. Gut die Hälfte aller Grabsteinbetextungen ist recht knapp gehalten und übermittelt lediglich die „Personalien", also Vor – und Nachname sowie das Geburts – und Sterbedatum.

Bei der anderen Hälfte der Grabinschriften beginnt die Beschriftung zunächst mit einer Grußformel. In ihr taucht der Begriff des „Ruhens" auf: *„Hier ruhet..."* (z.B. Nr. 7), *„Hier ruht in Frieden..."* (z.B. Nr. 4) oder *„Hier ruht in Gott..."* (z.B. Nr. 20). Vermutlich muss man diesen einführenden Satzteil vor einem alttestamentlichen Hintergrund betrachten, der da lautet: „Du aber wirst in Frieden zu deinen Vätern heimgehen" (Genesis 15,15)[86], was sich aber nicht auf ein ewiges Leben beziehen soll, sondern auf die Geborgenheit in Gottes Frieden im Augenblick des Todes. Daneben erscheinen zwei weitere Grußformeln, die ebenfalls wiedergegeben werden sollen: *„DIESER STEIN DECKT DIE STERBLICHE HÜLLE DES HERRN..."* (Nr. 8) und *„FRIEDE DER ASCHE..."* (Nr. 27A).

Es folgen Epitheta wie: *„unser innigst geliebter Vater und Großvater"* (Nr. 21), oder *„der treue Gatte und Vater"* (Nr. 32). Danach erst werden der Name und die entsprechenden biographischen Daten übermittelt. Ab und an sind die Geburts – und Sterbedaten wie bei dem Grabstein Nr. 15 durch die entsprechenden Ortschaften ergänzt:

Carl August
Koch
geb. 12. Febr. 1795
in Münsingen (Württemberg)
gest. 19. Febr. 1880
zu Kieppemühle.

---

[86] Die Bibel 1980, Einheitsübersetzung, Genesis 15, 15, S. 17.

Zur Namensnennung

Handelt es sich bei den Verstorbenen um Männer, liest sich die Grabinschrift z.B. wie bei Nr. 5:

Heinrich Schürmann
* 9. 3. 1836
+ 10. 2. 1869

Bei den verheirateten Frauen wird bei den wenigen Grabsteinen des 18. Jahrhunderts der komplette Mädchenname und dann erst, unter der Angabe wessen „Ehefrau" sie gewesen ist, der Name des Mannes, z.B. wie bei Nr. 22, hinzugefügt:

HIER RUHET ANNA MARIA
BIESENBACH · EHEFRAU
VON WEL. ABRAHAM GLASER
GEB: 1707 DEN 25. JULII.
GEST. 1791 DEN 19. DECEM.
AUS KINDLICHER LIEBE ERGEBEN.

Dies mag als Indiz dafür gelten, dass der Geburtsname einer Frau bestehen blieb und der Familienname des Mannes eher als ein Beiname empfunden wurde[87]. Die Führung eines einheitlichen Familiennamens ist v.a. auf dem Lande erst seit ca. 200 Jahren zunächst in der Verwaltungspraxis und später auch im Alltag üblich gewesen. Das heutige Namensrecht macht die frühmoderne Namenspraxis zum Teil wieder möglich, allerdings mit dem wichtigen Unterschied, dass jeder der Beteiligten nur einen bestimmten, genau festgelegten Namen tragen darf[88]. Die Grabsteine des 19. Jahrhunderts dokumentieren allerdings dann schon jene Schreibweise, wie sie auch heute noch auf den Grabsteinen praktiziert wird. Als Beispiel sei Nr. 26 angeführt:

CLARA WILH. FUES
geb. CLARENBACH
geb. d. 25. Oct. 1762, gest. d. 29. Oct. 1832

Sicherlich selten ist dagegen die Angabe des Brautstandes einer Verstorbenen, wie dies bei Nr. 33 angezeigt wird:

EMMA PAULY
geb. d. 5. September 1829
gest. d. 14. November 1848
Verlobte
von W. Krauß
in Bensberg

---

[87] Vgl. u.a. auch Türk 1979, S. 9 oder Rügge 1995, S. 85.
[88] Vgl. Rügge 1995, S. 85 und entsprechende Gesetze (§1355 BGB bzw. die Richtlinien der NamÄnd – Vo in Verbindung mit dem NÄG).

Amts – bzw. Berufsbezeichnungen

Nach der Namensnennung folgt, v.a. bei den Männern eine Ergänzung in Form eines Amtstitels bzw. die Nennung des ausgeübten Berufes. Über den Beruf eines Verstorbenen erfahren wir bei den Grabsteinen auf dem alten Friedhof neben der Gnadenkirche allerdings nur in zwei Fällen, nämlich „*GEWESENER MED. DOCTOR UND MEDICINAL RATH ZU DÜSSELDORF*" (Nr. 8) und „*Kaufmann in Frankfurt*" (Nr. 17).

Bei einem Stein (Nr. 27B) ist sogar der Amtstitel eines „*HOFRATH*" festgehalten:

HIER RUHET IN GOTT WEILAND
DER HERR JOH. GOTTF. FAUTH
VERSCHIEDENER FÜRSTEN UND STÄNDE
DES REICHS HOFRATH UND RESIDENT
IM NIEDERRHEINISCH WESTFÄLISCHEN KREISE
WURDE GEBOREN 1732, DEN 8. JANUAR
STARB 1797, DEN 16. MÄRZ

Eine Amtsangabe bei 34 erhaltenen Grabinschriften ist recht wenig, zumal es im 18. und auch zu Anfang des 19. Jahrhundert durchaus noch üblich war, auch auf Grabsteinen mit der Nennung von Ehren – bzw. Amtstiteln nicht zu geizen. So wird z.B. bei dem Grabstein der Verstorbenen Aurelie Poensgen (Nr. 13) durchaus selbstbewusst das Amt des verstorbenen Ehegatten „*Wittwe des sel. Pastors Eduard Poensgen zu Hunshoven*" mit aufgeführt. Und auch bei dem Grabmal Nr. 34 kann die Hervorhebung auf den ehemaligen Berufsstand des längst verstorbenen Ehemannes abgelesen werden:

REGINE LOUISE KAESMANN
VERWITTWE STEUER EINNEHMER
JOSEPH WACHENDORFF
GEB. DEN 9. JANUAR 1780
GEST. AM 18. JUNI 1852

Trotzdem lässt sich insgesamt eine Nüchternheit und Schlichtheit lokalisieren, was beweist, dass auch in Bergisch Gladbach der Zeitgeist ein anderer geworden war und auf die Geziert – und Gespreiztheiten des 18. Jahrhunderts, auch bei der Grabsteinbetextung getrost verzichtet werden konnte.

Über das Alter

Das präzise Geburtsdatum erfahren wir, außer bei den Steinen Nr. 3, 9 und 25 bei allen anderen Grabsteinen. Das war im 19. Jahrhundert das mindeste, was man neben dem vollständigen Namen mit auf den Grabstein schreiben ließ, um auf diese Weise den an dieser Stelle bestatteten Menschen in seiner unverwechselbaren Identität zu würdigen. Vermutlich gab es auch bei den oben genannten Ausnahmen präzise Geburts – und Sterbedaten, die sich aber, der starken Verwitterung wegen, heute nicht mehr nachvollziehen lassen.

Todesursache

Über die Todesursache informiert lediglich eine Grabinschrift (Nr. 28):

1809 DEN 19. JUNII, AM 11TEN TAGE
NACH IHRER 9TEN ENTBINDUNG
IM 17. JAHRE IHRES EHESTANDES
IM 39. JAHRE IHRES ALTERS
SCHIED ANNA CATHARINA FAUTH
GEB. PÜTTER VON IHREM GATTEN
UND 5 KINDERN IN EIN
BESSERES LEBEN.

Diese Inschrift macht deutlich, dass nicht nur der Kindstod, sondern auch der Tod im Kindbett auch noch im 19. Jahrhundert ein signifikantes Risiko für werdende Mütter darstellte. Erst durch den ungarischen Arzt und Geburtshelfer Ignaz Philipp Semmelweis (1818 – 1865)[89], der erkannte, dass eine Kontaktinfektion die Ursache des Wochenbettfiebers war, und erste erfolgreiche Desinfektionsmethoden entwickelte, konnte in jener Zeit dem Tod unzähliger junger Mütter im Kindbett Einhalt geboten werden. Das dieses Fieber die soziale Struktur vieler Generationen prägte, sei ergänzend angemerkt. Die Menschen heirateten mehrmals, und Bindungen wurden oft schmerzhaft schon in ihrer Blütezeit wieder auseinander gerissen. Auch bei dem vorliegenden Fall mag es ein gewisser Trost gewesen sein, dass der Umgang mit dem Tod, auch in der eigenen Familie, als viel alltäglicher betrachtet wurde, als dies heute der Fall ist. Auch der Hinweis dieser Grabinschrift „SCHIED....IN EIN BESSERES LEBEN" dokumentiert, das die damalige vorherrschende Lebenseinstellung in weit größerem Maße als heute, auf ein jenseitiges Leben ausgerichtet war.

Heilsbotschaften bzw. Wahlsprüche

Während zum Beispiel auf dem alten Friedhof in Refrath zuhauf sog. Wunschformeln der Todesnachricht angefügt sind, lassen sich auf dem hiesigen Friedhof v.a. Heilsbotschaften aber auch Wahlsprüche lokalisieren. Mit solchen Inschriften wollte man wie mit den Symbolen auch (vgl. Kap. 5.4), bei aller Trauer der so überwältigend erscheinenden Macht des Todes etwas entgegensetzen: „DER SEELEN BÜNDNIS TRENNT KEIN TOD" (Nr. 10) oder „Cor: 13,8 Die Liebe höret nimmer auf" (Nr. 20). Wo ein Grabstein auf die Einzigartigkeit des Menschen verweist und zugleich auf die ewige Bewahrung des Menschen in Gottes Hand, da wird aus dem Gedenkstein auch ein Hoffnungszeichen für die Angehörigen, wie dies recht eindrucksvoll auf der Rückseite des Grabsteins Nr. 34 nachvollzogen werden kann:

FROMME MUTTER DU DER DEINEN
EWIG LEBST DU DORT
WO WIR FRÖHLICH UNS VEREINEN
NACH DES THEUREN HEILANDS WORT
HIMMELSTROST IM TODESSCHMERZ
FÜLLT MIT GLAUBEN UNSER HERZ

---

[89] Brockhaus [20]2001, Bd. 20, S. 54.

Wir dürfen im Übrigen davon ausgehen, dass die Auswahl solcher Grab – bzw. Bibelsprüche von den Hinterbliebenen gemeinsam mit dem Pastor vorgenommen wurde, der in der Regel über eine entsprechende Spruchsammlung verfügte. Entgegen diesen Heilbotschaften sind bei den drei zu lokalisierenden Wahlsprüchen eindeutige inhaltliche Aussagen getroffen, die quasi in Kurzform die Philosophie der Verstorbenen übermitteln wollen: *„GOTTERGEBEN STANDHAFT UND ZUFRIEDEN"* (Nr: 27A), *„MELIOR POSTASPERA FATA RESURECTIT"* (Nr. 27B), und *„GOTTESFURCHT, FLEIß UND DEUTSCHER SINN"* (Nr. 27C).

Zum Schriftbild bzw. den verwendeten Schriftarten

Eindrucksvoll ist es, mit welch sicherem Gefühl die einzelnen Buchstaben geformt und über die verfügbaren Grabsteinflächen verteilt wurden. Die dekorative Absicht der Steinmetzen ist nicht zu verkennen (vgl. u.a. Nr. 8, 14, 24, 26, 28 oder 34). Da auf allen Grabmälern ausreichend Platz vorhanden war, konnte die Betextung - den formalen Ansprüchen genügend – aufgetragen werden. Sogar bei dem recht schlanken gusseisernen Grabkreuz (Nr. 19) ist das Gesamtbild der Beschriftung, welche sich über Kopf, Querbalken und Schaft des Kreuzes zieht, als gelungen zu bezeichnen. Die Größenverhältnisse der Buchstaben, das Einhalten der Zeilen und v.a. die sorgfältige Gliederung der Gesamtfläche tragen, mit Ausnahme von Grabmal Nr. 22, ebenfalls wesentlich zu dieser ausgewogenen Schriftbildgestaltung bei.

Bei den hier behandelten Grabdenkmälern sind 13 Steine in Antiqua- Majuskeln, 7 Steine in Antiqua Groß- und Kleinbuchstaben, 9 Steine in Fraktur Groß und Kleinbuchstaben und 5 Steine sowohl mit der Antiqua als auch mit der Fraktur beschriftet. Die Formen der Antiquaschrift sind am meisten vertreten. Wie schon angedeutet, lässt die nur in Majuskeln gearbeitete Inschrift auf den Grabstein Nr. 22 zu wünschen übrig. Betrachtet man sich die Ausführung der Buchstaben im Einzelnen und z.B. im Vergleich mit dem benachbarten Grabstein Nr. 24, wird deutlich, dass nicht nur der Stil der Zeit, bzw. der volkstümliche Geschmack, sondern auch die Kunstfertigkeit des Steinmetzen, der einen Materialwiderstand zu überwinden hatte, um das angestrebte Schriftbild zu erreichen, unterschiedlich waren.

Die als spezifisch deutsche Druckschrift klassifizierte Fraktura ist mit ihren Rundungen und ihren an – und abschwellenden, rüsselartigen Ausformungen für den Steinmetzen nur schwerlich in das anstehende Material einzukerben. Trotzdem ist auf gut einem Drittel der Grabsteine diese Schrifttype vertreten. Das Erscheinungsbild der Fraktura wird gegenüber der Antiqua v.a. dadurch deutlich, dass z.B. bei der Behandlung der Anfangsbuchstaben der Namen sowohl der schöpferische Einfallsreichtum als auch eine impulsive Ausdruckskraft spürbar werden (vgl. Nr. 15, 16, oder 17). Bei 5 Grabsteinen ist der Vor- und der Nachname der Verstorbenen mit der ausdrucksstarken Fraktura gesetzt, während die übrigen Personalia einschließlich der Grabmalinschrift durch die klare und in ihrer Linienführung eher gleichmäßige Antiqua gesetzt sind. Diese Hervorhebung ist plausibel, weil der Name als Inbegriff der Identität galt, während die restlichen Angaben lediglich Lebensdaten bzw. Glaubensaussagen beinhalten.

Zu den Grabsteinsymbolen / 1

T 09

A
Buch,
Grabmal
Schmidt
(Nr. 25),
um 1860

B
Eichenlaub-
gebinde,
Grabmal
Zanders (Nr.8),
um 1815

C
Fackel,
Grabmal
Steinkauler
(Nr.6),
um 1844/45

D
Hand Gottes,
Grabmal
Zanders
(Nr.10),
um 1831

E
Kranz,
Grabmal
Paas (Nr.12),
um 1856

F
Kreuz,
Grabmal
Giesen (Nr.18),
um 1866

5.4   Zu den Grabsteinsymbolen (T 09 – 11)

Nachdem es im vorigen Kapitel vor allem um die Typologie der Grabdenkmäler bzw. um die Sprache und den Inhalt der Inschriften ging, folgt nun die Deutung der verwendeten Symbole[90]. Die Inhalte der Grabmale präsentieren sich nämlich auch bei den hier zu erörternden Beispielen durch Zeichen oder Sinnbilder, die in unterschiedlicher Form zentrale Begriffe wie Seele, Tod, Leiden, Auferstehung und die Hoffnung auf ein ewiges Leben umschreiben. Außerdem lässt sich das Vorkommen der Symbole auf den Grabsteinen unterschiedlichen Abschnitten innerhalb des Untersuchungszeitraumes zuordnen. Sind es z. B. auf dem historischen Friedhof an der sog. „Taufkirche" in Bergisch Gladbach/Refrath in der Hauptsache Engelsköpfchen, Totenschädel und Kreuzmotive[91], so finden wir auf dem hier zu behandelnden ehemaligen Friedhof eher Motive, die mit klassizistischen Grabmaltypen zu verbinden sind, nämlich z.B. den Schmetterling, Fackeln, den Ouroboros oder eine Vielzahl von Lorbeer- und Efeumotiven. Da die Deutung dieser Symbole heute nicht mehr allgemein geläufig ist, zumal ihre Verwendung schon seit der Mitte des 19. Jh. mehr und mehr zurückgegangen war, sei durch die nachfolgende Zusammenstellung eine kurze Übersicht über die verwendeten Sinnbilder gegeben.

Buch

Das Buch ist im Kulturleben der Menschheit eine der bedeutungsvollsten Erscheinungen. Es gab und gibt auch immer noch Kulturen, in denen die mündliche Überlieferung eine analoge Aufgabe übernimmt, aber eine kontinuierliche Entwicklung über längere Zeiten hinweg wäre ohne die Schrift bzw. das Buch kaum vorstellbar gewesen. So sind die bekannten Hochreligionen fast durchweg an die Überlieferung durch das Buch gebunden. Deshalb fand das Buch als Vermittler der entsprechenden Offenbarungen von Anfang an auch immer eine große Verehrung[92]. Das dicke Buch, welches in einer Nachbildung sich auf dem Grabmal der Julie Schmidt (Nr. 25) lokalisieren lässt, ist aufgeschlagen und macht fast die gesamte Grabmalform aus. Es steht symbolisch für „das Buch des Lebens", die Bibel und zeigte neben den Lebensdaten der Verstorbenen sicherlich noch ein Bibelzitat mit dem Hinweis auf das entsprechende christliche Heilsversprechen.

Engelsköpfchen

Die von den antiken Eroten abstammenden Putten bzw. geflügelten Engelsköpfchen sind besonders beliebte Sinnbilder der Unschuld, der reinen Seele und des unbefangenen Glaubens. Engelsdarstellungen treten aber auch als Begleiter und Beschützer der Toten auf, verkünden die Auferstehung oder bringen den sanften Tod[93]. Engel sind aber auch ein Symbol für die Ewigkeit. In der Genesis bewachen

---

[90] Bei der Darstellung und Deutung der auf den Grabmälern verwendeten Symbole war mir die von Barbara Hable gefertigte Schrift „Klassizistische und Neugotische Grabmale und ihre Symbole auf dem Friedhof an der Caspar- Baur- Strasse in Wesel, Wesel 1989" eine große Hilfe. Ohne ihre v.a. theologisch geprägten Hinweise und Anmerkungen wären die hier folgenden Ausführungen sicherlich wesentlich knapper ausgefallen. Ihrer Sicht und Interpretationsweise wurde im wesentlichen gefolgt.
[91] Werling 2002, S. 45ff.
[92] Brockhaus [20]2001, Bd. 4, S. 67 f. bzw. LCI [2]1994, Bd. 1, Sp. 337 f.
[93] LCI [2]1994, Bd. 1, Sp. 626 ff.

Cherubim „den Weg zum Baum des Lebens", als Gott den Menschen aus dem Garten Eden vertrieben hatte[94]. Deshalb ist bei Darstellungen des Jüngsten Gerichtes oft ein Cherubim zu finden, der das wieder geöffnete Paradies behütet, gleichzeitig aber auch seine Tür darstellt[95].

Auf der Rück- bzw. Bildseite des Grabsteines der Anna Maria Biesenbach (Nr. 22) befindet sich kopfseitig das Relief eines solch geflügelten Engelsköpfchens. Schon in der Art der Darstellung passt es nicht mehr in den Reigen der hier zu erörternden Symbole. Hundert Jahre zuvor wäre es allerdings – wie schon eingangs erwähnt - ein Thema gewesen, mit diesem Cherubmotiv ein Grabkreuz zu gestalten[96].

Eichenlaubgebinde

Auf dem Grabstein des Johann Wilhelm Gottfried Zanders (Nr. 8) umfängt ein Eichenlaubgebinde das am Kopf der Grabplatte herausgearbeitete Familienwappen. Die Eiche war schon in vorchristlicher Zeit, sowohl bei den Griechen und Römern, als auch bei den Germanen ein heiliger, verehrter Baum. Die Ehrenkränze, aus Zweigen der Eiche gebunden, waren in antiker Zeit sowohl „Zeus", dem griechischen Herrscher über Himmel und Erde, als auch dem höchsten Garant und Erhalter der kosmischen und sittlichen sozialen Ordnung „Jupiter Capitolinus"in Rom heilig[97]. Sie waren in den jeweiligen Kulturen die obersten Gottheiten und deshalb symbolisiert die Eiche letztlich nicht nur ihre Majestät sondern auch ihre göttliche Weisheit, Kraft und Unsterblichkeit[98]. Dass die Eiche zeichenhaft auch als ein Mittler zwischen Himmel und Erde gesehen werden kann, wird dadurch deutlich, dass sich, sowohl in Sichem als auch in Hebron, Gott in der Nähe von Eichen, Abraham offenbart haben soll[99]. Daher wurden später oftmals die alten Baum - Kultstätten zu christlichen Wallfahrtsstätten umgewandelt und die kultisch verehrten Eichen nun Christus oder der Gottesmutter Maria geweiht[100]. Da das harte Holz der Eiche als unverweslich galt, ist sie Sinnbild der Kraft und des ewigen Lebens. Ein Kranz oder ein Gebinde aus Eichenlaub steht deshalb auch als ein Symbol für Sieg und Ruhm, im speziellen Falle, als Sieg über den Tod[101].

Fackel

Die Fackel gilt seit der Antike als Symbol des Lichtes und der Wärme, der Reinigung und Erleuchtung wie auch als Symbol der Hoffnung, der Freiheit, Bildung, Aufklärung und des Fortschritts. Wird die brennende Fackel hochgehalten, ist sie ein Symbol für das Leben, wird sie gesenkt und gelöscht, ist sie Symbol für den Tod bzw. für Thanatos[102]. Bei dem Grabmal für Johann Wilhelm Adolph Zanders (Nr. 10) ist jeweils eine gesenkte Fackel auf den Seitenflächen zu finden. Oft wird das Fackelmotiv allerdings mit einer zweiten, oder mit einem anderen Element abgebildet. So ist z.B.

---

[94] Die Bibel 1980, Einheitsübersetzung, Genesis 3, 24, S. 8.
[95] Heinz- Mohr ^{5}1979, S. 98.
[96] Werling 2002, S. 45.
[97] Chevalier/Gheerbrant ^{2}1973, Bd. 1, S. 348.
[98] Ebenda S. 348, bzw. Demandt 2002, S. 78.
[99] Chevalier/Gheerbrant ^{2}1973, Bd. 1, S. 348.
[100] Seibert 1980, S. 92.
[101] LCI ^{2}1994, Bd. 2, Sp. 558 f.
[102] LCI ^{2}1994, Bd. 2, Sp. 4.

auf dem Grabmal für die Familie Fues (Nr. 26) die Versinnbildlichung des verlöschenden Lebenslichtes der oder des Verstorbenen gekreuzt mit einem Eichenzweig dargestellt. Bei der Grabplatte für Jacobine Steinkauler (Nr. 6) werden dagegen zwei Fackeln unter einem Kranz aus Eichenlaub gekreuzt. Ein Motiv, das auch aus der Grabsymbolik der römischen Kaiserzeit entstammen könnte, wo es v.a. die eheliche Liebe versinnbildlichen sollte[103]. Vermutlich leitet sich diese Symbolik von der Tatsache her, dass auch Hymenaios, Gott der Hochzeit und des Ehestandes mit einer Hochzeits- oder Brautfackel und einem Kranz in der Hand dargestellt wurde[104]. Eindrucksvoller wäre natürlich, wenn die Grabplatte mit dieser Symbolik die letzte Ruhestätte des Ehepaares Steinkauler bedecken würde, was nicht der Fall ist, was aber ursprünglich vielleicht beabsichtigt war.

Eindeutig für ein Ehepaar angefertigt ist dagegen das Grabmal von Johann Isaac Fues und seiner Ehefrau Elisabeth Schneider (Nr. 24). Ebenfalls zwei nach unten gerichtete Fackeln werden unter einem Ouroboros – Symbol gekreuzt. Das Motiv will belegen, dass man auf „ewige Zeiten" in ehelicher Liebe verbunden zu sein gedenke. Der bei diesem Motiv eindrucksvoll dargestellte entweichende Rauch der Fackeln soll im Übrigen an die Kürze des Lebens und an die Nichtigkeit irdischen Ruhmes erinnern[105]. Das Christentum mied zunächst die Fackel – im Unterschied zur Kerze – weil es darin ein heidnisch- orgiastisches Motiv zu erkennen glaubte[106]. Schließlich wurde aber die Verkörperung der himmlischen bzw. christlich motivierten Liebe „Caritas" mit einer Fackel dargestellt[107]. In der Apokalypse des Johannes heißt es: „Von dem Thron gingen Blitze, Stimmen und Donner aus. Und sieben lodernde Fackeln brannten vor dem Thron; das sind die sieben Geister Gottes"[108]. Die Fackel ist aber nicht nur ein Symbol für die Urkräfte Gottes, sondern eben auch ein Hinweis auf Hoffnung und Erlösung[109].

Hand Gottes

Auf der Bildseite (Rückseite) des Grabmals von Johann Wilhelm Adolph Zanders (Nr. 10 ist ein Relief zweier Hände abgebildet, die sich zwischen Himmel und Erde fassen und von einem kreisförmigen Wulst umfangen werden. Schon in der Antike war die Kreisgestalt ein Hinweis auf die gottgeordnete Welt, als Sinnbild des Kosmos. Die aus dem Himmel herabweisende Hand steht hierbei für die Gestalt Gottes. Bereits im alten Ägypten war die Hand Sinnbild numinoser, herrscherlicher und richterlicher Kraft, Macht und Gewalt. Dass die Hand Gottes hierbei nicht nur eine schöpferische oder führende, sondern auch eine strafende Macht sein konnte, wird v.a. auch im Alten Testament, z.B. im 2. Buch Mose deutlich: „ Ich weiß, dass euch der König von

---

[103] Hable 1989, S. 82 bzw. Hartmann 1969, S. 26.
[104] Hymenaios, Sohn des Apollo und einer Muse, war ein schöner aber armer Jüngling gewesen, der eine Jungfrau aus vornehmer Familie liebte. Als er ihr einst in Mädchenbekleidung zum Demeterfest nach Eleusis gefolgt war, entführten ihn nebst den dort versammelten Jungfrauen Seeräuber, welche aber von Hymenaios getötet werden konnten, als diese auf einer Insel eine Pause einlegten und einschliefen. Hierauf kehrte er nach Athen zurück und versprach, die geraubten Jungfrauen zurückzubringen, wenn man ihm die Geliebte geben würde. Dies geschah und von nun an gedachte man seiner in allen Brautgesängen. Er wird dargestellt als ein zarter Jüngling von fast weiblicher Schönheit, bewehrt mit Brautfackel und Kranz (vgl. u.a. Souli 1995, S. 37).
[105] Hable 1989, S. 81 bzw. Ferguson ²1955, S. 59.
[106] LCI ²1994, Bd.2, Sp. 4.
[107] Seibert 1980, S. 111.
[108] Die Bibel 1980, Einheitsübersetzung, Offenbarungen des Johannes 4,5, S. 1394.
[109] Heinz- Mohr ⁵1979, S. 99.

Ägypten nicht ziehen lässt, es sei denn, er würde von starker Hand dazu gezwungen. Erst wenn ich meine Hand ausstrecke und Ägypten niederschlage mit allen meinen Wundern, die ich in seiner Mitte vollbringe, wird er euch ziehen lassen"[110].

In der christlichen Kunst handelt es sich bei einer entsprechenden Handdarstellung in der Regel um die „Rechte des Herrn", im Neuen Testament die „dextera Dei", das älteste Symbol des Gottvaters[111]. Sie veranschaulicht die Stimme Gottes und das Eingreifen Gottvaters in das irdische Leben. Bei dem hier zu behandelnden Motiv ergreift sich die Hand Gottes, die aus dem Wolkensegment herabkommt, die aufwärtsgerichtete Hand, welche Hilfesuchend, als jene des Verstorbenen zu deuten ist. Ein Hinweis auf die von Gott erhoffte oder gewährte Hilfe. Die Inschrift unter diesem Motiv deutet das Zeichen im christlichen Sinne: „Der Seelen Bündnis trennt kein Tod".

Kranz

Auf drei Grabmälern (Nr. 6, 10 und 12) lassen sich geschlossene Blätterkränze nachweisen. Die runde Form des Kranzes verweist zunächst auf die Vollkommenheit und auf die Teilhabe an der göttlichen Natur. "Der Kreis ist ein Zeichen ohne Anfang und Ende, er ist ein Sinnbild des Grenzenlosen in Raum und Zeit, ein Symbol der Unendlichkeit und Ewigkeit"[112]. Auf Grund seines In- sich- Geschlossenseins bzw. der nichtendenden Existenz repräsentiert der Kreis auch die Vollendung Gottes oder den ewigwährenden Gott und ist deshalb auch als ein göttliches Monogramm zu betrachten[113] (vgl. Kreismotiv auf Grabmal Nr. 10). Auch deshalb symbolisierte der Kranz in der griechischen und römischen Antike die Weihung an die Götter. Die Bekränzung von Opfertieren und Statuen als Zeichen dieser besonderen Ehrung war in jener Zeit üblich.

Neben der Fackel war auch der Kranz ein Attribut des jugendlichen Todesgenius „Thanatos". Gotthold Ephraim Lessing beschreibt diesen antiken Gott des Todes so: „Und der Kranz in seiner Linken? Es ist der Totenkranz. Alle Leichen wurden bei Griechen und Römern bekränzt; mit Kränzen ward die Leiche von den hinterlassenen Freunden beworfen; bekränzt wurden Scheiterhaufe und Urne und Grabmal"[114]. Diese ringförmigen Gebinde aus Blüten oder Zweigen wurden in der Antike aber auch bei festlichen Gelegenheiten getragen. Es sei hier u.a. an die siegreichen römischen Feldherrn erinnert, die den aus immergrünem Lorbeer und Gold geflochtenen Kranz tragen durften. Ein Kranz aus Lorbeerzweigen stand ebenso den berühmten Künstlern zu, wenn sie eine besondere Auszeichnung erfahren sollten.

Und auch im Alten Testament ist der Kranz ein besonderes Zeichen von Glück und Freude[115]. Isaias sagt über den Jüngsten Tag: „An jenem Tag wird der Herr der Heere für den Rest seines Volkes zu einer herrlichen Krone und einem prächtigen Kranz"[116]. Die ersten Christen übernahmen den Kranz als ein Zeichen des Sieges

---

[110] Die Bibel 1980, Einheitsübersetzung, 2. Buch Mose, 3, 19- 20, S. 57.
[111] Lurker [5]1991, S. 274, bzw. LCI [2]1994, Bd. 2, Sp. 211.
[112] Lurker 1958, S. 104.
[113] Hable 1989, S. 85 bzw. Ferguson [2]1955, S. 275.
[114] Lessing 1769, S. 16 f.
[115] LCI [2]1994, Bd. 2, Sp. 558.
[116] Die Bibel 1980, Einheitsübersetzung, Isaias 28,5, S. 831.

und der Ehre: So vergleicht z.B. der Apostel Paulus das Leben des Christen als eine anhaltende Anstrengung, als einen Wettkampf, dessen Siegespreis das ewige Heil sein wird: „Wisst ihr nicht, dass die Läufer im Stadion zwar alle laufen, aber dass nur einer den Siegespreis gewinnt? Laufet so, dass ihr ihn gewinnt. Jeder Wettkämpfer lebt aber völlig enthaltsam; jene tun dies, um einen vergänglichen, wir aber, um einen unvergänglichen Siegeskranz zu gewinnen"[117].

Im ersten Brief an die Gemeinde von Thessalonich[118], den Paulus wohl gegen Ende des Jahres 50 oder Anfang 51 n. Chr. verfasst haben dürfte, vermittelt er u.a. Ermahnungen für das Leben der Gemeinde und schreibt: "Denn wer ist unsere Hoffnung, unsere Freude, der Kranz unseres Ruhmes vor Jesus, unserem Herrn, wenn er kommen wird? Nicht etwa auch ihr? Ja, ihr seid unsere Ehre und Freude"[119]. Der wahrscheinlich zehn bis fünfzehn Jahre später entstandene zweite Brief an Timotheus, der den Charakter eines Testaments besitzt, - Paulus stand kurz vor seinem Martyrium – enthält folgende Passage: "Schon jetzt liegt für mich der Kranz der Gerechtigkeit bereit, den mir der Herr, der gerechte Richter, an jenem Tag geben wird, aber nicht nur mir, sondern allen, die sehnsüchtig auf sein Erscheinen warten"[120].

In seinem ersten Brief an die christlichen Gemeinden im nördlichen und westlichen Kleinasien wendet sich Petrus u.a. auch an die Ältesten und Vorsteher, den sog. „Auserwählten": „Wenn dann der oberste Hirt erscheint, werdet ihr den nie verwelkenden Kranz der Herrlichkeit empfangen"[121]. Den Christen wird der Kranz des Sieges bzw. des ewigen Lebens auch in der Apokalypse des Johannes verheißen: „Fürchte dich nicht vor dem, was du noch erleiden musst. Der Teufel wird einige von euch ins Gefängnis werfen, um euch auf die Probe zu stellen, und ihr werdet in Bedrängnis sein, zehn Tage lang. Sei getreu bis in den Tod; dann werde ich dir den Kranz des Lebens geben"[122]. „Ich komme bald. Halte fest, was du hast, damit kein anderer deinen Kranz bekommt"[123]. Die vierundzwanzig Ältesten, die Johannes in einem anderen Kapitel der Apokalypse beschreibt, repräsentieren die Kirche: „Und rings um den Thron standen vierundzwanzig Throne, und auf den Thronen saßen vierundzwanzig Älteste in weißen Gewändern und mit goldenen Kränzen auf dem Haupt"[124]. „...dann werfen sich die vierundzwanzig Ältesten vor dem, der auf dem Thron sitzt, nieder und beten ihn an, der in alle Ewigkeit lebt. Und sie legen ihre goldenen Kränze vor seinem Thron nieder und sprechen: Würdig bist du, unser Herr und Gott, Herrlichkeit zu empfangen und Ehre und Macht"[125].

Die frühchristliche Kunst übernahm diese Kranzsymbolik und umgab in der Regel das Kreuz oder das Christusmonogramm mit dem Siegerkranz. War der Kranz aus Blumen oder Früchten geflochten, war er Sinnbild des Lebens im Jahreszeitenlauf

---

[117] Ebenda, 1. Korintherbrief 9,24-25, S. 1288.
[118] Thessalonich bzw. Thessaloniki oder Saloniki, gegründet um 316 v. Chr. In römischer Zeit Hauptstadt der Provinz Mazedonien (Gründung der 2. Christengemeinde in Europa).
[119] Ebenda, 1. Thessalonicherbrief 2,19-20, S. 1332.
[120] Ebenda, 2. Timotheusbrief 4,8, S. 1347.
[121] Ebenda, 1. Petrusbrief 5,4, S. 1375.
[122] Ebenda, Offenbarung des Johannes 2,10, S. 1392.
[123] Ebenda, 3,11, S. 1394.
[124] Ebenda, 4,4, S. 1394.
[125] Ebenda, 4,10, S. 1395.

und somit auch ein Hinweis auf Christus als den Herrscher über die Zeit und den Kosmos hinweg[126].

Der Lorbeerkranz, wie er auf dem Grabstein der Wilhelmine Paas (Nr. 12) abgebildet ist, soll, wie das in der antiken griechischen und römischen Kunst schon üblich war, ein Symbol der Unsterblichkeit, des Sieges und des Friedens sein. Dieses Symbol sollte aber auch schon in antiker Zeit alles abwehren, was die Ruhe des oder der Verstorbenen stören könnte. Nicht umsonst ziert es deshalb an dominanter Stelle und mit einem Schleifenband versehen, die Grabplatte der Jacobine Steinkauler (Nr. 6). Ähnlich eindrucksvoll ist der Kranz auf der Grabstele von Johann Wilhelm Adolph Zanders (Nr. 10) positioniert, der aus Thujazweigen gebunden ist. Der Thujabaum gilt als Lebensbaum oder als mythologisches Symbol des menschlichen Lebens. Er ist im Christentum aber auch ein Sinnbild für das Paradies. Insofern ist das Schmuckmotiv auf diesem Grabstein auch als ein Zeichen zu werten, was der entrückten Seele des Verstorbenen nach Meinung der Hinterbliebenen widerfahren solle, nämlich das ewige Leben[127].

Kreuz

Das Kreuz ist ein universelles Symbol aus uralten Zeiten. In der vorchristlichen Zeit versinnbildlichte der senkrechte Balken die Verbindung zwischen Himmel und Erde, der waagerechte Balken stand für die Erde- und Wasserfläche. Es ist Sinnzeichen für den Lebensbaum und für den kosmischen Weltenbaum uralter Mythen gewesen[128]. Ohne einen Zusammenhang und einer Gemeinsamkeit damit entstand aus dem römisch antiken Folter- und Hinrichtungsinstrument durch die Kreuzigung Jesu das Heilszeichen des Christentums. Zunächst aber verzichtete man bei den frühen Christen auf die Darstellung der Kreuzigung Jesu, weil diese in der Hauptsache als Todesstrafe für Verbrecher, Sklaven, Freigelassene und Aufständische[129] zur Anwendung kam[130]. Stattdessen deutete man dies symbolisch durch das sog. crux commissa an. Es handelt sich um ein Tau- oder Antoniuskreuz, bei dem der Querarm unmittelbar auf dem Langbalken aufliegt. Erst seit Kaiser Konstantin und seines Toleranzediktes – was offensichtlich auf persönlichen Erlebnissen im Jahre 312 beruht – finden sich offene Abbildungen des Kreuzes Christi.

Die Grundform des Kreuzes zeigt das sog. griechische Kreuz (crux quadrata) das mit gleich langen Quer- und Langarmen ausgestattet ist. Die vier Kreuzarme sollen die Tugenden der Liebe, der Demut, des Gehorsams und der Geduld oder die vier Wohltaten Christi, nämlich „des Himmels Eröffnung, der Hölle Zerstörung, der Gnade Mitteilung und der Sünde Vergebung"[131] symbolisieren. Die hier zu behandelnden Kreuze haben allerdings durchweg die Form des römischen oder lateinischen Kreuzes, der crux immissa, was soviel wie lang herabhängend bedeutet[132] und sich auf den Längsbalken des Kreuzes bezieht. Der Fülle und Vielfalt wegen, seien nur einige der Kreuzinterpretationen wiedergegeben. Der Kirchenvater- und lehrer

---

[126] LCI ²1994, Bd. 2, Sp. 558, bzw. Lurker 1991, S. 403.
[127] Brockhaus ²⁰2001, Bd. 13, S. 193.
[128] Lurker ⁵1991, S. 407.
[129] Kuhn 1982, S. 724.
[130] Lurker 1958, S. 108.
[131] Ebenda, S. 108.
[132] Vgl. u.a. PONS, Latein- Deutsch 2001, S. 245.

Hieronymus[133] interpretiert das Kreuz z.B. wie folgt: „Die Gestalt des Kreuzes selbst, was ist die anderes als die viereckige Form der Welt"[134]. Der Querbalken kennzeichnet die Ost- West- Achse, der Längsbalken die Nord- Süd- Achse[135]. „Eine völlig andere Auslegung sieht im Querbalken des Kreuzes die Nächstenliebe, im Längsbalken die Beharrlichkeit oder Ausdauer bis zum Tod"[136]. In der orthodoxen Liturgie wird das Kreuz auch als eine Leiter zum Himmel aufgefasst. Am Kreuz und durch das Kreuz wird das Irdische zum Göttlichen emporgezogen....Das Kreuz (umspannt) den Kosmos und vermittelt zwischen oben und unten, zwischen Diesseits und Jenseits"[137].

Das Kreuz steht aber auch als Zentrum der Schöpfung und als Lebensbaum[138]. Nach Justinus verweist der in der Genesis erwähnte Baum des Lebens im Paradies auch auf den Gekreuzigten: „Gott der Herr, ließ aus dem Ackerboden allerlei Bäume wachsen, verlockend anzusehen und mit köstlichen Früchten, in der Mitte des Gartens aber den Baum des Lebens und den Baum der Erkenntnis von Gut und Böse"[139]. Der Baum der Erkenntnis wurde durch den Sündenfall zum Baum des Todes; ihm steht das lebenbringende Kreuz, der Baum der Erlösung oder Lebensbaum, gegenüber, der als solcher wieder zum Baum des neuen Paradieses wird[140]: „Und er zeigte mir einen Strom, das Wasser des Lebens, klar wie Kristall; er geht vom Thron Gottes und des Lammes aus. Zwischen der Straße der Stadt und dem Strom, hüben und drüben, stehen Bäume des Lebens. Zwölfmal tragen sie Früchte, jeden Monat einmal; und die Blätter der Bäume dienen zur Heilung der Völker"[141]. Martin Luther fasst Altes und Neues Testament so auf: „Arbor mortis est lex, arbor vitae est Evangelium seu Christus"[142] – „Der Baum des Todes ist das Gesetz, der Baum des Lebens ist das Evangelium oder Christus".

Wie auf vermutlich jedem Friedhof im christlich geprägten Europa überwiegt auch hier das Zeichen des Kreuzes. Es will v.a. und wie oben schon mehrfach angedeutet, auf den Tod des Jesus von Nazareth hinweisen, der an diesem Kreuz für alle Menschen gestorben ist, um ihnen den Weg zu Gott zu ebnen. Das Grabmal der Emilie Schrecker (Nr. 3), das der Julie Zanders (Nr. 11), das der Wilhelmine Fues (Nr. 14) und das von Heinrich Jacob Maurenbrecher (Nr. 31) zeigen sehr schlicht gestaltete Kreuzzeichen, während es sich bei dem Grabmal der Familie Giesen (Nr. 18) um ein sog. aufgesetztes Kleeblattkreuz handelt. Außerdem lassen sich noch ein Krückenkreuz[143] (Grabmal Friedrich Dilthey, Nr. 19) und ein mit gotischen Nasen verziertes Kreuz (Grabmal Emma Pauly, Nr. 33) nachweisen.

---

[133] Hieronymus, Sophronius Eusebius (um 347- 420), zählte zu den bedeutendsten Gelehrten seiner Zeit. Verfasser zahlreicher wichtiger theologischer und historischer Werke und Vorsteher von vier Klöstern in Bethlehem (vgl. u.a. Brockhaus [20]2001, Bd. 10, S. 68 f.).
[134] „Ipsa species crucis, quid est nisi forma quadrata mundi?". S. Eusebii Hieronymi Stridonensis Presbyteri Commentarius in Evangelium Secundum Marcum, Caput XV., in: Jacques Paul Migne (Hrsg.):Patrologiae Latinae Tomus XXX, Sp. 638.
[135] Chevalier/Gheerbrant [2]1973, Bd. II; S 141.
[136] Lurker 1960, S. 141.
[137] Ebenda, S. 140.
[138] Hable 1989, S. 90 bzw. Heinz- Mohr [5]1979, S. 165.
[139] Die Bibel 1980, Einheitsübersetzung, Genesis 2, 9, S. 6.
[140] Hable 1989, S. 90 bzw. Sachs/Badstübner/Neumann 1975, S. 53 ff.
[141] Die Bibel 1980, Einheitsübersetzung, Offenbarung des Johannes 22, 1- 2, S. 1410.
[142] Lurker 1960, S. 33.
[143] Das Kennzeichen dieser Kreuzform sind die Querbalken an den vier Enden. Diese Kreuzform ist schon seit der jüngeren Steinzeit bezeugt (vgl. Schwarz- Winkelhofer/Biedermann [2]1980, S. 96).

Zu den Grabsteinsymbolen / 2

T 10

A Ouroboros, Grabmal Fues (Nr.24), um 1803

B Pinienzapfen bzw. Urne, Grabmal Fues (Nr.32), um 1825

C Rose, Grabmal Pauly (Nr.6), um 1848/49

D Rosette, Grabmal Fues (Nr.14), um 1865

E Sanduhr, Grabmal Zanders (Nr.10), um 1831

F Schmetterling, Grabmal Fues (Nr.32), um 1825

Ouroboros

Ouroboros nennt man eine Schlange, die sich selbst in den Schwanz beißend einen Kreis bildet. Sicherlich wegen ihrer eigentümlichen Gestalt und Bewegungsweise sind Schlangen seit den ältesten Zeiten Gegenstand mythologischer Vorstellungen. So zeichnen sie sich durch eine Vielzahl von zum Teil widersprüchlichen Eigenschaften aus, indem sie zum Beispiel sowohl als listig, klug und unerforschbar gelten, als auch die Sünde und das Böse verkörpern können[144]. Dem gemäß gilt die Schlange auch als die Verführerin des ersten Menschenpaares (vgl. Mos. 3), weswegen sie auch der Fluch Gottes getroffen hat. Deshalb gilt sie auch in der christlichen Symbolik als Tier des Todes, als jene Kreatur, welche die Verführung, die Sünde und den Tod bringt[145]. Gottes Worte bei der Verfluchung der Schlange, „Weil du das getan hast, bist du verflucht unter allem Vieh und allen Tieren des Feldes. Auf dem Bauch sollst du kriechen und Staub fressen alle Tage deines Lebens"[146], wurden in der christlichen Theologie als Verheißung von Mariens Sieg über die Schlange des Sündenfalls, über das Böse bzw. den Teufel, verstanden: Maria Immaculata[147]. Erscheint demnach die Schlange bei einer - Maria und Kind – Darstellung, oder noch eindeutiger, bei einem Kreuzigungsmotiv, soll dadurch die überwundene Erbsünde versinnbildlicht werden[148]. Die Schlange gilt aber auch wegen ihrer Häutungen als Sinnbild für die Regeneration bzw. Lebenserneuerung[149]. Bei dem Grabmal von Johann Issac Fues und Elisabeth Schneider (Nr. 24) bildet die Schlange einen solchen Ring, indem sie sich in ihren Schwanz beißt. Seit der Antike steht dieses Bildsymbol für den Kreislauf der Zeit, bzw. für die Ewigkeit[150].

Pinienzapfen

Pinienzapfen wurden v.a. in der antiken Architektur als ein bekrönendes bzw. schmückendes Element genutzt. Solch ein vielschuppiger Zapfen ziert – zumindest mit seiner oberen Hälfte – als krönenden Abschluss die Abdeckung der, bei dem Grabmal des Gerhard Jacob Fues (Nr. 32), aufgesetzten Urne. Pinienzapfen galten in der Antike als ein Symbol der Fruchtbarkeit. In der christlichen Kunst wurde das Motiv des Pinienzapfens bzw. wie auch der Pinie selbst, ebenfalls als ein Sinnbild des sich immer wieder erneuernden Lebens interpretiert. Der Kirchenlehrer Ambrosius (Hexaemeron III, 16) erblickte darin sogar einen Hinweis auf das ewige Leben[151].

Rose

Eine Rose findet sich auf dem Grabmal der Emma Pauly (Nr. 33). Auf Grund ihres Duftes, ihrer Schönheit und ihrer Vergänglichkeit gibt es bei der Rose Symbolbezüge

---

[144] Brockhaus ²⁰2001, Bd. 19, S. 335 ff.
[145] LCI ²1994, Bd. 4, Sp. 75 ff.
[146] Die Bibel 1980, Einheitsübersetzung, Genesis 3,14, S. 7.
[147] LCI ²1994, Bd. 4, Sp. 75 ff.
[148] Ebenda, S. 75 ff.
[149] Lurker ⁵1991, S. 649.
[150] Ebenda, S. 649.
[151] Lurker ⁵1991, S. 577.

sowohl zur Liebe als auch zum Tod und dem jenseitigen Weiterleben. Gemäß der griechischen Mythologie sind die ersten roten Rosen aus dem Blut des sterbenden Adonis entstanden, des immer wiederkehrenden Vegetationsgottes und Geliebten der Aphrodite[152]. Sie wurden dadurch zum Symbol der über den Tod hinausreichenden Liebe, erinnerten aber auch an die stetige Erneuerung des Lebens. Bei den Römern versinnbildlichte die Rose den Sieg, den Stolz und den Triumph in der Liebe. Die v.a. wegen ihrer Anmut und ihres Liebreizes bei diesem Volk hoch geschätzte Göttin Venus wurde mit Rosen bedacht[153]. Und auf den Wiesen des Elysions wuchsen nach Pindar[154] und Tibull[155] Rosen, die von den Seligen dort zu Kränzen gewunden werden. In der Antike war man außerdem der Ansicht, dass Rosen die Wirkung des Weins abschwächten und davor bewahrten, Geheimnisse zu verraten. Die Rose galt deshalb als Symbol der Verschwiegenheit, lat: „sub rosa" (unter der Rose, d.h. unter dem Siegel der Verschwiegenheit)[156].

Die Rose ist aber auch seit der Antike mit dem Totenkult verbunden. Mit der Darstellung von Rosen auf etruskischen Sarkophagen und in griechischen und römischen Gräbern verbinden sich Vorstellungen von Tod und Wiedergeburtsgedanken[157]. In Paestum, dem in der ersten Hälfte des 7. Jh. v. Chr. von Griechen gegründeten Poseidonia lassen sich wohl Grabanlagen nachweisen, die mit Rosenranken ausgemalt sind[158]. In diesem Sinne wurde die Rose auch in die christliche Sepukralkunst übernommen. Lassen sich in frühchristlichen Grabanlagen Blumendarstellungen lokalisieren, sollen diese – im Sinne einer Auferstehungshoffnung – an den Paradiesgarten erinnern[159]. Ähnlich wie bei den schon genannten Elysion – Vorstellungen wurde die Rose dadurch auch bei den Christen zu einem Bestandteil im Gefilde der Seligen. Allerdings gibt es zwischen der Irdischen und der Rose im Paradies einen wesentlichen Unterschied. Während die Jenseitige ohne Dornen wächst, ist die Diesseitige reichlich mit dem bekanntlich spitzen Pflanzorgan ausgestattet. Der Legende nach soll sie ihre Dornen nach dem Sündenfall erhalten haben, um den Menschen immer wieder an seine Schuld bzw. seine Sünden zu erinnern[160].

Die Rose ist aber auch ein Symbol der Sittsamkeit und der Schamhaftigkeit. So ist sie als die Königin der Blumen, auch ein Sinnbild für die Himmelskönigin Maria und der Jungfräulichkeit[161]. Deshalb war im Mittelalter nur Jungfrauen das Tragen eines Rosenkränzleins gestattet. In der christlichen Ikonographie ist die rote Rose aber auch ein Symbol des Blutes, das v.a. der Gekreuzigte, der himmlischen Liebe willen, vergossen hat[162]. Die roten Rosen stehen aber auch für das blutige Martyrium der vielen Heiligen, die durch ihren Opfertod in das Paradies gelangen konnten[163]. Die

---

[152] Ebenda, S. 630.
[153] Hable 1989, S. 97 bzw. Ferguson ²1955, S. 47.
[154] Vgl. Pindar, Fragment 129.
Pindar bzw. Pindaros, griechischer Lyriker, (um 520 – 446 v. Chr.), galt in der Antike als unerreichbarer Meister des erhabenen Stils.
[155] Vgl. Tibull, Elegiarum libri IV. liber primus (I) 3,62.
Tibull (Albius Tibullus), römischer Elegiendichter, (um 50 – 17 v. Chr.).
[156] Lurker ⁵1991, S. 630.
[157] Kirschbaum 1976, Bd. III, Sp. 563, bzw. Seibert 1980, S. 267.
[158] Hable 1989, S.97.
[159] Heinz- Mohr ⁵1979, S. 54.
[160] Hable 1989, S. 97 bzw. Ferguson ²1955, S. 48.
[161] Kirschbaum 1976, Bd. III, Sp. 564.
[162] LCI ²1994,Bd. 3, Sp. 563 ff.
[163] Ebenda, Sp. 567.

weiße Rose ist nicht nur ein Sinnzeichen der Reinheit[164] und der göttlichen Weisheit[165] sondern in vielen Sagen und Legenden auch ein Todessymbol. Der Archäologe und Kunsthistoriker Johann Joachim Winckelmann berichtet in seinem „Versuch einer Allegorie, besonders für die Kunst", Dresden 1766, dass schon auf antiken Grabmalen die Rose auch ein Symbol für den frühzeitigen Tod war[166]. Die Rosenknospe, deren Stiel geknickt ist, bezeichnet meistens – und wie auch bei dem Grabmal Nr. 33 geschehen – das Grab eines Mädchens bzw. einer jungen Frau, während verblühte Rosen auf das Alter bzw. auf die Vergänglichkeit anspielen sollen. Darüber hinaus ist sie Zeichen der Liebe der Hinterbliebenen für die Toten[167].

Rosette

Das aus einer stilisierten Blüte entwickelte Ornament lässt sich schon im 5. Jahrtausend vor unserer Zeitrechnung nachweisen (vgl. Halaf- Kultur in Mesopotamien) und war in allen nachfolgenden Kulturen ebenso ein gerne verwendetes Zierelement. Diese stilisierten Blütensterne waren aber nicht nur raumfüllendes Dekor, sondern auch Ausdruck eines Weltbildes, welches um die Zusammenhänge der vom Jahreszyklus abhängigen Vegetation, vom Werden und Vergehen, wusste[168]. Ist sie ein florales Motiv, wie bei den drei Rosetten auf dem Grabmal von Friedrich Joseph Koch (Nr. 17) erkennbar, spricht man, im Gegensatz zu Wirbel- und Fächerrosetten, von einer sog. Blumenrosette. Die Abbildung einer Rosette ist für Frauengrabmale mindestens seit dem hohen Mittelalter ein beliebtes Motiv gewesen. Der Friedhof neben der Gnadenkirche in Bergisch Gladbach macht hierbei keine Ausnahme. So finden sich auf dem Grabmal der Wilhelmine Fues (Nr. 14) zwei in den Stein leicht versenkte Blattrosetten. Das stilisierte Blütenmotiv zeigt gegeneinander versetzte Blattanordnungen mit jeweils vier Blättern.

Sanduhr

Auf dem sichtseitigen Giebelfeld des Grabmals von Johann Wilhelm Adolph Zanders (Nr. 10) ist eine geflügelte Sanduhr abgebildet. Die Sanduhr gilt v.a. in der sepulkralen Kunst als Zeichen der unentrinnbar dahinfließenden Zeit. Sie ist Sinnbild der Vergänglichkeit des Lebens. Deshalb ist sie auch ein Attribut des Chronos und des als Knochenmann dargestellten Todes[169]. Dass die hier thematisierte Sanduhr mit Flügeln ausgestattet ist, will auf das eindringlichste erläutern, dass der Mensch der Zeitlichkeit unterworfen ist bzw. die Zeit für ihn „wie im Fluge" vergehen wird.

Schmetterling

Die Urne auf dem Grabmal von Gerhard Jacob Fues (Nr. 32) dient als Unterlage für die Abbildung eines Falters. Dieser aufsteigende und mit ausgebreiteten Flügeln dargestellte Schmetterling ist Sinnbild der Metamorphose der von ihrem irdischen

---

[164] Hable 1989, S. 97 bzw. Ferguson ²1955, S. 47.
[165] Chevalier/Gheerbrant ²1973, Bd. IV; S 115.
[166] Winckelmann 1766, S. 83 f.
[167] Lurker ⁵1991, S. 630.
[168] Lurker ⁵1991, S. 633.
[169] Brockhaus ²⁰2001, Bd. 19, S. 99.

Zu den Grabsteinsymbolen / 3

T 11

A Sterne, Grabmal Zanders (Nr.10), um 1831

B Trauerweide, Grabmal Fauth (Nr.28), um 1809

C Thanatos, Grabmal Kaesmann (Nr.34), um 1852

D Thanatos, Grabmal Kaesmann (Nr.34), um 1852

E Thanatos, Grabmal Batz, Golzheimer Friedhof in Düsseldorf, nach 1831, Werk des Bildhauers Carl Joseph Lode

F Thanatos, Grabmal Batz, Golzheimer Friedhof in Düsseldorf, nach 1831, Werk des Bildhauers Carl Joseph Lode

Gefängnis befreiten Seele. Ein Symbol, welches schon im alten Ägypten die Vorstellung von Seele verdeutlichte und auch in griechisch – römischer Zeit ein Zeichen für die Auferstehung bzw. für ein Leben nach dem Tode war, weshalb die Falter auch Aufnahme in Aphrodites Gefolge fanden[170]. Elfen wurden früher vielfach mit Schmetterlingsflügeln dargestellt, ebenso der Gott des Schlafes „Hypnos/Somnus". Das Christentum übernahm den Schmetterling als Auferstehungsmotiv. Die drei Stadien - Raupe, Puppe, Falter - stehen für das irdische Leben, den Tod und für die Auferstehung und damit für ein neues, schönes Leben, nämlich das des Schmetterlings[171].

„Im 17. und 18. Jh. fand das Bild des Schmetterlings im alten Sinne der sterblichen Seele auf zahlreichen Grabsteinen im protestantischen Deutschland erneute Verwendung". Auch in der Sepulkralsymbolik des 19. Jh. war dieses Motiv als Auferstehungssymbolik wieder sehr beliebt, was an dem oben zitierten Beispiel (Nr. 32) gut nachvollzogen werden kann[172]. Eine entsprechende literarische Untermauerung erfolgte in jener Zeit denn auch v.a. durch Gotthold Ephraim Lessings Schrift „Wie die Alten den Tod gebildet", wo er schreibt: „Wer weiß nicht, dass der Schmetterling das Bild der Seele, und besonders der vom Leib geschiedenen Seele vorstellet?"[173]. Und auch Jacob Grimm verweist in seinem im Jahre 1835 erschienenen Werk über die „Deutsche Mythologie"[174], dass der Volksglaube sich die Seele der Verstorbenen als einen Schmetterling vorstelle, der über die Wiesen der Unterwelt dahinflattere.

Sterne

Auf dem Giebelfeld des Grabmales für Johann Wilhelm Adolph Zanders (Nr. 10) ist rückseitig das Motiv eines Sternenreigens zu lokalisieren. Und am Säulenhals des Grabmales von Aurelie Poensgen (Nr. 13) schmücken sechs sechsstrahlige Sterne aus Marmor das Grabzeichen. Zunächst sind die Sterne, die das nächtliche Himmelsgewölbe durch ihre unzähligen Lichter erhellen und sich in regelmäßigen Kreisbahnen um den Himmelspol bewegen, schon seit Alters her ein Aspekt der Orientierung in Zeit und Raum, aber auch ein Sinnbild für das „geistige Licht"; das kosmische Ordnungsprinzip und die Harmonie göttlichen Wirkens[175]. Aber auch als Auferstehungssymbolik kommen Sterne in Betracht, was z.B. anhand des Alten Testamentes gut nachvollzogen werden kann. In seiner Vision von der Endzeit erfährt Daniel vom Engelsfürsten Michael:" Von denen, die im Land des Staubes schlafen, werden viele erwachen, die einen zum ewigen Leben, die anderen zur Schmach, zu ewigem Abscheu. Die Verständigen werden strahlen, wie der Himmel strahlt; und die Männer, die viele zum rechten Tun geführt haben, werden immer und ewig wie die Sterne leuchten"[176]. Eine besondere Bedeutung hat der strahlende Planet Venus als kosmische Personifikation der Liebes- und Schönheitsgöttin. Venus (griech. Aphrodite = die Schaumgeborene), welcher als Morgenstern (griech. Phosphoros = Lichtbringer) ein Sinnbild für den Sieg des Lichts über die Nacht darstellt und deshalb auch in der christlichen Religion als Symbol für Christus und Maria

---

[170] Lurker [5]1991, S. 651.
[171] LCI [2]1994, Bd. 4, Sp. 96.
[172] Kirschbaum 1976, Bd. IV, Sp. 96.
[173] Lessing 1769, S. 17.
[174] Grimm 1875, Bd. I, S. 247.
[175] Lurker [5]1991, S. 708 f, bzw. LCI [2]1994, Bd. 4, Sp. 214.
[176] Die Bibel 1980, Einheitsübersetzung, Daniel 12, 2-3, S. 1019.

gedeutet wird: „Ich, Jesus, habe meinen Engel gesandt als Zeugen für das, was die Gemeinden betrifft. Ich bin die Wurzel und der Stamm Davids, der strahlende Morgenstern"[177].

Nach der christlichen Vorstellung sind Sterne Zeichen für die Allgegenwart Gottes und so erfüllt sich auch in Christus die Verheißung vom „Stern aus Juda": Ein Stern geht in Jacob auf, ein Zepter erhebt sich in Israel"[178]. Und auch der Polarstern verdankt seine Symbolik nicht nur der Tatsache, dass er als relativ heller Stern in der Nähe des nördlichen Himmelspols erstrahlt. Er gilt auch als absoluter Mittelpunkt, um den sich nicht nur das Firmament ewig dreht, sondern aus dem auch alles hervorgeht[179]. In der altchristlichen Sarkophagplastik versinnbildlichen die Sterne ewige Seligkeit, während in antiker Zeit das Sternenmotiv auch als ein Symbol für die Verstirnung des Toten betrachtet wurde[180].

Im Giebelfeld des Grabmals von Johann Wilhelm Adolph Zanders (Nr. 10) sind in Form eines Kreises neun Sterne dargestellt. Die Zahl Neun besitzt eine starke religiöse Bedeutung, weil sie als potenzierte Drei den Inbegriff höchster Vollkommenheit darstellt. Sie steht außerdem als letzte einstellige Ziffer als Schwelle am Übergang auf eine neue Ebene, in einen höheren Bereich. Gleich dem Einatmen vor dem Ausatmen, dem Ausholen vor dem Schlag, dem Spannen eines Bogens vor dem Abschuss verkörpert sie auch in der sepulkralen Kunst die Sammlung vor dem Schritt ins Neue und ist damit ein Symbol des Übergangs[181]. In allen Kulturen spielt die Zahl Neun eine wichtige Rolle. Ein spekulativ- mystisches Denken lässt die Neun auch im Christentum bedeutsam werden. So gibt es z.B. die Vorstellung von neun himmlischen Engelschören und einen neunstufigen Himmel, wie ihn Dante beschrieben hat: „über den acht Sphären der sieben Planeten und des Fixsternhimmels wölbt sich als neunte Sphäre ein sternenloser Kristallhimmel, der die Schwelle zum Empyreum bildet, dem Ort der Seligen"[182]. Auch im Neuen Testament zeigt sich die Neun als Symbol des Übergangs. Jesus stirbt zur neunten Tagesstunde und der Überlieferung zufolge wurde er mit dreimal drei Schlägen an das Kreuz genagelt[183].

Die Sterne selbst sind fünfzackig angelegt, was auch als ein pythagoräisches Pentagramm bezeichnet wird. Pythagoras war nämlich der Auffassung, dass das Pentagramm die vollkommene Zahl des Mikrokosmos Mensch darstellt[184]. Der fünfzackige Stern ist außerdem ein Symbol der zentralen Manifestation des Lichts, des mystischen Zentrums, aber auch ein Sinnbild des erneuerten Menschen[185]. Und im Christentum weist die Zahl fünf auf die Wundmale hin, die Jesus am Kreuz zugefügt wurden[186].

Die sechs sechszackigen Sterne die sich bei dem Grabmal von Aurelie Poensgen (Nr. 13) um den Säulenhals legen, symbolisieren v.a. den biblischen Schöpfungsbericht, nachdem die Welt in sechs Tagen erschaffen wurde. Diese Zahl stellt aber

---

[177] Ebenda, Offenbarung des Johannes 22,16, S. 1411.
[178] Ebenda, Numeri 24,17, S. 153.
[179] Hable, 1989, S. 116.
[180] Lurker [5]1991, S. 709.
[181] Ebenda, S. 522.
[182] Ebenda, S. 522.
[183] Ebenda, S. 522.
[184] Chevalier/Gheerbrant, [2]1973, Bd. II, S. 284, bzw. Heinz- Mohr [5]1979, S. 309.
[185] Ebenda, S. 284.
[186] Hable 1989, S. 116 bzw. Ferguson [2]1955, S. 277.

auch in Form zweier aufeinandertreffender Trigramme (Dreistrichzeichen) zu einem Hexagramm die Beziehung zwischen dem Himmel und der Erde dar[187].

Thanatos

Das Grabmal der Regine Louise Kaesmann (Nr. 34) ziert ein Relief mit dem knienden, geflügelten und jugendlichen Todesgenius „Thanatos", der eine mit einem Tuch verhängte Aschenurne umfasst. In der linken Hand hält er einen Kranz, mit der Rechten stützt er sich auf eine nach unten gesenkte, gelöschte Fackel. Thanatos galt wie sein Bruder Hypnos, der Schlaf, als Sohn der Nyx, der Nacht. „Antike Autoren beschreiben ihn mit einem Schwert umgürtet[188], mit dem er den Lebensfaden durchtrenne und den Sterbenden eine Locke abschneide, um ihn so den Geistern der Toten, den Manen, zu weihen"[189].

Auf einer der unteren Säulentrommeln des ehemaligen Artemision zu Ephesos, die alle mit fast lebensgroßen Reliefs geschmückt waren, hat sich eine mythologische Szene erhalten, nach der Hermes und der jugendliche, geflügelte Bruder des Schlafes, Thanatos, eine Scheidende – ist es Eurydike oder Alkestis ?- in die Schattenwelt geleiten[190]. Auch der römische Dichter Horaz[191] schildert ihn in seinem „Satirae" geflügelt: „Atris circumvolat alis" - „Er fliegt mit schwarzen Flügeln umher"[192]. Wie bei den späteren Engel – Darstellungen, den Boten und Dienern Gottes, symbolisieren v.a. die Flügel die göttliche Sendung. Ein weiteres Zeichen seines göttlichen Wesens ist seine Barfüssigkeit. Der Glaube, dass nur der Barfüßige rein und unbefleckt sei[193], findet sich sowohl in der Antike als auch im Christentum[194]. Dies wurde damit begründet, dass Schuhe aus Leder von toten Tieren stammten und daher unrein seien[195]. Im 2. Buch Mose heißt es: „Der Herr sagte: Komm nicht näher heran! Leg deine Schuhe ab; denn der Ort, wo du stehst, ist heiliger Boden"[196].

In der Regel wird, wie das im Übrigen auch bei dem Grabmal von Regine Louise Kaesmann (Nr. 34) der Fall ist, Thanatos unbekleidet dargestellt. Vor allem im antiken Griechenland war es üblich, dass die Priesterschaft bei bestimmten kultisch – magischen Handlungen ihre Kleider ablegten[197]. Das Christentum lehnt dagegen die Abbildung der Nacktheit aufgrund des Sündenfalles ab, denn unmittelbar nach dem Verstoß Adams und Evas heißt es im 1. Buch Mose: „Da gingen beiden die Augen auf, und sie erkannten, dass sie nackt waren. Sie hefteten Feigenblätter zusammen und machten sich einen Schurz"[198]. Bevor sie die Früchte vom Baum der Erkenntnis kosteten, symbolisierte ihre Nacktheit ihre Reinheit: „Beide, Adam und seine Frau,

---

[187] Lurker [5]1991, S. 660 f.
[188] Statius:Thebais I, 632/633: „Mors fila sororum ense metit" – "Er schneidet die Fäden der Schwestern (gemeint sind die Parzen, die römischen Schicksalsgöttinnen, die den griechischen Moiren, Klotho, Lachesis und Atropos, gleichgesetzt wurden) mit dem Schwert durch".
[189] Hable 1989, S. 120 bzw. Euripides: Alkestis 75/76.
[190] Berve/Gruben 1978, S. 120 und Abb. 113.
[191] Horaz, bzw. Quintus Horatius Flaccus, (65 – 8 v. Chr.)
[192] Horaz, Satirae II, 1, 58.
[193] Chapeaurouge 1984, S. 50 f.
[194] Ebenda, S. 50 f.
[195] Ebenda, S. 50 f.
[196] Die Bibel 1980, Einheitsübersetzung, Exodus 3, 5, S. 56.
[197] Lurker 1958, S. 131.
[198] Die Bibel 1980, Einheitsübersetzung, Genesis 3, 7, S. 7.

waren nackt, aber sie schämten sich nicht voreinander"[199]. „Die durch den Sündenfall verlorengegangene Reinheit der Menschen, die durch die schamlos empfundene Nacktheit repräsentiert war, wird wiedererlangt durch den Tod, der dem Gläubigen als einem „renatus" (Wiedergeborenen: Joh. 3, 3) ein neues Leben beschert (Brief an die Römer 6, 4)"[200].

Die v.a. im Mittelalter weitverbreitete Vorstellung, der Tod hätte die Gestalt eines Schnitters bzw. Sensenmannes, geht auf das Buch Ijob zurück, wo es u.a. heißt: „Bei voller Kraft steigst du ins Grab, wie man Garben einbringt zu ihrer Zeit"[201]. Im Gegensatz zu den Künstlern der Antike lag den Christen des Mittelalters die Personifizierung des Todes als schöner Jüngling, der die Fackel löscht, fern. Der Tod galt als Sold der Sünde[202], als Rächer für Vergehen, schrecklich und Ehrfurcht einflößend[203]. Im sog. Uta – Evangeliar aus dem Jahre 1002 findet sich eine der ältesten christlichen Personifizierungen des Todes: „Der Tod wird als Mann mit zugebundenem Mund, zerbrochenen Waffen, Sichel, Speer und mit einer Schulterwunde gezeigt"[204]. Darstellungen des Todes als Skelett finden sich wohl erst seit dem 13. Jh.[205]. Diese Schreckensbilder besitzen allerdings ebenfalls ein antikes Vorbild. So hat man z.B. in etruskischer Zeit die Geister der „bösen" Verstorbenen, die sog. Larvae, als Skelette dargestellt[206]. In der Zeit der Renaissance wurden mittelalterlich geprägte Todesdarstellungen eher als unästhetisch empfunden[207], im Barock hingegen, wurde die Darstellung des skelettierten Sensenmannes wieder aufgenommen.

Gotthold Ephraim Lessing schreibt aus diesem Grund in seiner 1769 erschienenen Abhandlung „Wie die Alten den Tod gebildet": „Tot sein hat nichts Schreckliches; und insofern Sterben nichts als der Schritt zum Totsein ist, kann auch das Sterben nichts Schreckliches haben"[208]. An anderer Stelle führt Lessing diesen Gedanken weiter aus: „Von dieser Seite wäre es also vermutlich unsere Religion, welche das alte heitere Bild des Todes aus den Grenzen der Kunst verdrungen hätte! Da jedoch eben dieselbe Religion uns nicht jene schreckliche Wahrheit zu unserer Verzweiflung offenbaren wollen; da auch sie uns versichert, dass der Tod der Frommen nicht anders als sanft und erquickend sein könne: so sehe ich nicht, was unsere Künstler abhalten sollte, das scheußliche Gerippe wiederum aufzugeben und sich wiederum in den Besitz jenes besseren Bildes zu setzen. Die Schrift redet selbst von einem Engel des Todes; und welcher Künstler sollte nicht lieber einen Engel als ein Gerippe bilden wollen?"[209].

Jenes Traktat fand bei Philosophen, Theologen, Dichtern und bildenden Künstlern am Ende des 18. Jahrhunderts begeisterte Aufnahme. Goethe urteilte in Dichtung und Wahrheit „Am meisten entzückte uns die Schönheit jenes Gedankens, daß die Alten den Tod als den Bruder des Schlafs anerkannten"[210]. Das es in jener Zeit auch

---

[199] Ebenda, Genesis 2, 5, S. 7.
[200] Chapeaurouge 1984, S. 102.
[201] Die Bibel 1980, Einheitsübersetzung, Buch Ijob 5, 26, S. 587.
[202] Lurker 1958, S. 126.
[203] Didron 1965, Bd. II, S. 156.
[204] Lurker 1958, S. 126, bzw. LCI ²1994, Bd. 4, Sp. 327 f.
[205] Helm 1928, S.1 u. 18.
[206] Didron 1965, Bd. II, S. 156.
[207] Hable 1989, S. 121 bzw. Hartmann 1969, S. 27.
[208] Lessing 1769, (Reclam- Ausgabe) 1984, S. 48.
[209] Ebenda, S. 65.
[210] Goethe ²1968, Dichtung und Wahrheit, Buch 8, S. 337.

eine christliche Interpretation für die Figur gab, lässt sich bei Johann G. Herder nachvollziehen: „Wenn also irgendwohin, so gehört der Engel des Schlafes mit der gesenkten Fackel vor die Grabmäler der Christen, da der Stifter ihrer Religion es zu einem Hauptzweck seiner Sendung machte, den Tod in einen Schlaf zu verwandeln"[211]. Herder beschrieb den Tod als sanftes Hinübergleiten, denn der Todeskampf sei nicht der Tod selbst, sondern Krankheit: „Kein Schreckgespenst also ist unser letzter Freund, sondern ein Endiger des Lebens, der schöne Jüngling, der die Fackel auslöscht und dem wogenden Meer Ruhe gebietet"[212]. Dieser Anregung wurde in der Sepulkralkunst des Klassizismus entsprochen und so fehlt auf kaum einem europäischen Friedhof aus der Zeit um 1800 bis 1840 der fackellöschende Jüngling.

Als Beispiel sei das Grabmal der Familie Batz auf dem Golzheimer Friedhof in Düsseldorf angeführt. Diese klassizistisch geprägte Grabstele aus Muschelkalk entstand nach 1831, dem Todesjahr des Johann C. F. Batz. Geschaffen hat es der Bildhauer Carl Joseph Lode, der zu den beliebtesten Düsseldorfer Grabbildhauern seiner Zeit gehörte[213]. Interessant ist natürlich auch der Vergleich der beiden Grabmäler, die sich, was Aufbau und Ornamentik betreffen, gleichen. Das belegt, dass in der Grabmalskunst schon damals vieles aus entsprechenden Vorlagen bzw. Stichwerken übernommen wurde. Lediglich an der Art der bildhauerischen Umsetzung des unbekleideten, geflügelten Jünglings, der vor einer mit einem Leichentuch verhangenen Urne kniet und mit der rechten Hand die Fackel löscht, werden die Unterschiede deutlich.

Trauerweide

Baumdarstellungen können u.a. auch Trauer zum Ausdruck bringen, wie dies z.B. in Form dreier Trauerweiden am Grabmal von Anna Catharina Fauth (Nr. 28) nachzuvollziehen ist. Dieser Baum, der seine Zweige „hängen" lässt, vergleichbar einem Menschen, der in fassungsloser Trauer und Erschrecken die Arme hängen lässt, drückt den Seelenzustand der Hinterbliebenen, im Vergleich zu anderen Bäumen, wohl am geeignetsten aus[214].

Laubbaumdarstellungen auf Grabmälern oder auch auf den Gräbern selbst sind, des sich jährlich erneuernden Blattkleides wegen, aber auch ein Symbol der den Tod stets aufs neue besiegenden Wiedergeburt des Lebens. Die immergrünen Nadelbäume sind dagegen ein Sinnbild der Unsterblichkeit[215]. Der Name der Weide bzw. wida, der schon in vorgeschichtlicher Zeit Verehrung fand, geht auf eine indogermanische Wurzel mit der Bedeutung „biegsam" zurück, womit die Zweige gemeint sind. Im antiken Griechenland maßen die Menschen diesem Baum eine doppelte Bedeutung zu. So symbolisierte die Weide nicht nur den Tod, sondern auch entstehendes Leben. Danach soll sie sogar schon – als Verkörperung des Lebensflusses – über die Geburt der hellenistischen Göttereltern, nämlich Zeus und Hera, gewacht haben. Außerdem war sie das Symbol Demeters, der Göttin des Ackerbaus und der

---

[211] Herder 1877-1913, Bd. XV, S. 481.
[212] Ebenda, S. 481.
[213] Zacher 1982, S. 120.
[214] Der Kirchenvater Ambrosius, der mit exegetischer Phantasie auch in der Natur einen Kommentar zur Offenbarung Gottes las, sah in der biegsamen Weide auch einen Hinweis auf die Bande Christi (vgl. Demandt 2002, S.39).
[215] Ebenda, S. 93.

Fruchtbarkeit. Im antiken Rom gab es sogar eine Schutzgöttin Namens „Pales", die sich besonders des Weidenbaumes annahm[216]. Dass die Weide auch mit dem Tod in Verbindung gebracht wurde, lässt sich ebenfalls schon in der antiken Vorstellungswelt belegen. So soll Desdemona vor ihrem Tod im Traum ein Weidenbaum erschienen sein. Der Zauberin Medea sagte man nach, sie hätte in Kolchis[217] dunkle Weiden gepflanzt, in deren Ästen die Verstorbenen - in Tierhäuten eingenäht - hingen. Diese Düsternis, die man mit dem Weidenbaum in Verbindung brachte, lässt sich auch in anderen Kulturen und bei unseren germanischen Vorfahren nachvollziehen[218].

Diese doppeldeutige Symbolik der Weide wird im Übrigen auch dadurch deutlich, dass ihr, neben ihrem lebensbejahenden Charakter schon in der Antike Unfruchtbarkeit nachgesagt wurde. „Diese zwiespältige Betrachtungsweise ist allerdings auf einen Irrtum der alten Griechen zurückzuführen: Ihren botanischen Beobachtungen zufolge warfen Weiden ihre Blüten vor dem Fruchtansatz ab, pflanzten sich also nicht durch Früchte fort, sondern durch Stecklinge. Tatsächlich aber unterschied man damals die Blüten noch nicht von den nur wenig größeren Früchten"[219]. Deshalb wurde sie auch zum Symbol der jungfräulichen Göttin Kore, die übrigens als Persephone mit dem Totenreich in Verbindung stand[220]. Das Mittelalter übernahm den Baum als Symbol der Keuschheit, aber, seiner angeblichen Unfruchtbarkeit wegen, auch als ein Zeichen des Todes[221].

Urne

Die meist aus Metall oder Ton gefertigten Gefäße zur Aufnahme des Leichenbrandes waren schon in vorgeschichtlicher Zeit nachweislich in Gebrauch. In der Sepulkralkultur der Griechen, Etrusker und Römer spielen sie ebenfalls eine bedeutende Rolle[222]. Die Urne ist mit dem Prinzip des Weiblichen und der Fruchtbarkeit verbunden[223], weil das Kernsymbol des Weiblichen generell ein Gefäß oder einen Schoß (bergend bzw. gebärend) darstellt, wobei der „Schoß der Erde" zur Unterwelt führt[224]. In der frühchristlichen Katakombenkunst ist im Gefäß das Wasser des Lebens erhalten[225].

In seinem Brief an die Römer bezeichnet Paulus die Menschen als Gefäße: „ Wer bist du denn, dass du als Mensch mit Gott rechten willst? Sagt etwa das Werk zu dem, der es geschaffen hat: Warum hast du mich so gemacht? Ist nicht vielmehr der Töpfer Herr über den Ton? Kann er nicht aus derselben Masse ein Gefäß herstellen, für Reines, ein anderes für Unreines? Gott, der seinen Zorn zeigen und seine Macht erweisen wollte, hat die Gefäße des Zorns, die zur Vernichtung bestimmt sind, mit großer Langmut ertragen; und um an den Gefäßen des Erbarmens, die er zur Herrlichkeit vorherbestimmt hat, den Reichtum seiner Herrlichkeit zu erweisen, hat er uns

---

[216] Laudert ^{5}2003, S. 208 ff.
[217] In der griechischen Sage das Ziel der Argonauten.
[218] Ebenda, S. 208.
[219] Ebenda, S. 208.
[220] Lurker ^{5}1991, S. 818.
[221] Ebenda, S. 818.
[222] Panofsky ^{2}1993, S. 31 ff.
[223] Chevalier/Gheerbrant, ^{2}1973, Bd. IV; S. 352.
[224] Hable 1989, S. 124 bzw. Lurker 1958, S. 117.
[225] Heinz- Mohr ^{5}1979, S. 115.

berufen, nicht allein aus den Juden, sondern auch aus den Heiden..."[226]. „Das Gefäß repräsentiert also im allgemeinen den Menschen, das Werk Gottes, und speziell seinen Leib, die zerbrechliche Hülle seiner Seele"[227]. Die Darstellungen von Urnen an christlichen Grabmalen entsprechen diesem Symbolgehalt.

Gotthold Ephraim Lessing verweist auf die Urne bzw. den „Aschenkrug" als ein Attribut des Todes[228]. Er versteht darunter aber nicht nur „den eigentlichen Aschenkrug, das ossuarium[229] oder cinerarium[230] oder wie das Gefäß sonst hieß, in welchem die Überreste der verbrannten Körper aufbewahret wurden...Ich begreife darunter auch die λςγϊδδ, die Flaschen jeder Art, die man den toten Körpern, die ganz zur Erde bestattet wurden, beizusetzen pflegte, ohne mich darüber einzulassen, was in diesen Flaschen enthalten gewesen"[231]. Die Lekythos waren sowohl kugelige als auch langgestreckte Ölfläschchen mit ganz engem Hals, scheibenförmigem Mündungsrand und abgesetztem Fuß, mit und ohne Henkel. Die sog. weißgrundigen Lekythoi, die aus rotem Ton geformt und mit einem weißen Überzug versehen wurden, waren v.a. in der Zeit des 5. Jh. V. Chr. mit zarten Farben bemalt. Hohe Lekythen dienten seit dem späten 5. Jh. V. Chr. auch als Grabdenkmäler[232].

Das Grabmal von Gerhard Jacob Fues (Nr. 32) zeigt, das in der Grabkunst des 19. Jahrhunderts längst der von Piranesi erwähnte Grabaltar auf dem christlichen Friedhof Einzug gehalten hatte. Zumeist - und wie auch auf unserem Friedhof geschehen – in Verbindung mit einer Urne oder Vase, eine Aufstellung, die aber auf einem Missverständnis beruht. Man hatte nämlich antike Grabaltäre in zeitgenössischen Sammlungen vor Augen, die in der Tat Urnen und andere kleine Funde trugen. Der Fuß der hier auf das Grabmal aufgesetzten Urne wird von Eichenlaubblättern umkränzt. Sowohl in der Antike als auch im Mittelalter galt – wie schon erwähnt - das Holz der Eiche als Unverweslich, weshalb das Eichenlaub zu einem Sinnbild der Unsterblichkeit wurde. Diese vollplastischen Aufsätze wurden allerdings nicht in ihrer ursprünglichen Funktion als Behältnis für den Leichenbrand genutzt, sondern als ein bloßes Antikenzitat bzw. als ein Vergänglichkeitssymbol.

Obwohl die Kremation erst ab 1870 in Deutschland möglich war und die Errichtung solcher Anlagen in Preußen erst mit dem Feuerbestattungsgesetz von 1911 möglich wurde – das erste Kölner Krematorium konnte sogar erst im Jahre 1937 eröffnet werden -, avancierte die Urne zum beliebtesten Grabschmuck jener Zeit[233]. Ein über die Urne geworfener Schleier, oder ein Tuch, so wie dies auf dem Grabmal Nr. 34 dargestellt ist, hüllt sie in die Trauer der Hinterbliebenen.

---

[226] Die Bibel 1980, Einheitsübersetzung, Römerbrief 9, 20-24, S. 1272 f.
[227] Heinz- Mohr [5]1979, S. 115.
[228] Lessing 1769, (Reclam- Ausgabe) 1984, S. 36.
[229] Ossuarium, osseus (knöchern), bzw. ossal, die Knochen betreffend.
[230] Cinerarium, bzw. cinis, was Asche bzw. Totenasche bedeutet.
[231] Lessing 1769, (Reclam- Ausgabe) 1984, S. 38.
[232] Lamer [9]1989, S. 419.
[233] Wagner 1995, S. 43 f.

Signaturen auf den Grabmälern T 12

A   "J. Breuer in Cöln"
    am Grabmal E. Poensgen (Nr. 13),
    um 1857.

B   "J. Hansmann in Cöln"
    am Grabmal T. Steinkauler (Nr. 7),
    um 1845/46.

C   "MANNEBACH IN CÖLN"
    am Grabmal J. W. Zanders (Nr. 10),
    um 1831.

D   "MEINARDUS IN D. DORF"
    am Grabmal H. J. Maurenbrecher (Nr. 31),
    um 1856.

E   "S. Neffgen. Mülh. a. R."
    am Grabmal W. Fues (Nr. 14),
    um 1865.

5.5 Über die Hersteller und das Zurichten der Grabsteine (T 12 – 21)

Auf dem alten ev. Friedhof an der Gnadenkirche haben sich zumindest 5 Steinmetze bzw. Steinbildhauer durch ihre Signatur an den Grabmälern gewissermaßen auch ein Denkmal gesetzt. Es sei deshalb hiermit der Versuch unternommen, diese wohl auf die Herstellung von Grabmälern spezialisierten Handwerker, oder besser Künstler, kurz vorzustellen. Da sich dies aber in Ermangelung entsprechender Autobiografien nur schwerlich darstellen lässt, sei wenigstens über einige Beispiele des handwerklich bzw. künstlerischen Schaffens, das sich zumindest im Raum Köln noch ansatzweise nachvollziehen lässt, ein kurzer Einblick gegeben.

Die Namensangabe am Werk, im Besonderen an Grabdenkmälern, war im Übrigen nicht immer üblich. So trägt z.B. keines der gut 100 – 200 Jahre älteren Grabzeichen auf dem alten Refrather Friedhof neben der sog. Taufkirche den Namen seines Herstellers. Das hat damit zutun, dass sich die Steinmetze des ausklingenden Mittelalters bzw. der Barockzeit auch nicht als Künstler verstanden, die ihre Werke und damit ihren Anspruch auf die Urheberschaft zum Ausdruck bringen wollten, sondern als Handwerker.

Waren es in früheren Zeiten lediglich Steinmetze die aus dem in der Regel aus heimischen Steinsorten zur Verfügung stehenden Material das passende Grabkreuz formten und die entsprechende Betextung auftrugen, sah dies um die Wende vom 18. zum 19. Jahrhundert längst anders aus. Die mittlerweile handwerklich organisierten Grabmalwerkstätten bestanden nämlich nun nicht mehr nur aus den Steinmetzen und Steinbildhauern, sondern auch aus dem auf die Herstellung von Grabmälern spezialisierten Bildhauer.

Die Ansprüche der Kunden waren, sofern die notwendigen Mittel vorhanden waren, im Laufe der Zeit durch die verschiedensten Einflüsse längst anspruchsvoller geworden, so dass die mittlerweile als notwendig erachteten Bildwerke an den Grabmälern, also Ornamente und Plastiken, häufig nicht mehr dem traditionellen Leistungsbild der Steinmetze entsprach. Die Tendenz des Großbürgertums, besonders großangelegte und aufwendige Grabanlagen zu errichten, erforderte zunehmend auch die Mitarbeit der Architekten, die nicht nur grabstättengestaltend zunehmend an Einfluss gewannen, sondern, die vergleichbar ihrer profanen Aufträge, das gesamte Management, von der Planung bis zur Errichtung der Grabanlagen, abzuwickeln hatten.

Hierbei galt es auch speziell für das Grabmalgewerbe durchaus neue Gewerke entsprechend einzubinden, wie z.B. die Bronzegießer oder Eisenschlosser. Letztere waren vor allem deshalb notwendig, weil es inzwischen üblich geworden war, gusseiserne, gitterförmige Einfriedungen um die Grabanlagen zu legen. Nicht zu vergessen die Maler, die mittlerweile an Kunstakademien ausgebildet, sich nicht nur um die Farbfassung der Steinwerke kümmerten, sondern schon in der Phase der Entwurfskonzeption zum Teil erheblichen Einfluss nahmen. Das heißt, die künstlerische Ausrichtung der Grabdenkmale wurde nicht nur in den großbürgerlichen Kreisen entwickelt, sondern zum Teil auch von den Kunstakademien in Düsseldorf oder in Berlin in gewisser Weise mitbestimmt. Dazu kommt, dass in Köln wegen des Domweiterbaues ein Zentrum der Neugotik entstanden war, welches weit in das

Jacob Breuer
Arbeiten auf dem "alten Deutzer Friedhof" und dem "alten Kalker Friedhof"

T 13

A Grabmal Familie Knopp, um 1876/77, alter Deutzer Friedhof.

B

C Krieger-ehrenmal auf dem alten Kalker Friedhof, um 1875.

Detail, Krieger-ehrenmal

D Signatur "Breuer" am Krieger-ehrenmal

Umland ausstrahlte, wie dies z.B. auch am Grabmal für Emma Pauly (Nr. 33) gut nachvollzogen werden kann.

Wenn wir uns das Leben jener fünf Steinmetze bzw. Steinbildhauer vor Augen führen wollen, die auf dem Friedhof über ihre Signaturen zu erschließen sind, wird dies aber vor allem deshalb schwierig, weil bei vielen künstlerisch Tätigen des 18. bzw. 19. Jahrhunderts, weder über ihre Jugend, noch über ihre Ausbildung und insbesondere über ihren Entschluss, einen künstlerisch geprägten Beruf ergreifen zu wollen, wenig bzw. nichts bekannt ist.

In der Regel gehörten sie keiner bedeutenden Künstlerfamilie an, die hätte, des Talentes oder der gewünschten Berufsrichtung wegen entsprechende Hilfestellungen, in Form einer Schul- oder gar Akademieausbildung, geben können. Wenn überhaupt, dann äußerte sich der familiengeschichtliche Hintergrund dadurch, dass der Sohn vom Vater eine entsprechende Ausbildung erhielt, weil es eventuell eine Familientradition gab, in diesem Gewerbe sein Brot zu verdienen. Häufig stammten solche Steinmetz- oder Bildhauerkarrieren aus kleinbürgerlichen Familien, die sich durch nichts besonderes auszeichneten. Deshalb ist es auch äußerst schwierig, eine Biografie nachzeichnen zu wollen, die letztlich einer Arbeiterbiografie entspricht. Diese Geschichtslosigkeit teilten nämlich die Handwerker des 18. und 19. Jahrhunderts mit den Arbeitern, weil sie gesellschaftspolitisch betrachtet, im Grunde ebenfalls nichts bzw. nur wenig mehr galten, als die Tagelöhner bzw. Arbeiter jener Zeit.

Jacob Breuer

Wie bei allen hier thematisierten Steinmetzmeistern bzw. Steinbildhauern ist auch über das Leben von Jacob Breuer, nichts bekannt. Vermutlich wurde er in Köln geboren, besuchte die sog. Elementarschule und machte, wahrscheinlich 14 – jährig, in einer Werkstatt eines Holz- oder Steinbildhauers oder gar an der Dombauhütte zu Köln eine Lehre. Wann er den Absprung in die Selbständigkeit wagte, oder mit welchen profanen oder sepulkralen Themenstellungen er sich in seiner Zeit als Jungunternehmer beschäftigte, ist ebenso nicht überliefert. Wir wissen aber, dass Jacob Breuer zu jenen Bildhauern gehörte, die v.a. in der zweiten Hälfte des 19. Jahrhunderts in Köln tätig waren.

Obwohl wir in Köln lediglich zwei Arbeiten besitzen, die auf ihn zurückzuführen sind, ist Breuer bzw. seine Werkstatt mehrmals zwischen 1855 bis 1880 in Greven´s Adressbüchern verzeichnet[234]. Für diesen Zeitraum lassen sich allein sechs Atelieradressen nachweisen[235]. Ab dem Jahre 1882 firmiert er unter „Breuer J. & Cie., Bildhauerei, Marmor- und Steinmetzgeschäft" in Unter Sachsenhausen Nr. 23 und ab dem Jahre 1885 in der Aachenerstrasse Nr. 26[236].

Auf dem alten Friedhof an der Gnadenkirche in Bergisch Gladbach findet man seine Signatur „J. Breuer in Cöln" (T12/A) auf dem Sockel des säulenförmigen Grabmales von Aurelie Poensgen (Nr. 13). Eine der beiden in Köln befindlichen Bildhauerarbeiten

---

[234] Abt 1986, S. 9.
[235] Ortmannsgasse 1(1855), Kupfergasse 1A (1864), Ehrenstrasse 30 (1869), Ehrenstrasse 27 (1870), Laach 3B (1873) und Berlich 16 (1880), vgl. Abt 1986, S. 9.
[236] Abt 1986, S. 9.

Johann Hansmann
Arbeiten auf Melaten

T 14

A Grabmal Schier, um 1824, Melaten

B Grabmal Lohr/Röthgen, um 1825, Melaten

C Grabmal Hahn/Hagen, um 1850, Melaten

D Grabmal Arnolds, um 1867, Melaten

E Grabmal Merrem, um 1851, Melaten

F Grabmal Schläger/Reitz, um 1860, Melaten

lässt sich auf dem alten Friedhof in Deutz[237] nachweisen. Es handelt sich hierbei um ein dreiteiliges Grabdenkmal für die Familie Knopp, entstanden um 1876/77 (T13/A). Ein Sarkophag wird beidseitig von liegenden Platten mit aufgelegten Kreuzen flankiert. Der monumentale Steinsarg ist im Übrigem ganz im Stil der Renaissance mit palmenverzierten Medaillons, über Eck geführten Festons und Eckakroterien geschmückt. Eine Inschriftenplatte bedeckt den Sarkophag, die neben der Betextung vor allem durch ein mit Vierpassenden verziertes Kreuz geschmückt ist. Während das Kreuzungsfeld von einem sog. Tondo bereichert wird, sind unterhalb der Kreuzarme und am Stammende des Kreuzes Kranzmotive angearbeitet. Die Platte zeigt außerdem an ihren Ecken nicht nur nach innen gerundete Profilierungen, sondern auch jeweils Mohnkapselmotive, Attribute von Hypnos und Thanatos, ein Sinnbild des Schlafes und des Todes. Die Signatur „J. Breuer, Cöln" ist auf der linken Seite der Grabeinfassung zu finden.

Seine Signatur liest man auch auf dem Sockel des Kriegerehrenmal der Jahre 1864[238], 1866[239], 1870/71[240] auf dem alten Kalker Friedhof[241] an der Kapellenstrasse (T13/B - D). Es handelt sich um eine mächtige ca. 6 m. hohe Stele, die Breuer um 1875 geschaffen haben dürfte. Ein dreistufiger und quadratisch angelegter Unterbau bildet die Basis dieses Monuments. Über einem massiven, fein profilierten Sockel, der am oberen Ende mit einem aufwendigen Gesims geschmückt ist, erhebt sich ein von Säulen getragener Baldachin. Dieser dachartige Aufbau schützte und hob gleichzeitig auch jene Inschriftenplatten hervor, die auf dem heute noch vorhandenen cellaartigen Unterbau aufmontiert waren. Über dem Baldachin steht ein sich nach oben hin leicht verjüngender Steinpfeiler, der mit einem bekrönenden Helm geschmückt ist. Sämtliche Inschriften bzw. ehemals aufgeschraubten Schrifttafeln, die das Denkmal als Kriegerehrenmal ausweisen könnten, sind mittlerweile entfernt bzw. abgespitzt worden. Lediglich entsprechende Attribute, wie Sturmgepäck, Harnisch oder Fahnenzier innerhalb des übrigen bildhauerischen Schmuckwerkes geben einen letzten Hinweis auf die ehemalige Bedeutung dieser eindrucksvollen Stele.

Johann Hansmann

Johann Hansmann, ebenfalls ein Grabbildhauer der ersten Hälfte des 19. Jahrhunderts ist in Köln geboren und gemäß den Kölner Adressbüchern ab dem Jahre 1835 bis 1860 in Köln nachweisbar[242]. Danach führte wohl seine Frau, zusammen mit dem Sohn Otto Hansmann, den Steinmetzbetrieb entsprechend den Adressbucheintragungen zumindest bis 1865 weiter. Da sie als Witwe von J. Hansmann aufgeführt ist, dürfte er um 1860 in Köln verstorben sein.

---

[237] Der alte Deutzer Friedhof wurde im Jahre 1822 als kommunaler Friedhof eröffnet und nach zweimaligen Erweiterungen 100 Jahre später wieder geschlossen. Die sich heute als Parkanlage gegenüber dem Deutz- Kalker- Bad bzw. der Fachhochschule präsentierende Grünfläche erfuhr ihre Umwidmung im Zuge der im Jahre 1956/57 durchgeführten Bundesgartenschau (vgl. u.a. Schleicher 1995, S. 61, bzw. Leitner 2003, S. 228 f.).
[238] 1863/64, Krieg Österreichs und Preußens gegen Dänemark.
[239] 1866, Krieg Preußens gegen Österreich und seine Bundesgenossen.
[240] 1870/71, Deutsch- Französischer Krieg.
[241] Der alte Kalker Friedhof wurde im Jahre 1857 eröffnet und schon 1904 wieder geschlossen, nachdem man einen neuen kommunalen Friedhof am Kratzweg (Merheim) eingerichtet hatte, der noch heute für Bestattungen zur Verfügung steht (freundl. Hinweis von Frau Dr. Scholz / Stadtkonservator der Stadt Köln.
[242] Abt 1986, S. 29.

Johann Hansmann

Arbeiten in Deutz und Mülheim

T 15

A

Grabmal Pressler, um 1830, Ev. Friedhof Mülheim

B

Grabmal van Hees, um 1843, Ev. Friedhof Mülheim

C

Grabmal Oppenheim, um 1842, Israelitischer Friedhof Deutz

Sein Atelier lag in der Antoniterstrasse 16 (12A)[243]. Vermutlich hatte Otto Hansmann schon ein paar Jahre zuvor dem väterlichen „Bildhauer – Atelier" vorgestanden[244].

Seine Signatur (T12/B) finden wir auf dem alten Friedhof an der Gnadenkirche an der Grabplatte des Theodor Steinkauler (Nr. 7). Diese mit einem Oberflächenrelief in Form eines Familienwappens verzierte und wohl die ganze Grabstelle bedeckende Sandsteinplatte dürfte Hansmann um 1845/46 gefertigt haben. Während sich auf diesem Friedhof nur ein Monument von ihm nachweisen lässt, finden sich auf dem Friedhof Melaten in Köln noch 10 von Hansmann signierte Grabmäler. Das früheste Beispiel, ist eine im klassizistischen Duktus gefertigte Stele für Christian Samuel Schier (1790 – 1824) (T14/A). Der Verstorbene war nicht nur von 1814 – 1815 Leutnant des Preußischen 16. Infanterieregiments aus Erfurt, sondern auch ein musisch begabter Mensch, was die Leier, die Hansmann als bekrönenden Abschluss auf das Grabmal gesetzt hat, ausdrücken soll[245]. Schier war nämlich nicht nur ab dem Jahre 1821 in Köln als Schriftsteller tätig, sondern auch mit dem Beinamen „Erster Hofpoet des Kölner Karnevals" entsprechend aktiv gewesen[246].

Das Grabmal für das Ehepaar Lohr, welches heute von der Familie Röthgen genutzt wird, dürfte um 1825 entstanden sein (T14/B). Es handelt sich ebenfalls um eine in klassizistischer Formensprache gefertigte aufgesockelte Stele, die von einer schlanken hohen Urne mit zwei vertikal an der Schulter ansetzenden Henkeln bekrönt wird[247].

Eine Kreuzstele schuf Hansmann um 1850 für Hahn/Hagen (T14/C). Das im neugotischen Stil errichtete Grabmal zeigt Christus als den Auferstandenen unter einer baldachinartigen Architektur. Dieser den Menschen entgegenschreitend und im Segensgestus Auferstehungsgewissheit zusagend, ist ganz im Stile Thorvaldsens[248] konzipiert, allerdings schon sehr verwittert. Das auf einem kräftigen Sockel aufgesetzte Grabmalmotiv wird von einem viereckigen neugotischen Aufsatz bekrönt, der das Kreuz trägt.

---

[243] Ebenda, S. 29.
[244] Merlo 1895, Sp.325.
[245] Die Leier steht in der Mythologie und abendländischen Kulturgeschichte in Zusammenhang mit Musik und Dichtung. Die Leier hat zunächst etwas mit Apollo zutun, der ein solches Instrument mit sich führte. Die sieben Seiten dieses Musikinstrumentes wurden als Anklang an die sieben Planeten und ihre Sphärenmusik betrachtet. Danach galt die Leier Apollos als ein Symbol göttlicher Magie aber auch als ein Sinnbild der Verbindung zwischen Himmel und Erde.
Im konkreten Falle steht die Leier allerdings für die Musik, mit der Orpheus Eurydike aus der Unterwelt zu befreien versuchte. Diese griechische Sage ist eine der schönsten Beispiele über die Faszination und das Ausmaß dessen, was Musik zu bewegen vermag. Es handelt sich um die Geschichte von Orpheus, der so schön sang und auf der Leier spielte, das selbst Bäume und Steine kamen, um ihn zu hören. Diese Macht der Musik war so groß, dass sie wohl Grenzen zu überwinden vermochte. Selbst die Götter der Unterwelt konnten sich dem Zauber seiner Kunst nicht entziehen und gestatteten ihm, seine verstorbene Gattin Eurydike aus dem Reich der Toten zu holen. Bekanntermaßen scheiterte er, weil er sich zu früh nach ihr, der Geliebten, umdrehte, aber sein Schicksal bewegt die Generationen bis heute. Orpheus Ruhm dauert nach wie vor an und seine Leier ziert bis heute als Sternbild Lyra den nächtlichen Himmel (vgl. u.a. Lurker 1991, S. 542 f.).
In diesem Sinne muss die Leier auf der Grabstele des Christian Samuel Schier interpretiert werden, nämlich als ein Sinnbild für jene, die wie er in der Harmonie und in der Gemeinsamkeit und Verbundenheit mit der Musik gelebt und gewirkt haben.
[246] Vgl. Vogts 1937, S. 82, Sp. 31, Nr. 61, bzw. Abt/Beines 1997, S. 215.
[247] Vogts 1937, S. 84, Sp. 35, Nr. 77, bzw. Abt/Beines 1997, S. 239.
[248] Thorvaldsen Bebel (1768 – 1844), dänischer Bildhauer und einer der bedeutendsten Klassizisten der Bildhauerkunst des 18. bzw. 19. Jahrhunderts.

Ebenfalls eine Kreuzstele fertigte Hansmann um 1867 für das Familiengrab Arnolds (T14/D). Die mit einer gusseisernen Einfriedung gefasste Grabstätte wird von einer aufgesockelten, wiederum im klassizistischen Stil durchgearbeitete Stele geprägt, die an den vier Ecken durch auszulöschende Fackeln gefasst wird. Auf der schon stark verwitterten Vorderseite lässt sich gerade noch ein Thanatos – Motiv ablesen. Die sich nach oben hin verjüngende Stele wird von einem kräftigen Kreuzaufsatz bekrönt.

Während die Grabmäler für Theresia Ditges (gest 1841)[249], Merrem/Wesendonck (gest. 1851)[250] (T14/E), Anna Luise Ingenohl (1771 – 1852)[251] bzw. für Christina Bemberg (gest. 1853)[252] sich als relativ bescheidene Grabstelen auszeichnen, vermittelt der Zippus mit einem aufgesetzten Obelisken für die Familie Schläger/Reitz[253], handwerklich bzw. künstlerisches Können par Excellenze (T14/F). Das Grabmal, welches um 1860 entstanden sein dürfte, erhebt sich über einem quadratischen Grundriss. Der hohe Sockelquader schließt mit einem breiten schlichten Profilband ab. Dem Schaft sind unterschiedlich geformte und aus weißem Marmor gefertigte Inschriftenplatten aufgelegt. Die Abdeckplatte, welche durch ein Eierstabmotiv vom Schaft abgesetzt ist, trägt ein Kreuzdach mit Eckakroterien in Form menschlicher Gesichter. Darüber erhebt sich ein Obelisk, der vorderseitig von einem hervorragend gestalteten Thanatosmotiv geschmückt wird.

Hansmann ist zumindest mit einem Grabmonument auch auf dem israelitischen Friedhof in Deutz[254] nachzuweisen. Es handelt sich um eine mächtige klassizistische Stele, die an Therese Oppenheim (gest. 1842) erinnern soll (T15/C). Das frisch restaurierte mächtige Grabmal, welches inmitten der mit einem schmiedeeisernen Gitter eingefassten Familiengrablege der Familie Salomon Oppenheim steht, wird von einem eindrucksvoll gestalteten und vergoldeten Giebelakroter bekrönt.

Auf dem ehemaligen Kirchhof bei dem sog. „Krieler Dömchen" in Köln- Lindenthal[255] findet sich das Grabmal für die Familie Ploog. Es handelt sich lediglich noch um den mächtigen Sockel einer ehemaligen Kreuzstele, die Hansmann in gotischer Formensprache um 1849 geschaffen haben dürfte. Zwei weitere Grabmäler lassen sich aufgrund ihrer Signaturen auf dem rechtsrheinischen evangelischen Friedhof von Köln- Mülheim[256] lokalisieren. Dort wurde Hansmann wohl um 1830 verpflichtet, für die

---

[249] Vogts 1937, S.114, Sp.96, Nr. 679.
[250] Ebenda, S. 89, Sp. 45, Nr. 120.
[251] Freundlicher Hinweis von Herrn Abt.
[252] Ebenda.
[253] Ebenda, S. 114, Sp. 95, Nr. 667.
[254] Dieses ca. 18000 m² große Gelände hatte der Kölner Erzbischof im Jahre 1695 den Deutzer Juden, gegen eine jährliche Abgabe, für die Anlage eines Friedhofes überlassen. Seit 1698 bis 1941 wurde auf ihm bestattet. Er beherbergt mehrere tausend Grabstätten mit den unterschiedlichsten Grabmaltypen und ist momentan noch in einem relativ schlechten Zustand (Leitner 2003, S. 226 f.).
[255] An die kath. Kirche St. Stephan, dem sog. „Krieler Dömchen" schließt sich heute, zumindest auf der Südseite noch unmittelbar ein ehemaliger Kirchhof an. Während sich das Gotteshaus über seine Vorgängerbauten bis in Karolingische Zeiten zurückverfolgen lässt, stammen die heute auf dem Kirchhof vorzufindenden Grabmäler überwiegend aus dem 18. und 19. Jahrhundert. Bis zur Eröffnung des Friedhofes an der Decksteiner- Strasse im Jahre 1869 wurde um bzw. neben dem Krieler Dömchen bestattet.
[256] Vermutlich parallel zur Gründung der ev. Kirche in Köln- Mülheim im Jahre 1610 darf die Anlage des ev. Friedhofes angenommen werden. Er liegt an der Bergisch Gladbacher Strasse, Ecke Montanusstrasse. Auf diesem Friedhof, auf dem nach wie vor Bestattungen durchgeführt werden, lassen sich Grabmäler aus der Zeit des 17.– 20. Jahrhunderts nachweisen.

Familie Pressler ein Säulenmonument aus Sandstein zu errichten (T15/A). Während sich die über den gesamten Säulenschaft hinziehende Betextung, aufgrund der starken Verwitterung der Oberfläche, kaum noch entziffern lässt, ist die relativ weit auskragende profilierte runde Abdeckplatte, die von Akroterien in Form gedrückter Spitzbogen bekrönt ist, noch recht gut erhalten[257].

Bei dem zweiten von Hansmann gefertigten Grabmal handelt es sich um eine Kreuzstele, welche an die Familie van Hees gedenken soll und wohl um 1843 geschaffen wurde (T15/B). Diese aufgesockelte und sich nach oben hin verjüngende Stele besitzt auf der Vorderseite eine eingelegte und leicht vertiefte Inschriftenplatte. Über einen relativ aufwendig gestalteten Fries wird zur Abdeckung übergeleitet, die Volutengeschmückt von einem Kreuz bekrönt wird. Ob es immer ein Kreuz war, oder vielleicht eher eine Urne, lässt sich heute nicht mehr nachvollziehen. Diese im Übrigen frisch renovierte Familiengrabstätte wird im Vorfeld noch von vier sog. Kissensteinen, eines davon in Buchform, geziert[258].

Johann Joseph Mannebach

Das älteste klassizistische Grabmal, das uns seinen Hersteller durch eine Signatur verrät, ist die aus Rotsandstein gefertigte Stele, die Johann Joseph Mannebach für den im Jahre 1831 verstorbenen Johann Wilhelm Zanders (Nr. 10) schuf. Der auf allen Seiten reichlich geschmückte und sich nach oben hin verjüngende Schaft ist mit einer kreuzdachförmigen Deckplatte bekrönt. Auf der Inschriftenseite dieses Steines steht in der linken oberen Ecke des Postamentes die Signatur „MANNEBACH IN CÖLN"(T 12/C).

Johann Joseph Mannebach, geboren im Jahre 1765, war der Sohn eines Niedermendinger[259] Steinhauers. Ab dem Jahre 1794 ist er in Köln ansässig, zuvor soll er in Wien tätig gewesen sein[260]. Da sein „Totenzettel"[261] erhalten geblieben ist, lässt sich anhand dieses Erinnerungsstückes nachweisen, dass er im Jahre 1795 Antonia Quadt von der Landskron ehelichte. Diese stammte aus einem alten Wiener Adelsgeschlecht, sodass sich zumindest dadurch sein dortiger Aufenthalt belegen lässt. Mit Antonia, die ihm zwei Kinder gebar, war er 24 Jahre verheiratet. Ob er in Köln gleich eine Grabmalswerkstatt eröffnete, ist unbekannt. Eine Werkstatt besaß er, zumindest nach den Kölner Adressbüchern im Jahre 1822 in der Severinstrasse Nr. 203[262]. Umzüge bzw. Standortverlagerungen sind nicht veröffentlicht, so dass wir davon ausgehen dürfen, dass diese Arbeitsstätte groß genug war, um den Ansprüchen über die Jahre gerecht werden zu können.

---

[257] Schleicher 1988, S. 136, Sp. 27, Nr. 65.
[258] Ebenda, S. 131, Sp. 17, Nr. 25.
[259] Heute Stadtteil von Mendig, einer Stadt im Landkreis Mayen- Koblenz, Rheinl.- Pfalz. Am Rande der Eifel und in unmittelbarer Nachbarschaft zum Lacher See gelegen. Die Stadt zeichnet sich auch heute noch durch eine rege Steinabbau- Industrie (v.a. Basalt) aus.
[260] Hinweis von Joh. Ralf Beines, Köln.
[261] Totenzettel finden bereits im 17. Jahrhundert Erwähnung. Sie wurden, wie auch z.T. heute noch, während oder unmittelbar nach den Beerdigungsriten an die Anwesenden verteilt. Auf ihnen wurde die Bitte ausgesprochen und hier liegt das Besondere und die eigentliche Bedeutung des Totenzettels, für das Seelenheil des Verstorbenen zu beten. Erst in zweiter Linie sollte der Totenzettel als Objekt der Erinnerung an den Verstorbenen dienen.
[262] Abt 1986, S. 44.

Johann Joseph Mannebach
Totenzettel

T 16

Pfarre St. Jacob und Georg.

†

Gebet für die Seelenruhe
des
ehrsamen Steinmetzen und Marmorarbeiters
Johann Joseph Mannebach,
geboren zu Niedermennig,

welcher, seit 38 Jahren hier in Köln wohnhaft, nach einer 24jährigen gesegneten Ehe mit Anna Antonia Quadt von der Landskron, von Wien gebürtig, dann seit 13 Jahren Wittwer, nach den, während einer viertägigen Unpäßlichkeit, empfangenen heil. Sterbesakramenten, am 4. Juli 1832, im 67. Jahre seines Alters, das Zeitliche verließ.

Möge seine Asche dort, wo seines Meißels Werke in mancher Erinnerung an Kölns Verstorbene auch sein Andenken sichern, sanft ruhen, und sein Geist für sein biederes Denken und Handeln sich der auf seine beiden Kinder forterbenden Geneigtheit seiner Mitbürger zu freuen haben, damit er desto seliger
ruhe im Frieden!

M. DuMont-Schauberg'sche Buchdruckerei in Köln.

Quelle:
Historisches Archiv der Stadt Köln
Bestand 1072 M,
"Nachlass Merlo".

Seine ersten heute noch nachweisbaren Arbeiten, die sich hauptsächlich auf dem Kölner Friedhof Melaten[263] finden lassen, stammen v.a. aus dem ersten Viertel des 19. Jahrhunderts. So schuf er z.B. um 1813 eine einfache Steintafel zum Gedenken an den ehemaligen Rektor der Universität zu Köln, J. Matthias Carrich. Die lateinische Betextung des Grabmals geht auf Ferdinand F. Wallraf[264] zurück, der Mannebach und seine Steinmetzarbeiten sehr schätzte und ihn deshalb wohl auch viel zu beschäftigen wusste.

Für den ebenfalls in Köln lebenden Professor Jakob Heister (1780 – 1815) schuf er um 1815 eine klassizistische Stele aus Trachyt (T17/A). Dieses Grabmal ist deshalb von besonderer Bedeutung, weil es Mannebach verstand, mit entsprechenden Symbolen den von Heister gepflegten Naturwissenschaften entsprechend Rechnung zu tragen. Auf der Inschriftenseite des nach oben sich verjüngenden Steines ist als Hauptmotiv ein großer und von Sternen flankierter Zirkel abgebildet, dessen Scharnier als eine sich in den Schwanz beißende Schlange ausgebildet ist, welche ein gleichseitiges Dreieck (das Symbol der Dreifaltigkeit) umschreibt. Von diesem Gelenk gehen zusätzlich pfeilförmige Strahlen aus. Zwischen den Schenkeln dieses Zeichengerätes ist ein von einem Quadrat umschriebener Kreis zu finden, darin sich als Symbole für Hoffnung, Glaube und Treue – Anker, Kreuz und Ring – abgebildet finden. Die Grabsteinbetextung zieht sich über die gesamte aufgesockelte Stele. Am Fuß ist folgende Signatur in den Stein geschlagen: „Ex idea F. Wallraf. – J. J. Mannebach F. Col"[265].

Ebenfalls zusammen mit Wallraf als dem Ideenlieferanten schuf Mannebach die Wandstele für den in Santo Domingo geborenen und in Köln verstorbenen Joseph Claudius Rougement (1756 – 1818). Er war Leibwundarzt des Kurfürsten Max Friedrich und Professor an der kurfürstlichen Akademie in Bonn[266] (T17/B). Eine Stele mit reich ornamentierter Umrahmung fertigte Mannebach um 1819/20 für Maria

---

[263] Der sog. Friedhof „Melaten" ist die älteste zentrale Begräbnisstätte in Köln. Der jetzige Friedhof war in früherer Zeit ein Exil für Aussätzige „Malaten" und wurde im 14. Jahrhundert sogar zum Schauplatz vieler Hinrichtungen und Hexenverbrennungen. Als die Franzosen unter Napoleon Köln besetzten, verboten sie auch bald die Bestattungen in Kirchen und auf den unmittelbar angrenzenden Kirchhöfen. Um der Kölner Bürgerschaft aber das Beerdigungswesen auf dem ehemaligen „Schandacker" halbwegs vorstellbar zu machen, ließ Ferdinand F. Wallraf nach dem Pariser Friedhof „Pére Lachaise" die Kölner Begräbnisstätte „Melaten" anlegen. Der damalige Gartenbauarchitekt Weyhe erarbeitete das entsprechende Grünraumkonzept und so konnte am 29. Juni 1810 die Einweihung durch den Hauptpfarrer an der Domkirche zu Köln Prof. Michael Joseph DuMont erfolgen. Viele der Menschen, die seitdem auf diesem Friedhof bestattet wurden, haben die Stadt Köln durch ihr Leben und Wirken entscheidend mitgeprägt (vgl. u.a. Abt/Beines 1997, S. 16 ff.).

[264] Ferdinand Franz Wallraf (1748 – 1824) wurde in Köln als Sohn eines Schneidermeisters geboren. Er studierte an der Alten Kölner Universität Philosophie, Theologie und Medizin, wurde im Jahre 1772 zum Priester geweiht und lehrte schließlich ab dem Jahre 1784 selbst an der Universität als Professor für Botanik. Von 1793 bis zu seiner Absetzung durch die Franzosen im Jahre 1797 bekleidete er sogar das Amt des Rektors der Universität. In den darauffolgenden Jahren lehrte er Geschichte und Ästhetik an der Ecole Centrale, der Nachfolgeeinrichtung der inzwischen aufgelösten Universität. Neben seinen Lehrveranstaltungen war Wallraf auch als eifriger Sammler von Kunstwerken und Büchern tätig. Als im Jahre 1802 die französische Verwaltung die Verstaatlichung der Kirchen und Klöster im Rheinland verfügte, konnte Wallraf so manches Gemälde und wertvollen Band vor der Zerstörung retten und in seinen Besitz bringen, die er gemäß seines Testamentes aus dem Jahre 1818 seiner Vaterstadt Köln vermachte. Sie bildet auch heute noch den Grundstock des im Jahre 1861 fertiggestellten, ersten Wallraf- Richartz- Museum (vgl. u.a. Dietmar/Jung 1996, S. 130 f.).

[265] Vgl. Vogts 1937, Sp. 12/13, Nr. 16, bzw. Abt/Beines 1997, S. 187. Im Nachlass F. F. Wallraf ist ein ausführlicher Bericht über das Grabdenkmal von Wallraf an den Bruder des Verstorbenen zu finden (vgl. Deeters 1987, S. 84, Nr 8).

[266] Vgl. Vogts 1937, Sp. 19, Nr. 30, bzw. Abt/Beines 1997, S. 213.

Johann Joseph Mannebach

Arbeiten auf Melaten und dem Ehem. Ev. Fiedhof "Geusenfriedhof"

T 17

A
Grabmal Heister, um 1815, Kopie um 1927 von Krippen, Melaten

B
Grabmal Rougement, um 1819/20, Melaten

C
Grabmal Urbach, um 1819, Melaten

D
Grabmal Chaste, um 1826, Geusenfriedhof

E
Grabmal Freifrau von Benekendorff, um 1827, Geusenfriedhof

F
Grabmal Richrath, um 1818, Melaten

Catharina Urbach (1794 – 1819), der all zu früh verstorbenen Ehefrau des Kölner Weinhändlers Caspar Urbach[267] (T17/C). Diese Grabstätte umgibt noch immer das ursprüngliche, schlichte Stabgitterwerk aus Gusseisen. Eine streng klassizistische Auffassung zeigt auch das Grabmal für den im Jahre 1825 verstorbenen Baumeister Silvester Heukeshoven (1747 – 1825). Das Monument stellt einen Obelisk mit einem leider stark beschädigten Relief eines Engels dar. Am Sockel weisen wiederum entsprechende Attribute, nämlich Zirkel und Kapitell, auf den ehemaligen Beruf dieses wohl vielbeschäftigten Mannes hin[268].

Neben Melaten finden wir seine Grabsteine auch auf dem sog. Geusenfriedhof in Weyertal[269]. Dort schuf er um 1826 die Grabstele für den aus Potsdam gebürtigen Abraham Friederich Ferdinand Chasté (1788 – 1826), gewesener Königlich Preußischer Oberpost – Direktor (T17/D). Auf dem Sockel dieses Grabmals ist ein von zwei Pferden gezogener Postwagen zu lokalisieren[270].

Das er den Geschmack der Zeit v.a. wohl des gehobenen Bürgertums und des Adels trefflich umzusetzen verstand, zeigt auch das Grabmal der im Alter von 76 Jahren verstorbenen Charlotte Sofie Luisa Freifrau von Benekendorff, geborene von der Osten (1752 – 1827) (T17/E). Mannebach schuf diese Grabstele um 1827 im Auftrage ihres Ehemannes, dem Oberst Hans Friedrich von Benekendorff, der im Jahre 1848, im Alter von 96 Jahren, in Bonn verstarb und dort auch bestattet wurde[271]. Der aufgesockelte schlichte Quader zeigt auf der Inschriftenseite als Symbol der unentrinnbar dahinfließenden bzw. fliegenden Zeit, eine geflügelte Sanduhr. Auf der Rückseite bzw. sog. Bildseite des Grabmals ist gerade noch ein Ouroboros- Motiv nachvollziehbar. Dem von der Schlange gebildeten Kreis ist ein Dreieck mit dem Auge Gottes eingeschrieben, ein Hinweis auf die Allgegenwart und Allwissenheit der göttlichen Dreifaltigkeit in Ewigkeit.

Vor allem über die zeitgebundene Ähnlichkeit der verwendeten Schmuckformen bei der Gestaltung der Grabsteine von Mannebach können wir ihn, wie schon eingangs erwähnt, als einen typischen Vertreter des Klassizismus ausweisen. Interessant ist, dass er es allerdings auch verstand, ein Monument in gotischer Formensprache herzustellen, wie dies am Beispiel des Grabmals für Franz Heinrich Richrath (1760 – 1823) auf Melaten nachvollzogen werden kann (T17/F). Hierbei handelt es sich um eine dreiteilige Stele mit allseitig reichlicher Maßwerkornamentierung. Auf dem Mittelrisalit ist das Relief einer „Maria Immaculata" angebracht, die allerdings ganz im Sinne eines klassizistischen Formgefühls durchgearbeitet wurde. Auch bei diesem Grabdenkmal gibt es eine eindrucksvoll gesetzte Signatur, die „J. MANNEBACH" als den ausführenden Steinmetzen bezeichnet[272].

---

[267] Vgl. Vogts 1937, Sp. 22, Nr. 39, bzw. Abt/Beines 1997, S. 227 f.
[268] Vgl. Vogts 1937, Sp. 32/33, Nr. 66, bzw. Abt/Beines 1997, S. 187 f.
[269] Der sog. „Geusenfriedhof" in Köln/Weyertal, der die ältesten Grabdenkmale derer beherbergt, die ehemals dem evangelischen Glaubensbekenntnis in Köln folgten, wird urkundlich erstmals im Jahre 1576 erwähnt. Es waren entsprechende Stiftungen, welche die Anlage dieses Friedhofes vor dem Weyertor der Stadt ermöglichten. Da wohl in der ersten Zeit die meisten der Grabstätten von protestantischen Flüchtlingen aus den Niederlanden belegt wurden, erhielt diese Stätte bald den Namen „Geusenfriedhof". Auf diesen „Gottesacker" wurden bis zum Jahre 1875 Bestattungen durchgeführt (vgl. u.a. Eckert ²1991, S. 394 f.).
[270] Vgl. Vogts 1932, Sp. 79, Nr. 195.
[271] Vgl. Vogts 1932, Sp. 80 und 83, Nr. 200.
[272] Vgl. Vogts 1937, Sp. 26/27, Nr. 50 und Abb. 16.

Dietrich Meinardus
Arbeiten auf dem Golzheimer- und dem Nordfriedhof in Düsseldorf

T 18

A
Grabmal de Conrads, nach 1861, Golzheimer Friedhof

B
Grabmal de Conrads, Detail

C
Hochkreuz vom Golzheimer Friedhof, errichtet i. J. 1850, jetzt Nordfriedhof

D
Grabmal der Jesuitenpatres und Pfarrer der Andreas-Gemeinde, um 1843, Golzheimer-Friedhof

Obwohl wir außer der Arbeit auf dem alten Friedhof in Bergisch Gladbach keinen weiteren Nachweis außerhalb Kölns anführen können, ist davon auszugehen, dass er auch Kunden in den benachbarten Städten mit seinen Steinmetzarbeiten belieferte. Wann er seine Tätigkeit einstellte, bzw. sein Geschäft an seinen Sohn und Bildhauer Peter Mannebach (1797 – 1842) übergeben hat, ist unbekannt. Er starb, gemäß seinem Totenzettel, im Alter von 67 Jahren am 04. Juli 1832 in Köln.

Dietrich Meinardus

Dietrich Meinardus, der im Jahre 1804 in Ovelgönne geboren wurde, gründete im Jahre 1828 eine Werkstatt für Grabmale in der Andreasstrasse 15 in Düsseldorf[273]. Seine Signatur liest man am Grabmal für den im Jahre 1856 verstorbenen Heinrich Jacob Maurenbrecher auf dem alten ev. Friedhof an der Gnadenkirche (T12/D).

In Düsseldorf, wo er in der Hauptsache tätig war, pflegt Dietrich Meinardus, wohl auf Grund einiger spektakulärer Arbeiten Beziehungen zu den Kunstschaffenden der dort ansässigen Akademie. So führte er z.B. im Jahre 1848 nach einem Entwurf des Malers Carl Sohn eine 15 Fuß hohe Statue der Germania aus, die für das Einheitsfest projektiert war, welches am 6. August 1848 auf dem Friedrichsplatz feierlich abgehalten wurde. Obwohl das Bildwerk lediglich improvisierend, nämlich aus Holz, Stoff und Gips hergestellt war, verglich man es mit dem empfindsamen Klassizismus Thorvaldsenscher Prägung und erwog sogar seine Ausführung in Stein.

Dass Meinardus als Spezialist für neugotische Fialengrabmäler angesehen wird, hat sicherlich auch damit zutun, dass er neben dem Entwurfsverfasser, dem Architekten Johannes Kühlwetter als ausführender Bildhauer des Grabmals der Jesuitenpatres und Pfarrer der Andreas Gemeinde zu Düsseldorf überliefert ist. Bei diesem über 6m hohen Fialen- Grabmal, das im Jahre 1843 für den Golzheimer Friedhof[274] errichtet wurde und wie ein verkleinerter gotischer Kirchturm konzipiert ist, standen rund um den Sockel dieses Monument auf Konsolen aufgesetzte Heiligenstatuetten, die heute nur noch über Umrisse bzw. ehemalige Verdübelungen nachvollzogen werden können (T18/D).

Dass die Qualität seiner Arbeit als ausführender Bildhauer geschätzt war, wird auch dadurch deutlich, dass er ebenso zur Mitarbeit für das Hochkreuz des Golzheimer Friedhofes aufgefordert wurde (T18/C). Schon seit den dreißiger Jahren des 19. Jahrhunderts wurde für dieses, von den katholischen Kreisen der Düsseldorfer Bürgerschaft initiierte Projekt, in den Kirchen Kollekten durchgeführt, bis endlich am 31. August 1850 durch den damaligen Erzbischof von Köln, Johannes von Geissel der Grundstein gelegt werden konnte. Schon am 8. Oktober des gleichen Jahres war das 12 m hohe Monument aus Obernkirchner Sandstein vollendet, so dass am Fest „Allerheiligen" die Einweihung erfolgen konnte.

---

[273] Vgl. Zacher 1982, S. 129 ff.
[274] Im Stadtgebiet von Düsseldorf wurde im Jahre 1805 als erster kommunaler Friedhof der Golzheimer Friedhof in Benutzung genommen. Er stand für alle christlichen Konfessionen offen. Mehrfache Erweiterungen gaben dem Friedhof seine heutige Form. Im Jahre 1897 musste er geschlossen werden, da infolge der rasanten Stadtentwicklung eine Erweiterung für unzweckmäßig gehalten wurde. Trotz teilweiser Überbauungen und Abräumungen v.a. zu Beginn des 20. Jahrhunderts ist das Kernstück der Anlage immer noch erhalten. Als Ersatzflächen dienten der bereits im Jahre 1867 gegründete Stoffelner Friedhof und der im Jahre 1884 in Betrieb genommene Nordfriedhof (vgl. u.a. Zacher.1982, S. 53 ff.).

Simon Neffgen

Grabmal Pfarrer Abel Rembold, Engelskirchen

T 19

A

Grabmal Rembold, Vorderseite, um 1887, Alter Friedhof, Engelskirchen

B

Grabmal Rembold, Detail der Inschriftentafel, Marmor,

C

Grabmal Rembold, Rückseite, um 1887, Alter Friedhof Engelskirchen

Dieses Hochkreuz ist allerdings ein Gemeinschaftswerk mehrerer Düsseldorfer Künstler gewesen. Der Entwurf stammte von dem schon erwähnten Architekten Johannes Kühlwetter, nach dessen Plänen Meinardus die Steinmetzarbeiten durchführte, was ihm damals ca. 2000 Taler einbrachte. Für die plastischen Arbeiten zeichneten Johann Peter Götting (Corpus) bzw. Julius Bayerle (Gottesmutter) verantwortlich. Dieses Hochkreuz stand bis zum Jahre 1905 auf dem Golzheimer Friedhof und ist heute auf dem Nordfriedhof[275] von Düsseldorf zu finden.

Nach 1861 erhielt Meinardus den Auftrag für die Errichtung eines Grabmals für die Familie de Conrads (T18/A - B). Auch dieses aus Sandstein gefertigte Monument zeigt wiederum eine dem Mittelalter verpflichtende Formensprache. Auf einem hohen Sockel erhebt sich ein mit einem Zinnenkranz bekrönter burgturmartiger Aufsatz. Die allseitig in den Kubus eingeschriebenen Bogenfelder, die zum Teil auch die Inschriften tragen, werden von romanischen Zierfriesen umrahmt.

Dietrich Meinardus starb im Jahre 1871 und wurde auf dem Golzheimer Friedhof begraben. Sein Grab bedeckt eine Platte aus Marmor. Noch zwei weitere Generationen lang sollte die Familie Meinardus im Düsseldorfer Grabmalgewerbe tätig sein. Auf Dietrich Meinardus (1804 – 1871) folgte sein Sohn und Nachfolger Alexander Meinardus (1843 – 1891) bzw. sein Enkel Siegfried Meinardus (1874 – 1933).

Simon Neffgen

Der wohl in Königswinter geborene Simon Neffgen führte auf dem alten Friedhof neben der Gnadenkirche in Bergisch Gladbach das Grabmal Nr. 14 für Wilhelmine Fues aus. Es handelt sich um eine aus Sandstein gefertigte und am Kopf gerundete Stele, die Neffgen im Jahre 1865 gefertigt haben dürfte. Seine Signatur sitzt auf der Oberseite des einfach gestuften Sockels (T12/E). Obwohl er offensichtlich in Mülheim seine Werkstatt hatte, sind ihm weder auf dem evangelischen noch auf dem katholischen Friedhof in Mülheim Grabmäler mit entsprechenden Signaturen zuzuweisen.

Nachweisen lässt er sich allerdings noch auf dem alten Friedhof in Engelskirchen[276] (T19/A – C). Dort schuf er das Grabmal für den Pfarrer Abel Rembold (1798 – 1879). Einige Jahre nach dem Tod dieses angesehenen Priesters im Oberbergischen Land hatte man durch Spenden der Bevölkerung die nötigen Mittel zusammen, um das ca. 3 m hohe und aus Sandstein gefertigte Grabmal durch den Steinmetzen Simon Neffgen errichten zu lassen. Er bekam dafür im Jahre 1887 ein Honorar von 550 Mark[277] angewiesen. In der Spendenliste heißt es: „Beiträge zu dem Denkmal für den

---

[275] Der Nordfriedhof, mit dem ursprünglichen Namen „Friedhof hinter den Tannenwäldchen" wurde von dem Gartenarchitekten Eduard Hoppe geplant und im Jahre 1884 eingeweiht. Auf dem ca. 70 ha großen Gelände werden nach wie vor Bestattungen durchgeführt.
[276] Aufgrund der Bausubstanz bestand schon im 13. Jh. eine Kirche an diesem Standort, um die sich ursprünglich auch der Friedhof angesiedelt haben dürfte. In den Jahren 1837 und 1871 fanden wohl Friedhofserweiterungen in südlicher Richtung statt. Durch den Neubau der Kirche (1877 – 1879), aber auch durch die stark wachsende Bevölkerung war die Friedhofsfläche wieder zu klein geworden, sodass im Jahre 1897 westlich der Kirche der neue Friedhof angelegt werden musste, auf dem auch heute noch Bestattungen durchgeführt werden. Auf dem alten Friedhof unterhalb der Kirche befindet sich heute nur noch das Grabmal des Pfarrer Rembold (vgl. Urselmann, O. D. S. 51 ff.).
[277] Urselmann O. D., S. 61.

Über das Zurichten von Grabsteinen / 1 — T 20

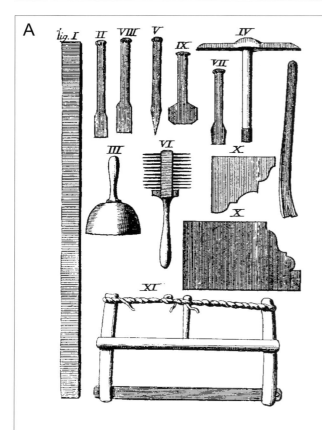

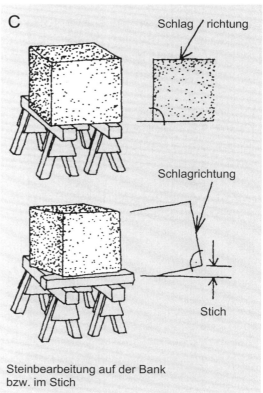

Fig. I	Richtscheit
Fig. II	Beizeisen
Fig. III	Klippel, Klöpfel oder Schlegel
Fig. IV	Zweispitz
Fig. V	Spitzeisen
Fig. VI	Kröneleisen
Fig. VII	Schlageisen
Fig. VIII	Halbeisen
Fig. IX	Scharriereisen
Fig. X	Schablone
Fig. XI	Säge

Grundgerät des Steinmetzen

Steinbearbeitung auf der Bank bzw. im Stich

verstorbenen Hochwürdigen Herrn Pfarrer und Jubilar- Priester Abel Rembold, welcher 57 Jahre in der Pfarrgemeinde Engelskirchen als treuer Seelenhirte und als Wohlthäter der Gemeinde höchst segensreich gewirkt und sich dadurch gerechten Anspruch auf die Dankbarkeit seiner Pfarrkinder erworben hat"[278].

Wenden wir uns nun dem Zurichten der Grabsteine auf dem alten Friedhof an der Gnadenkirche zu. Die handwerkliche Bearbeitung des gebrochenen Steinmaterials sowie die dafür benutzten Werkzeuge sind von den Anfängen der Steinmetztechnik bis in die heutige Zeit grundsätzlich gleichgeblieben (T20/A). Zum rohen Behauen der Quader gebrauchte man den Zweispitz. Ähnlich einer Spitzhacke bestand er mit Ausnahme des ca. 40 - 45 cm langen Helms oder Halms aus Eisen. Das beidhändig geführte Werkzeug war an den Enden mit einer Spitze und einer breiten Schneide oder Fläche versehen. Daneben verwendete man verschieden große Schlag - und Spitzeisen. Diese unterschieden sich in der Ausformung des sogenannten Arbeitsendes als Schnittfläche oder Spitze. Geschlagen wurde mit dem Schlegel oder dem sogenannten Klöpfel, ein aus einem Rot - oder Weißbuchenscheit halbkugelförmig gedrehter Knüppel mit kurzem, ca. 15 cm langen Handgriff. Zur weiteren Bearbeitung wurde der grob behauene Steinblock je nach Größe auf eine Unterlage aus Holzklötzen bzw. - böcken oder rohen Steinen aufgebänkt (T20/B). Die zu bearbeitende Fläche lag oben. In einem anderen Verfahren, das schon im Mittelalter häufig angewendet wurde, richtete man den Stein "im Stich" zu. Die betreffende Fläche befand sich dabei in einer Schräglage. Dies bedeutete eine Arbeitserleichterung, indem man aufrecht arbeiten und die Hiebe kraftvoller setzen konnte (T20/C).

Damit ein Grabstein bzw. ein Grabkreuz hergestellt werden konnte, musste zunächst an den Stellen, an denen man aus dem bruchrauhen Steinblock (T21/1) den Grabstein herausschälen wollte, für geglättete und fünf rechtwinklig zueinander gearbeitete Flächen gesorgt werden. Der zukünftige Fuß durfte, aus Stabilitätsgründen, unbearbeitet bleiben. Die Grundform des Steinkreuzes war zunächst die eines Quaders, welcher erst einmal durch die sogenannten Randschläge (T21/2) fixiert werden musste. Mit einem Breiteisen ebnete man dazu schmale Bahnen entlang der vorgesehenen Kanten. Dies erfolgte in der Regel zuerst an einer der beiden natürlichen Lagerflächen. Der erste Schlag musste sich mit dem Richtscheit decken. Anschließend erfolgte der rechtwinklig geführte Saumschlag (T21/3). Durch das sogenannte „Ersehen" wurde der vierte Eckpunkt anvisiert (T21/4), der in der Ebene der drei vorhandenen Eckpunkte liegt. Von diesem aus bearbeitete man den fehlenden Randschlag. Der so geschaffene Rahmen (T21/5) bildete die Ausgangsebene, auf die der Bossen (T21/6) abgearbeitet wurde. Nach der Glättung dieser ersten Quaderfläche wurden die vier übrigen Flächen vom Steinmetzen auf die gleiche Art bearbeitet. Jetzt war der Quader (T21/7) geschaffen, aus dem der Grabstein entstehen konnte. Der Anschaulichkeit wegen sei dieser Herstellungsprozess an einem einfachen Grabkreuz mit Sektorenstützen und einer geschweiften Fußverbreiterung dargestellt:

Zunächst wurde mit Hilfe des Reißwerkzeuges und eines Steinlineals oder Richtscheits bzw. mit einem Winkel die Form des Grabkreuzes angetragen bzw. aufgerissen (T21/8). Damit diese eingeritzten Hilfslinien auch deutlich sichtbar wurden, hatte man die Werksteinflächen kräftig mit Gras eingerieben. Dadurch setzte sich der Riss hell von der leicht grünen Fläche ab und war des weiteren für die Dauer der Be-

---

[278] Archiv der Pfarre St. Peter und Paul, Engelskirchen 217.

Über das Zurichten von Grabsteinen / 2   T 21

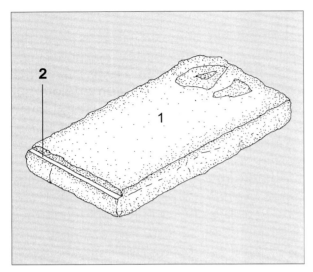
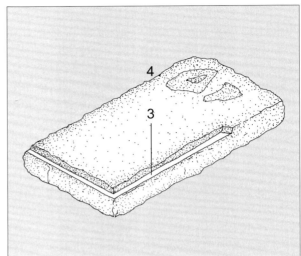
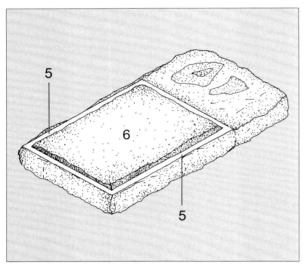
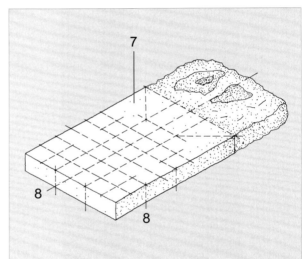
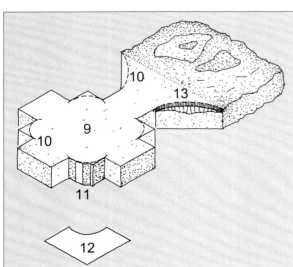
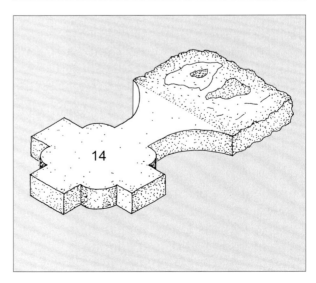

arbeitung gut erkennbar. Danach konnten mit Hilfe entsprechender Schlageisen das „überschüssige" Material abgearbeitet und dem Werkstein die zukünftigen Umrisse gegeben werden (T21/9). Das Anreißen weiterer Hilfslinien diente nun dem Zweck, die vier in den Armwinkeln befindlichen Sektorenstützen bzw. die Kontur einer geschweiften Fußverbreiterung zu realisieren (T21/10). Zunächst wurden die „Rohlinge" der Sektorenstützen durch das Anarbeiten von Fasen aus dem Werkstein geschält. Die dadurch entstandenen Grate mussten im Anschluss durch das Anarbeiten von weiteren Teilflächen gebrochen bzw. der einem Viertelkreis entsprechende Wulst weiter an die Rundform geführt werden (T21/11). Das weitere Abrunden erfolgte abschließend entweder nach Augenmaß oder mit Hilfe von sog. Konterschablonen (T21/12). Bei der Anarbeitung der Kehle im Bereich des Schaftes sind die Arbeitsschritte ähnlich der zuvor beschriebenen Vorgehensweise. Zunächst musste der gewünschte Verlauf flucht – und maßgenau angerissen werden. Dann wurden sowohl am Profilanfang als auch am Profilende der Verlauf vorgespitzt bzw. eingebeizt (T21/13), die Vertiefungen sukzessive ausgespitzt und der Bossen auf den Grund abgezahnt bzw. der Grund der gebogenen Kehlfläche angearbeitet. Damit war im wesentlichen die formgebende, steinmetzmäßige Ausarbeitung eines Grabkreuzes abgeschlossen (T21/14)[279].

---

[279] An dieser Stelle sei dem Steinmetz – und Bildhauermeister Herrn Heinz – Peter Richerzhagen / Bergisch Gladbach - Refrath für das informative Gespräch herzlichst gedankt.

F05 Blick auf das gusseiserne Grabkreuz des Friedrich Dilthey (Nr. 19)

5.6 Das verwendete Material und die Polychromie

Die heute noch erhaltenen Grabmale des alten ev. Friedhofs in Bergisch Gladbach bestehen, mit einer Ausnahme, durchweg aus Natursteinen. Sicherlich gab es aber auch welche aus Holz oder gar Metall. Die Grabkreuze aus Holz, vielleicht sogar mit einem kleinen Schutzdach versehen, schmückten in der Regel die Gräber der Armen. „In diesem vergänglichen Material, das im allgemeinen den Verwesungsprozess des Leichnams nicht überdauerte, lag auch ein symbolischer Ausdruck der Vergänglichkeit menschlichen Lebens"[280].

Die Verwendung von Metallen zur Herstellung von Grabmälern wurde v.a. im 19. Jh. durch die Entwicklung neuer Technologien, z.B. dem sog. Kupolofen, gefördert. Der technischen Entwicklung gesellten sich neue Möglichkeiten der Rohstoffversorgung ebenso hinzu wie eine entsprechende staatliche Förderung dieser neuen Gewerbe. Neben der vortrefflichen Haltbarkeit, welche diese Metalle boten, wurde v.a. im Gusseisen eine neue künstlerische bzw. ästhetische Qualität entdeckt, die sogar im Zeitalter der Befreiungskriege[281] eine ideologische bzw. patriotisch geprägte Überhöhung erfahren sollte[282].

Das steingesockelte gusseiserne Grabkreuz des Friedrich Dilthey (Nr. 19) ist eines jener seriell produzierten schlichten, aber auch klar formulierten Grabmaltypen aus der ersten Hälfte des 19. Jh. Ob dieses Grabkreuz in einer der hiesigen Eisengießereien hergestellt wurde, ist fraglich. Tatsache ist, dass es in der Region von Bergisch Gladbach eine metallverarbeitende Industrie gab, die sich zunächst auf der Existenz bereits ansässiger entsprechender Gewerbebetriebe aufbaute und schon um die Mitte des 19. Jh. einen nicht unerheblichen Wirtschaftszweig darstellte, der durchaus im Stande gewesen wäre, auch ein solches Produkt herzustellen[283]. Vielleicht muss man, wenn man die Herkunft dieses Grabkreuzes recherchieren möchte, über die Angabe des Geburtsortes des Friedrich Dilthey – nämlich Diez an der Lahn – einen Bezug zu einer weiteren eisenverarbeitenden Region in Betracht ziehen.

In einem im Jahre 1804 in Dortmund erschienenen Werk des Königlich Preußischen Bergrates und Fabrikkommissarius Eversmann[284] „Über die Eisen- und Stahlerzeugung in den Ländern zwischen Lahn und Lippe" bezeichnet der Verfasser als Hauptstellen des Bergbaues und der Eisenhütten, das Siegerland, die Dill- und Lahngegend, den Westerwald und das in der Grafschaft Sayn- Altenkirchen am Rhein liegende Gebiet von Bendorf. Und sogar in Diez selbst, bzw. im weiteren Umland (z.B. Weilburg oder Villmar) lässt sich weit in das Mittelalter nicht nur der Abbau von Kalk- und Schiefer sondern auch von Eisengestein nachweisen. Das heißt, es ist durchaus denkbar, dass die Angehörigen des Verstorbenen für seine letzte Ruhestätte das gusseiserne Grabzeichen in seiner ehemaligen Heimat fertigen ließen.

---

[280] Zacher 1975, S. 413.
[281] Als Befreiungs - oder Freiheitskriege bezeichnet man die Kriege der Koalition der europäischen Mächte 1813 bis 1815 zur Beseitigung der Hegemonie und Fremdherrschaft Napoleons I. in Europa (vgl. u.a. Meyer 1978, Bd.1, S. 519).
[282] In diesem Zusammenhang sei das Eiserne Kreuz angeführt, eine deutsche Kriegsauszeichnung für alle Dienstgrade, die im Jahre 1813 von König Friedrich Wilhelm III. von Preußen gestiftet wurde (vgl. Meyer 1979, Bd. 2, S. 498 f.).
[283] Geurts 2000, S. 9 ff.
[284] Eversmann 1804, S. 125.

In diesem Zusammenhang sei auch auf die gusseisernen Grabeinfriedungen hingewiesen, die in jener Zeit auf den Friedhöfen zu Tausenden und Abertausenden vorzufinden waren und ebenfalls ein Ergebnis damaliger Serienproduktion darstellen[285]. Auch auf dem hier behandelten Friedhof lässt sich noch eine solche Einrichtung nachweisen. Im Bereich der Grabdenkmäler Nr. 10 und Nr. 11 sind in der Abdeckung der sockelartigen Grabeinfassung Aussparungen zu lokalisieren, die ehemals zur Aufnahme eines schmiedeeisernen Grabgitters Verwendung gefunden haben.

Dieses Gitterwerk lässt sich in seiner formalen Ausgestaltung leider nicht mehr nachvollziehen. In der Regel bestanden sie aus serienweise gegossenen und dann immer wieder neu kombinierten Einzelelementen wie Stäben, Gurten und Bändern sowie Verzierungen und Füllteilen. Diese, eigentlich zwecklosen, gusseisernen Umfriedungen führten allerdings zu einer optisch wirkungsvollen Abgrenzung der Erbbegräbnisse gegenüber den anderen Bestattungsflächen auf den Friedhöfen jener Zeit[286]. Das diese schmiedeeisernen Erzeugnisse heute auf diesen Friedhöfen nur noch selten anzutreffen sind, hat v.a. mit der Veränderung des Zeitgeschmacks, aber sicherlich auch damit zu tun, dass sie spätestens den von den nationalsozialistischen Behörden verfügten „Metallsammlungen" zum Opfer gefallen sind[287].

Während also Holz und Metall in dieser Zeit durchaus eine , wenn auch im einzelnen nicht mehr zu belegende Rolle spielten, entsprach die Verwendung von Naturstein als Material für ein Grabmal nach wie vor dem Wunsch nach Dauerhaftigkeit des Monuments. Der Grabstein als Erinnerungsmal soll die Verwesung des Leichnams überdauern. Steinerne Grabmäler boten sich deshalb auch für die Erbbegräbnisse z.B. der relativ betuchten Papierfabrikanten in Bergisch Gladbach an. Der am häufigsten zu Grabmalen verwandte Stein auf dem hiesigen Friedhof ist der sog. Kohlenkalk.

Entstanden ist dieses Sedimentgestein in ehemals tropischen Flachmeerbereichen in der Zeit der zweitjüngsten Formation des Erdaltertums, dem Karbon, welches vor ca. 345 Millionen Jahren begann und vor ca. 275 Millionen Jahren endete[288]. Der in seiner Reinform weiße Kalkstein ist in der Natur zumeist durch Nebengemengteile mehr oder weniger grau bzw. auch rotbräunlich eingefärbt. Der Kohlenkalk hat dagegen eher einen Blau- bzw. blaugrauen Farbton. Die mächtigen, teilweise dickbankigen Kalksteinschichten, die sich von Irland, Belgien und die Ardennen über das Siebengebirge bis nach Polen erstrecken, sind reich an Fossilien, wobei insbesondere Brachiopoden[289] (Nr. 29), Korallen (Nr. 11), Crinoiden[290] (Nr. 13), Sphäro-

---

[285] Seib 1979, S. 91.
[286] Fischer/Welter/Einholz 1988, S. 125.
Friedhofsreformer späterer Zeit haben derartige Einfriedungen von Grabstätten heftig attackiert, vgl. z.B.: Hannig 1908, S. 81 ff.
[287] Von eingeschmolzenen Kirchenglocken berichtet u.a. Müller ³1986, S.246.
[288] Schumann ⁶2002, S. 338.
[289] Brachiopoden bzw. Armfüßer sind relativ primitive Tiere, die es schon mehr als eine halbe Milliarde Jahre in allen Meeren gibt. Sie besitzen ein muschelähnliches Aussehen, obwohl sie mit diesen nichts gemein haben (vgl. u.a. Walker/Ward ²2002, S. 79.).
[290] Crinoiden (Crinoidea) auch als Haarsterne oder Seelilien bekannt, sind meerbewohnende Stachelhäuter, von denen über 600 Arten bekannt sind. Sie bestanden bzw. bestehen aus einem Stiel der am Untergrund festsitzt und einem dem Stengel aufgesetzten kelchförmigen Körperabschnitt. Von diesen fossilen Haarsternen sind in der Regel die Stengelglieder erhalten (vgl. u.a. Walker/Ward ²2002, S. 166.).

codien[291] (Nr. 26) und Stromatoporen[292] zu nennen wären. Der Kohlenkalk, der sich durch ein äußerst dichtes und homogenes Gefüge auszeichnet, ist bis zum heutigen Tag ein geschätzter Naturstein. In der lokalen Umgangssprache wird er vielfach noch als Blaustein (Aachener Blaustein) bzw. als Belgischer Granit bezeichnet, was ihn im Übrigen auch als ein landschaftstypisches Baumaterial der Region um Belgien ausweist. D. h., es war vor gut 150 Jahren durchaus üblich gewesen, sich für den gewünschten Grabstein einen aus Belgien stammenden Kohlenkalk zu entscheiden, was, einschließlich des Transports mit der Eisenbahn, eine sicherlich nicht gerade preiswerte Angelegenheit gewesen ist.

Auch der Travertin gehört zu den Kalksteinen. Er ist, bis auf die teilweise sehr großen Poren und Löcher mit dem Kalkstein zu vergleichen. Der Name „Travertin" leitet sich von „Lapis tiburtinus" (Stein vom Tiber) ab, wird aber auch für Gesteine ähnlicher Bildung z.B. aus Stuttgart- Bad Cannstadt und aus Weimar verwendet[293]. Der römische Travertin stammt, um einen zeitlichen Anhaltspunkt zu geben, aus der Zeit des Pleistozäns (ca. 1,5 Millionen Jahren). Bei dem Grabmal Nr. 32 wird der Unterschied zum Kalkstein besonders deutlich. Während der Grabaltar und die darauf befindliche Urne aus Kohlenkalk gefertigt wurden, ist lediglich der Unterbau des Gefäßes aus Travertin gefügt. Es muss sich um eine spätere Auswechslung bzw. Erneuerung handeln, denn der Unterschied in der Materialwahl kann so nicht von Anfang an gewollt gewesen sein.

In zweiter Linie fand der Buntsandstein als Werkstoff für die Grabsteinherstellung Verwendung. Entstanden ist dieses Gestein aus dem Abtragungsschutt von Gebirgen des Erdaltertums vor ca. 230 Millionen Jahren. Dies war die Zeit des Trias, der ältesten Epoche des Erdmittelalters (vor ca. 225- 180 Millionen Jahren)[294]. In einem trockenen, halbwüstenhaften Klima wurde er in einem großen Becken (sog. Germanisches Becken) in der Mitte des heutigen Europas abgelagert. Von den klastischen Sedimentgesteinen wird v.a. der Buntsandstein geschätzt, da er leicht gewinn- und bearbeitbar ist. Ist das Material fest, also besonders quarzreich und porenarm, ist es als Baumaterial verwendbar und dann auch regional von großer wirtschaftlicher Bedeutung[295].

Dass der Buntsandstein je nach seinem Härtegrad und Standort der Witterung gut standhalten kann, zeigen nicht nur die Grabdenkmäler auf dem hiesigen Friedhof (vgl. z.B. Nr. 6 und Nr. 7), sondern dokumentiert – trotz so vieler moderner Baustoffe – auch die jahrhundertelange Verwendung des Gesteins in unserer Kulturlandschaft (vgl. z.B. Speyerer- oder Kölner Dom). Dennoch war seine Zeit als Baumaterial schon fast vorüber, als die ersten Grabdenkmäler auf dem hiesigen Friedhof errichtet wurden. Grund hierfür war, dass der immer maßhaltige und bald auch maschinengeformte Ziegelstein als Massenware immer preiswerter wurde und dadurch den Buntsandstein als Baumaterial verdrängte. Lediglich durch die Fertigung von Grab-

---

[291] Sphärocodien sind Gesteine von konzentrisch schaligem Bau, die meistens aus kalkigem Material durch die Tätigkeit gewisser Algenarten aufgebaut sind (vgl. Deutsches Kolonial- Lexikon, Bd. 3, S.67).
[292] Stromatoporen sind Korallenpolypen, die ehemals im warmen, sonnendurchfluteten Flachmeeren wohnten und einen entscheidenden Anteil am Aufbau der devonischen Riffe besaßen (vgl. u.a. Walker/Ward ²2002, S. 50.).
[293] Vgl. u.a Schumann⁶2002, S. 286, bzw. Scholz ⁷1969, S. 46 ff.
[294] Schumann⁶2002, S. 338.
[295] Vgl. u.a. Schumann⁶2002, S. 274, bzw. Scholz ⁷1969, S. 47 ff.

steinen konnte sich in jener Zeit das Steinmetzhandwerk noch einigermaßen „über Wasser halten".

Auf dem alten Refrather Friedhof ist der am häufigsten zu Grabmalen verwendete Stein der sog. mitteldevonische Sandstein[296]. Als Handelsbezeichnung hat sich allerdings längst der Begriff Grauwacke bzw. Lindlarer Grauwacke oder Mühlenhofsandstein durchgesetzt. Auf dem hiesigen Friedhof kommt er dagegen nur noch vier Mal zum Einsatz (vgl. Nr. 27, 28, 30 und 33). Dieses Material wird u.a. auch im Bergischen Land bei Lindlar schon seit Jahrhunderten abgebaut[297]. Entstanden ist dieses Sedimentgestein in der Zeit des Erdaltertums vor ca. 350 Millionen Jahren, als sich Gesteins – und Mineraltrümmer, v.a. Quarz, Feldspat, Glimmer, Kieselschiefer und Tonschiefer in den Urmeeren und Binnengewässer absetzten und sich mit Hilfe von kieseligen und tonhaltigen Bindemitteln miteinander verkitteten. Dass sich dies alles wiederum im Wasser abspielte, kann anhand der eingeschwemmten Fossilienreste[298], die v.a. an den Grabplatten (Nr. 27, 28) zu finden sind, nachgewiesen werden. Die Farbigkeit dieses hier anstehenden Steins reicht vom graublau über das graugrün bis hin zum graubraun.

Interessant ist, dass neben diesen Sedimentgesteinen auch vulkanische Gesteine, nämlich Basaltlava und Andesit herangezogen wurden. Bei dem Grabmal Nr. 19 ist es allerdings nur der kleine Sockel, bzw. bei Nr. 34 nur die Basis des Sockels, der in Basaltlava zur Ausführung kam. In einer abbaufähigen Dimension steht das Gestein frühestens im Bereich des Siebengebirges, südlich von Bonn gelegen, an. Bei der Grabplatte Nr. 8 hat man sich für den Einsatz von Andesit entschieden. Dieses Gestein, das nach den südamerikanischen Anden bezeichnet ist, ist ein feinkörniges und relativ junges Ergussgestein[299]. Die graue oder braunviolette Grundmasse enthält eine Vielzahl von Einsprengungen, wovon sich v.a. die Hornblende auch am hiesigen Beispiel gut lokalisieren lässt. Vermutlich wurde der Stein im Siebengebirge gebrochen und mit dem Schiff zuerst nach Köln und von dort – eventuell schon bearbeitet - nach Bergisch Gladbach weiter transportiert.

Lediglich ein Exemplar (Nr. 9) der 34 Grabmäler ist aus metamorphem Schiefer gefertigt. Das schieferige Gefüge des Gesteins lässt sich an diesem Grabmal ebenfalls gut nachvollziehen. Diese Schieferung (ahd. scivaro = Stein- oder Holzsplitter, eigentlich Abgespaltenes)[300], erfolgte im sog. Obersilur, also vor ca. 440 – 400 Millionen Jahren[301], infolge tektonischer Vorgänge oder durch sog. Metamorphosen. D.h., es fand eine Um- bzw. Neukristallisation infolge von Druck- und Temperaturerhöhungen aus bereits vorhandenen Magmatiten oder Sedimentiten statt. Während der feinkörnige, harte, dunkelblaugraue Tonschiefer mit einer ausgezeichneten ebenflächigen und feinen Spaltbarkeit nach wie vor als ein witterungsbeständiges Dach- oder Fassadenmaterial gerne verwendet wird[302], muss die Verwendung des metamorphen Schiefers in Form einer großformatigen Grabstele eher angezweifelt werden, was meines Erachtens der verwitterte Zustand des hier erörterten Beispieles

---

[296] Werling 2002, S. 53.
[297] Erstmals wird die Lindlarer Steinindustrie am 21. Juni 1633 urkundlich erwähnt. Aber schon zuvor darf von einem sicherlich schon regen Abbau dieses dort anstehenden Materials ausgegangen werden.
[298] Bei den Fossilienresten handelt es sich in der Hauptsache um die sog. Crinoiden.
[299] Vgl. u.a. Schumann⁶2002, S. 244, bzw. Scholz⁷1969, S. 40.
[300] Schumann⁶2002, S. 312 ff.
[301] Ebenda, S. 338.
[302] Scholz⁷1969, S. 52 f.

gut vor Augen führt. Das Gestein dürfte aus dem Hohenfenn bei Aachen bzw. aus dem Ardennenmassiv stammen.

Abschließend sei auf den Marmor eingegangen, der neben zweier Grabmäler (Nr. 14, 31) in Form von eingelegten Inschriftenplatten neun mal vorkommt. Bei der Grabstele Nr. 14 könnte es sich sogar um einen Stein aus Carrara handeln. Die Apuanischen Alpen waren während der mesozoischen Trias- Epoche vor über 180 Millionen Jahren[303] von einem Meer bedeckt, an dessen Boden sich abgestorbene Schalentiere und lose organische Substanzen unter dem hohen Druck des Wassers und über Millionen von Jahren verfestigt haben und zu einem außergewöhnlich reinen bzw. weißen Kalkstein kristallisierten. Weitere tektonische Veränderungen und entsprechende Metamorphosen ließen dann über weitere Jahrmillionen hinweg das uns heute bekannte Gebirgsmassiv entstehen, aus dem schon seit Jahrhunderten[304] der berühmte bzw. exklusive Kalkstein gewonnen wird. Das am Grabmal Nr. 14 verwendete Material ist allerdings nicht schillernd weiß, sondern mit einem leichten Grauschleier versehen, weshalb es durchaus auch aus Oberfranken stammen könnte.

Während der gesamte Unterbau des Grabmals Nr. 31 aus dem schon erörterten Kohlenkalk gefertigt wurde, ist für den Kreuzaufsatz dieses Gedenksteines ein sog. Lahn- Marmor verwendet worden. Dieses Gestein ist v.a. wegen seiner reichen Farbigkeit ein hochgeschätzter Kalkstein, der nicht, wie der zuvor erörterte Carrara-Marmor, in größerer Tiefe unter sehr hohem Druck entstanden ist, wodurch er im Übrigen auch seine typische Farbigkeit und dekorative Zeichnung verloren hätte. Entstanden ist der Lahn- Marmor als ein Sedimentgestein und aus Riffen des Devonmeeres vor ca. 345- 400 Millionen Jahren[305]. Auch dieses Gestein ist schon zu Zeiten der Römer abgebaut bzw. verbaut worden. Bei dem Kreuzaufsatz lassen sich neben der typischen Struktur und Farbigkeit auch sog. Stromatoporen[306] und Korallen nachweisen, was wiederum als ein kleiner Einblick in ein fossiles Riff aus der Zeit des Silur bzw. des Devon gewertet werden darf.

Die schon erwähnten neun Inschriftenplatten sind vermutlich fast alle aus Carrara-Marmor gefertigt. Bei dem Grabmal Nr. 1 lassen sich sog. paläozolische Fossilien (Algenstrukturen) lokalisieren, was evtl. auch auf ein belgisches Vorkommen schließen lässt. Bei dem Grabmal Nr. 20 ist die Inschriftenplatte aus Kalksandstein, während sie bei dem Grabmal Nr. 30 aus Diorit bzw. Labradorit besteht. Dieses nach der kanadischen Halbinsel Labrador benannte Tiefengestein wurde ebenfalls schon in der Antike für die Herstellung von Statuen verwendet[307]. Auch heute ist sein Einsatz bei der Herstellung von Grabmälern durchaus üblich. Verwunderlich ist aller-

---

[303] Schumann⁶ 2002, S. 338.
[304] Die Brüche lassen sich zum Teil bis in die Römerzeit verfolgen, vgl. z.B. die Brüche von Luni (Marmor Lunensis). Die wenig nördlich von Marina di Carrara gelegene ehemalige römische Stadt Luni (gegründet 177 v. Chr.) belieferte nicht nur Rom sondern ganz Italien einschließlich der Provinzen mit Marmor, der damals schon als ein geschätztes Baumaterial gerne verwendet wurde.
[305] Schumann⁶ 2002, S. 338.
[306] Stomatoporoidea bzw. Stromatoporen sind marine, koloniebildende Organismen, die zu den Hydrozoa oder den Schwämmen gezählt werden dürfen. Diese Tiere waren besonders im Silur und Devon, aber auch in der alpinen Trias, also schon vor gut 400 Millionen Jahren, weit verbreitet (vgl. u.a. Walker/Ward ²2002, S. 33.).
[307] Schumann⁶ 2002, S. 216.

dings, dass er schon um die Mitte des 19. Jh. als Schmuckstein für die Gestaltung eines Grabmals eingesetzt wurde.

Es war durchaus nicht unüblich, dass die Grabmale, besonders jene aus Sandstein, nach ihrer Herstellung von den Steinmetzen gefasst wurden, d.h. man überzog den Stein mit einem glasierenden Anstrich und setzte sogar die Inschriften bzw. die Ornamentierungen gegenüber der restlichen Grabmalfläche andersfarbig ab. Dieser Umgang mit dem Stein war den Steinmetzen in jener Zeit durchaus geläufig, da auch die in Werkstein ausgeführte Architektur selten roh bzw. steinsichtig belassen, sondern einer Farbigkeit unterzogen wurde[308]. Über die Polychromie der Grabsteine sind wir bisher, sowohl im Allgemeinen als auch im Besonderen, ungenügend informiert.

Es liegen noch so gut wie keine Befunde vor, die eine Rekonstruktion der Originalfarbigkeit zulassen würden[309]. Dass man in der Fassung der Steinoberfläche einen Schutz gegen Umwelteinflüsse sah, erwähnt Wolfram[310] in seinem Handbuch für Baumeister aus dem Jahre 1821: *„Durch Tränken mit Leinöl werden aber alle Sandsteine in der Luft dauerhafter. Leinölfirniß würde, unmittelbar aufgetragen, nicht tief genug eindringen. Auch den Ansatz des Kalksalpeters auf kalkigen Sandsteinen kann man dadurch verhüten. Besonders auf eisenschüssigen Sandsteinen ist das Tränken mit Leinöl sehr nöthig. Die Bildhauer und Steinmetze überziehen ihre Werke oft mit einem weißen Firniß, oder, besonders die kalkigen, mit einem Gipsgusse. Der Letztere leidet aber von der Nässe, und der erstere wird leicht gelb. Drei Theile Kalk, aus Kalkspat gebrannt, fein gesiebt, im Regenwasser gelöscht mit 1 Theil der weißesten gesiebten Knochenasche soll einen guten Überzug geben. Der Maurermeister Hr. Büttner in Königshofen macht einen ziemlich haltbaren Überzug. Er mengt Sandstaub mit ungelöschtem Kalk, dann einer fetten Eisenerde, die er bei Ländreshausen gräbt. Hinlänglich dauerhafte Sandsteine sollte man aber nie überziehen und färben"*.

---

[308] Boelhke 1979, S. 245.
[309] Ebenda S. 245.
[310] Wolfram ²1821, S.115 f.

5.7 Restaurierungsaspekte (T 22)

Ziel der denkmalpflegerischen Erhaltung, sowohl von Bauwerken als auch von Kleindenkmälern wie den hier behandelten Grabsteinen, muss die behutsame Konservierung und gegebenenfalls die Restaurierung bis zum Zustand der noch erhaltenen, ursprünglichen Oberfläche sein, um die Originalität in Material und Form soweit wie möglich beibehalten zu können. Für den Erfolg von solchen Konservierungs- und Restaurierungsmaßnahmen ist zunächst, neben der Auswahl des geeigneten Verfahrens, des Materials und des Schutzmittels, die Anwendungstechnik und Ausführungsweise von ausschlaggebender Bedeutung. Deshalb müssen einschlägige Erfahrungen bei der Konservierung der verschiedenen Steinsorten, die sich auf dem jeweiligen Friedhof lokalisieren lassen, bei den verarbeitenden und ausführenden Restauratoren vorausgesetzt werden. Natursteine stellen nämlich, wie der Name schon sagt, ein Naturprodukt dar, das in großer Vielfalt vorkommt und mit entsprechender Sorgfalt behandelt werden will.

Über die verschiedenen Natursteinsorten, die auf dem alten ev. Friedhof von Bergisch Gladbach als Grabsteine Verwendung fanden, ist unter dem Kap. „Das verwendete Material" schon eine Aussage getroffen worden. Tatsache ist, dass letztlich die unterschiedlichen petrophysikalischen Eigenschaften der Steine dafür verantwortlich sind, wie witterungsbeständig das Material sein wird. So macht z. B. der Kohlenkalk, der vorwiegend für die Herstellung der hier behandelten Grabmale verwendet wurde, noch einen relativ guten Eindruck. Ernstzunehmende Verwitterungsspuren lassen sich so gut wie nicht lokalisieren, eher kleinere Beschädigungen, v.a. an den Kanten der Grabaufbauten, welche allerdings noch leicht repariert werden können.

An dem in zweiter Linie verwendeten Buntsandstein sind dagegen schon eher Spuren der Zerstörung festzustellen. Das häufigste Schadensbild stellt sich im sog. „Absanden" der Oberfläche dar. Hierbei wittern zuerst weiche Schichten zurück, während härtere Lagen zunächst noch stehen bleiben bis sie schließlich ebenfalls verwittern und dadurch Millimeter für Millimeter die Steinoberfläche aufgelöst haben. An manchen Stellen hat sich diese Art der Verwitterung allerdings schon tief in den Stein gefressen und so zu einem erheblichen Substanzverlust beigetragen (vgl. z.B. Nr. 17 oder 33). Eine weitere Verwitterungserscheinung stellt sich in Form von dünnen Verwitterungsschalen dar, die sich sozusagen „scheibchenweise" von den Grabsteinen lösen. Ein Aspekt, der besonders bei den tonig gebundenen Sandsteinen immer wieder festgestellt werden kann (vgl. z.B. Nr. 10, 24 oder 34). Diejenigen Teile, die aus dem sog. mitteldevonischen Sandstein gefertigt wurden, sind von der Verwitterung besonders betroffen. Dies lässt sich hauptsächlich an den Grabplatten Nr. 27 und 28 gut nachvollziehen. Die Platten sind an mehreren Stellen gebrochen. Teilweise sind die Reliefs abgeschiefert, was man mittlerweile leider mit Hilfe von Mörtel wieder an- bzw. ausgeglichen hat. Hier wird man wohl in nächster Zeit mit größeren Reparaturen bzw. Steinergänzungen rechnen müssen.

Ebenfalls in keinem guten Zustand ist das aus metamorphem Schiefer hergestellte Grabmal Nr. 9. Abschieferungen bzw. Schollenbildungen haben längst das Schriftbild zerstört, sodass nur noch mühsam einige der wenigen Buchstaben nachvollzogen werden können. Auch bei dem aus Andesit hergestellten Grabstein Nr. 8 lassen sich v.a. an den Rändern leichte Abschieferungen lokalisieren. Das auf der Grabplatte aus dem Stein herausgearbeitete Familienwappen ist schon soweit zerstört, dass der

Steinzerfall T 22

Zerstörungen am Grabmal Nr. 17

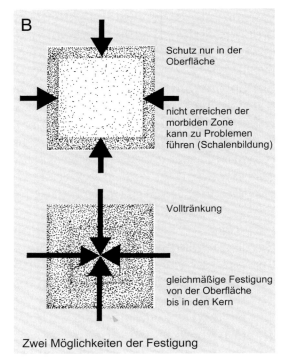

Schutz nur in der Oberfläche

nicht erreichen der morbiden Zone kann zu Problemen führen (Schalenbildung)

Volltränkung

gleichmäßige Festigung von der Oberfläche bis in den Kern

Zwei Möglichkeiten der Festigung

Schalenbildung beim Grabmal Nr. 24

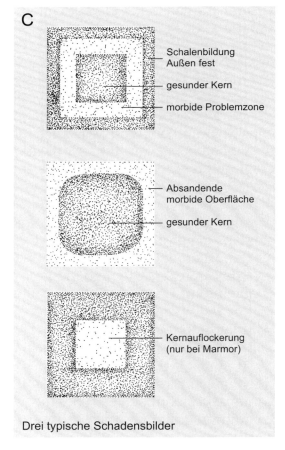

Schalenbildung
Außen fest
gesunder Kern
morbide Problemzone

Absandende morbide Oberfläche
gesunder Kern

Kernauflockerung (nur bei Marmor)

Drei typische Schadensbilder

Hauptbestandteil des Wappens, nämlich das Wappenzeichen, nicht mehr entziffert werden kann. Das darunter befindliche Schriftbild ist dagegen noch recht gut erhalten. Mit den besten Eindruck vermittelt das aus Marmor gefertigte Grabdenkmal Nr. 14. Außer einigen kleinen Beschädigungen an den Kanten und dem zum Teil starken Moosbefall lassen sich keine Beschädigungen feststellen. Der Unterbau, der aus Ziegelstein bzw. aus mitteldevonischem Sandstein hergestellt wurde, zeigt allerdings wiederum ernstzunehmende Verwitterungsspuren.

Schon anhand dieses relativ kleinen Spektrums an verwendeten Steinen wird deutlich, wie unterschiedlich die Materialien auf die Witterungsverhältnisse reagierten bzw. reagieren. In diesem Zusammenhang sei daran erinnert, dass die natürliche Verwitterung von Natursteinen im wesentlichen durch äußere Einflüsse bestimmt wird. Die Wasser – und Schadstoffaufnahme des Natursteins spielt hierbei eine wesentliche Rolle. Durch die Luftverunreinigung wird nach wie vor mit dem Regenwasser eine ganze Reihe von Schadstoffen in den Stein eingebracht. Diese Schadstoffe, z. B. in Form von Abgasen, führen im Stein zu einer Bindemittelumwandlung und letztlich zur Bildung von Salzen, die im Zerstörungsprozess der Steine, also bei der Verwitterung eine entscheidende Rolle spielen. Als weitere Träger der Verwitterung seien insbesondere anstehendes Grundwasser, Frostschäden oder die durch Bewuchs mit Mikroorganismen verursachten biologischen Schäden angeführt[311].

Neben den einschlägigen Erfahrungen mit den verschiedenen Steinsorten wird, zumindest zum Teil, die handwerklich ausgerichtete Arbeitsweise der Fachfirmen durch spezialisierte, steinrestauratorische Anwendungstechniken ersetzt werden müssen, wenn die Bedeutung des jeweiligen Grabsteines dies erforderlich erscheinen lässt. Besonders künstlerisch bearbeitete Objekte mit schwerwiegenden Schädigungen (vgl. z.B. Nr. 27) sollten gesondert von dafür ausgebildeten Restauratoren wiederhergestellt und konserviert werden. Bei der Planung von konservierenden und restaurierenden Maßnahmen ist wichtig, dass eine Festlegung der Reihenfolge und das sinnvolle Ineinandergreifen der verschiedenen Arbeitsschritte erfolgt. Neben dieser Maßnahmenabfolge spielen auch die einzuhaltenden Warte-, Trocknungs- und Abbindezeiten eine wichtige Rolle für den Erfolg der Erhaltungsbemühungen. So kann z.B. nach einer Wasserreinigung eine Festigung des Steins erst nach drei bis vier Wochen Mindesttrockenzeit in Abhängigkeit von klimatischen Gegebenheiten wie Lufttemperatur, Luftfeuchtigkeit und Wind erfolgen. Im folgenden seien mögliche Erhaltungsmaßnahmen aufgeführt. Ergänzend dazu sei in kurzen Zügen erläutert, mit welchem Ziel sie jeweils angewendet werden können, bzw. an den hier thematisierten Steinen schon angewendet wurden. Des weiteren soll die Reihenfolge der Auflistung einen denkbaren Sanierungsablauf wiedergeben, indem die Einzelmaßnahmen nacheinander aufgeführt werden.

Vorfestigung

Bei den hier behandelten Grabsteinen wird es zukünftig in vielen Fällen erforderlich sein, sowohl die lockeren Oberflächenzonen als auch die sandenden Bereiche schon vor der Reinigung zu sichern, um einem Substanzverlust durch die, am Anfang einer jeglichen Baumaßnahme stehende, Reinigung vorzubeugen. Diese „restauratorische Vorsicherung" geschieht dadurch, dass die lose abstehenden Steinteile verklebt und

---
[311] Weber 1984, S. 57.

anschließend angeböscht werden, um eine Schädigung durch das Reinigungsverfahren zu vermeiden.

Reinigung

Die einfachste Form der Reinigung erfolgt durch die Anwendung von kaltem oder heißem Wasser, das entweder mit oder ohne Druck, oder auch nur in Verbindung mit dem Einsatz einer „Wurzelbürste" angewendet werden kann. Im Regelfall werden bei einem solchen Reinigungsverfahren keine Schadstoffe in den Naturstein eingebracht. Wichtig ist, dass die Steine von Schmutz und Algenbefall bzw. Moosbewuchs befreit werden. Außerdem öffnet dieser „Wasserguss" die Poren des Steins, was für die nachfolgenden Behandlungsschritte erforderlich ist. Da diese relativ einfache Reinigungsmethode aber v.a. bei den Laien nicht den gewünschten „Weißeffekt"[312] hervorrief, kam es noch bis vor gar nicht allzu langer Zeit zum Einsatz von Chemikalien, die zu diesem gewünschten „sauberen" Eindruck führen sollten. Diese chemischen Reinigungen mit alkalischen bzw. sauren Reinigern sind allerdings heute nicht mehr der Stand der Technik. An ihre Stelle sind neben der schon oben angesprochenen Reinigung mit Wasser die verschiedenen Partikelstrahlverfahren (sowohl trocken als auch feucht) bzw. Laserreinigungsverfahren getreten. Für die Entfernung von fettartigen Verschmutzungen kommen nach wie vor Pasten auf der Basis fettlösender Substanzen zum Einsatz.

Trocknungs- und Abbindezeiten

Mit dieser Position soll nochmals darauf hingewiesen werden, dass es gilt, Warte- Trocknungs- und Abbindezeiten einzuhalten. Im konkreten Fall ist z.B. nach der Vorreinigung bzw. vor der Weiterverarbeitung der Steine mit einer ca. vier wöchigen Trockenzeit zu rechnen. Grundsätzlich ist es besser und deshalb erstrebenswert, die Steine „in situ" zu konservieren, außer natürlich, wenn sie einer Acrylharz – Volltränkung unterzogen werden sollen. Dann gilt es, die Steine in einem überdachten und v.a. belüfteten Raum zu trocknen. Erst durch die schonende und konsequente Trocknung ist, je nach Erfordernis, z.B. eine totale Durchdringung und Verfüllung mit Acrylharz möglich. Kapillaren, die noch Wasser enthalten, sind nämlich nicht in der Lage ein Konservierungsmittel aufzunehmen.

Entsalzung

Durch eine vorhandene Salzbelastung des Steins kann die Wirksamkeit von Schutzmitteln verhindert und die Wasserzufuhr erhöht werden. Eine Entsalzung durch Kompressen oder durch die Umwandlung in schwer lösliche Salze ist als restauratorische Sondertechnik im Einzelfall möglich.

---

[312] Ebenda, S. 58.

Festigung

Wie schon oben erwähnt, verbietet sich jedes Abarbeiten oder jede Verfälschung der originalen Form. Alle morbiden und absandenden Stellen eines Grabsteines sollten deshalb durch die Zufuhr eines neuen Bindemittels, das durch ein Lösungsmittel in den Stein eingebracht und dort als Gel abgeschieden wird, gefestigt werden. Als Wirkstoff wird nach wie vor Kieselsäure - Ester verwendet, der unter größtmöglicher Schonung der originalen Substanz eingebracht wird[313].

Steinergänzung

Bei partiellen Beschädigungen, bei denen der Stein nicht konstruktiv belastet wird, ist eine Ergänzung und Nachmodellierung mit Steinersatzmasse bzw. sog. Restaurierungsmörteln möglich. Es sei an dieser Stelle erwähnt, das durch die sog. Schalenbildung und durch das Aufblättern bzw. Aufspalten gefährdete Steine durch entsprechende, mineralisch angepasste, Injektionen stabilisiert werden können. Auch Rissbildungen in den Steinen sollten durch das Einspritzen von solchen Verfestigungsmitteln behandelt werden. Bei Mikrorissen kann es ebenfalls erforderlich sein, diese mit einem geeigneten Harz zu schließen.

Acrylharz – Volltränkung

Soll ein Werkstück nach einer aufwendigen Restaurierung wieder im Freien aufgestellt werden, dann gibt es nach dem momentanen Kenntnisstand nur eine erfolgversprechende Lösung, nämlich die sog. Acrylharz – Volltränkung. Es handelt sich hierbei um ein Spezialverfahren, bei dem der Porenraum vollständig mit Acrylharz gefüllt wird. Das Objekt wird in einen entsprechenden Tränkbehälter eingelegt, in einen Vakuum – Druckkessel eingefahren und dort einer sog. Vakuum – Phase ausgesetzt. Danach erfolgt die Zuführung der Tränkflüssigkeit, die nun unter Druck in den Stein eingebracht wird. Wie bei den Trocknungs- und Abbindezeiten hängt auch hier die Zeit von der Größe der Objekte und von der jeweiligen Gesteinsart ab. Anschließend wird das Verfahren wiederholt, danach durch Wärmezufuhr eine Aushärtung bzw. Polymerisation des Materials erwirkt[314]. Die Acrylharz – Volltränkung ist u.a. auch dann sinnvoll, wenn es sich um stark zerbröckelnde Werkstücke handelt, die andernfalls ersetzt werden müssten.

Steinaustausch

Ein Steinaustausch ist v.a. bei stark geschädigten oder bei konstruktiv belasteten Steinmaterial erforderlich. Bei solch in der Regel tiefen Steinwunden werden in bestimmten Abständen (ca. 5 – 8 cm) Löcher gebohrt und in diese Schrauben aus Chromnickel – Titan – Molybdänstahl (V4A) mit mineralgesättigten Epoxydharz eingesetzt. Diese Art der Punktarmierung hat sich bisher wohl bestens bewehrt. Danach wird diese verdübelte Schadstelle mehrmals gut genässt, mit einer Grundiermörtelschlämme eingestrichen und danach erfolgt die Einbringung des dickplastischen

---

[313] Dursy 1984, S. 60.
[314] Vgl. Informationsbroschüre der Firma Ibach – Steinkonservierung GmbH & Co KG, Bischberg/Bamberg.

Grundiermörtels, der bis zur Oberfläche des umgebenden Steines angetragen wird. Der nachfolgend aufzuziehende Feinmörtelauftrag ist dann in genauester Angleichung an die Oberflächenbearbeitung des umgebenden Steines auszubilden. Danach können, quasi als letzte Verfeinerung der Oberflächenausbildung, farbliche Angleichungen, z.B. auf der Basis von Mineralfarben, erfolgen.

Hydrophobierung

Als abschließende Konservierungsmaßnahme empfiehlt sich die sog. Hydrophobierung, die mit siliciumorganischen Verbindungen v.a. zur Reduzierung der Wasseraufnahme bei den Natursteinen durchgeführt wird.

Erforderliche Vorleistungen

Durch unüberlegte Planungsentscheidungen oder durch ungeeignete Arbeitsverfahren kann ein Verlust der historischen Qualität, z. B. bei den hier erörterten Grabsteinen, eintreten. Deshalb ist es vor all diesen dargestellten denkmalpflegerischen Maßnahmen erforderlich, sich um eine entsprechende Vorleistung in Form einer Bestandsaufnahme zu kümmern. Diese Bestandserfassung, wenn möglich als steingerechte Bauaufnahme, sollte des weiteren ergänzt werden durch entsprechende Beschreibungen der Objekte, sowohl in Bezug auf ihre äußere Kontur als auch hinsichtlich ihrer Veränderungen bzw. Beschädigungen z.B. durch Witterungseinflüsse o.ä. Ebenso ist es wichtig, sich Kenntnis zu verschaffen über die petro – physikalischen Eigenschaften des verwendeten Materials: z.B. Kapillarität, Festigkeiten, Dehnverhalten u.a., die z.B. mit dem „Karsten Röhrchen", Dehnmessstreifen, Bohrwiderstands – oder Ultraschallmessgerät am Objekt erfasst werden können[315]. Wenn eine solche Bestandsaufnahme dann noch durch die Wiedergabe der Grabsteininschriften ergänzt und durch weitere evtl. geschichtliche Informationen vervollständigt wird, ist mit ihr eine sicherlich hilfreiche Grundlage geschaffen, um die notwendigen Schritte zur Erhaltung einleiten zu können.

---

[315] Snethlage 1997.

5.8 Vergessene, vergangene Grabstätten (F 09)

Die Inhaber des Herzogtums Berg waren durch Ämter und Lehen dem Heiligen Römischen Reich verpflichtet. Als es zwischen dem Preußenkönig Friedrich dem Großen und der österreichischen Kaiserin Maria Theresia zum 7-jährigen Krieg (1756 - 1763) kam, stellte das Herzogtum Berg dem kaiserlichen Heer Maria Theresias ein Kontingent von 10 Bataillonen zur Seite. Ein Teil hiervon war Anfang der achtziger Jahre als Invalidenkompanie im Neuen Schloss in Bensberg untergebracht. Im Jahre 1793 wurde das Neue Schloss als Kriegslazarett vom Kaiserlichen Heer beschlagnahmt.

Die im Militärdienst ergrauten Soldaten der kurpfälzisch-bergischen Invalidenkompanie, der in herkömmlicher Weise die Besetzung der vier Posten der Schlosswache oblag, wurden in das Alte Schloss und in das Dorf (Bensberg) verlegt. Da der Herzog von Berg gleichzeitig Kurfürst der Pfalz war, stammte der überwiegende Teil der in Bensberg verbliebenen Invaliden aus der Pfalz. Viele von Ihnen sahen ihre Heimat nicht wieder und verstarben in Bensberg. Sofern sie katholisch waren, wurden sie auf dem alten Friedhof in Bensberg bestattet; waren sie protestantischer Konfession, wurden sie auf dem historischen Friedhof neben der Gnadenkirche in Gladbach zur letzten Ruhe gebettet[316].

Der damals amtierende Pfarrer der reformierten Gemeinde, Johann Peter Bornemann trug während seiner Amtszeit (1778 - 1789)[317] drei dieser Soldaten in das Sterbebuch ein[318].

"30. September 1782 starb Stephan Reich, einer von denen zu Bensberg liegenden Invaliden-Soldaten, im 67. Jahr seines Alters und ward den 2. October hierhin auf unseren Kirchhof begraben.

7. July 1784 starb zu Bensberg Heinrich Becker, ein Invaliden Soldat, im 69. Jahr seines Alters und wurde den 18.d.M. hierhin begraben.

13. Juny 1785 starb Caspar Anspach, einer von denen zu Bensberg liegenden Invaliden-Comp. seines Alters ungefähr 81 Jahr, und wurde den folgenden Tag auf hiesigen Kirchhof begraben".

Der Nachfolger von Pfarrer Bornemann, Pfarrer Mauritz Johann Heinrich Beckhaus (Gemeindepfarrer von 1789 bis 1806)[319] vermerkte im Sterbebuch folgende Angehörige[320] der Invalidenkompanie:

"24. April 1793 starb zu Bensberg Georg Christoph, Invalide aus Hilsbach, in der Pfalz im 66. Jahr seines Alters, und wurde den 26. hier begraben.

7ten July 1793 starb zu Bensberg Conrad Klippel, ein Invalide, aus Bubenheim, in der Pfalz, alt 56 Jahre, und ward hierselbst am 9. begraben.

---

[316] „Eine vergessene Grabstätte bergischer Soldaten in Bergisch Gladbach", aufgefunden im Archiv des Ev. Verw. Amtes, Verfasser: A. J., ohne Datum.
[317] Rehse 1900, S. 80 ff. und 107.
[318] Ev. Verw. Amt, „Taufen, Trauungen, Bestattungen 1776 – 1856", K9.
[319] Rehse 1900, S. 108 ff. und 123 ff.
[320] Ev. Verw. Amt, „Taufen, Trauungen, Bestattungen 1776 – 1856", K9.

In der Nacht vom 16ten auf den 17ten Januar 1794 starb zu Bensberg Frau Catharina Bernardina Hoenens, des verlebten Herrn Hauptmann Stravens nachgelassene Witwe, alt 75 Jahre und 11 Tage, und wurde den 19. hierselbst begraben.

9. November 1795 Nachts starb zu Bensberg Johann Michael Bach, ein Invalide, und wurde den 11. hierselbst begraben.

9. April 1796 starb zu Bensberg Joseph Damm, Tambour, aus Schefftenz in der Pfalz bürtig, alt 59 Jahr, und wurde den 11. hierselbst begraben.

17. July 1796 starb zu Bensberg Paulus Kind, ein Invalide, von Dichtelbach in der Pfalz, alt 60 Jahr, und wurde den 18ten hierselbst begraben.

13. April 1797 starb zu Bensberg Georg Porth, ein Invalide, aus Armsheim, Amts Alzey in der Pfalz, alt 74 Jahr, und wurde am 14. hierselbst begraben.

8. May 1797 starb zu Bensberg Wilhelm Flockert, Invalide, aus Ugelheim (?), Oberamts Neustadt in der Pfalz, alt 90 Jahr, und wurde den 9. hierselbst beerdigt.

23. August 1797 starb zu Bensberg Samuel Tittel, ein Invalide, alt 67 Jahr, und wurde den 24. hierselbst beerdigt.

27. September 1797 starb zu Bensberg Wilhelm Conrad, ein Invalide, gebürtig aus Eller, Oberamts Simmern in der Pfalz, alt 68 Jahr, und wurde den 29. hierselbst beerdigt.

1ten July 1799 starb zu Bensberg Daniel Dillmann, Fourier, gebürtig aus Caub, Amts Bacharach in der Pfalz, alt 60 Jahr, und wurde den 2ten hierselbst beerdigt.

21. Februar 1800 starb zu Bensberg Philipp Knell, Invalide aus Offenheim, Oberamts Alzey in der Pfalz, alt 65 Jahr, und wurde den 22. hierselbst begraben.

11. März 1800 starb zu Bensberg Valentin Baumann, Invalide, aus Großassen, Amts Heydelberg, alt 60 Jahr, und wurde den 12. hierselbst beerdigt.

5. Mai 1800 starb zu Bensberg, Conrad Kemp, ein Invalide, seiner Profession ein Schumacher, Ehemann, aus Bacharach in der Pfalz, alt 44 Jahr, und wurde am 7. hierselbst begraben.

14. Februar 1802 starb zu Bensberg Carl Wetzel, Invalide aus Bossenheim Oberamtes Kreuznach in der Pfalz, 70 Jahr alt, und wurde am 16. hierselbst beerdigt.

19. Decemb. 1802 starb zu Bensberg Johann Dick, Invalide, gebürtig aus Montzingen, Oberamts Kreuznach, 74 Jahr alt, und wurde den 20. hierselbst begraben.

23. April 1803 starb zu Bensberg Joseph Dunkel, Churpfalzischer Unterlieutnant, ledig, 75 Jahr alt, an bösartigem Nervenfieber, beerdigt am 2 ".

Damit waren nach dem Sterberegister insgesamt 18 Soldaten der Invaliden - Kompanie sowie eine Hauptmannswitwe aus Bensberg auf dem historischen Friedhof beerdigt. Leider fiel nach Anlegung des neuen Friedhofes auf dem Quirlsberg der alte Kirchhof nach den Worten des Pfarrers Ludwig Rehse "der Vergessenheit und Verwahrlosung " anheim[321]. Im Jahre 1895 erhielt man bei der Instandsetzung zwar viele Einzel- und Eigengräber, Gräberfelder wurden jedoch eingeebnet. Damit gingen die Spuren jener Soldatengräber verloren.

Der Verschönerungsverein der Stadt Bergisch Gladbach hat sich allerdings kürzlich der Sache angenommen und eine Andenkenplatte fertigen lassen (F 09), welche an die begrabenen Soldaten der kurpfälzisch - bergischen Invalidenkompanie erinnern soll. Diese Platte wird noch im Jahre 2004 an würdiger Stelle auf dem Friedhof aufgestellt werden.

---

[321] Rehse 1900, S. 248.

F06   Blick auf das Grabdenkmal der Familie Fauth (Nr. 29)

6. Anhang zum Text

6.1. Anmerkungen zu den Textabbildungen (T)

T 01/A
Umzeichnung nach Lange / Hirmer 1978, Abb. 6.

T 01/B
Umzeichnung nach Antikensammlung 1992, S.108, Abb. 24.

T 01/C
Umzeichnung nach Branigan / Vickers 1991, S. 203.

T 01/D
Umzeichnung nach Antikensammlung 1992, S. 114, Abb. 29.

T 02/A
Umzeichnung nach Päffgen / Ristow 1996, S. 740.

T 02/B
Umzeichnung nach Bechert 1982, S. 70, Abb. 76.

T 02/C
Umzeichnung nach Bechert 1982, S. 125, Abb. 141.

T 02/D
Umzeichnung nach Bechert 1982, S. 256, Abb. 358.

T 03/A
Hochgrabplatte Herzog Gerhard II. (+ 1475) aus Paffrath 1974, S. 64.

T 03/B
Umzeichnung nach Binding u. a. 1975, S. 32.

T 03/C
Grabkreuz aus Werling 2002, S. 94 (Z04).

T 04/A
Umzeichnung nach Koch [16]1999, S. 115.

T 04/B - D
Grabkreuze aus Werling 2002, S. 126 (Z19), S. 120 (Z16) und S. 124 (Z18).

T 05
Beiblatt zur Urkarte von 1869 bis 1903, Gemeinde Bergisch Gladbach, Gemarkung Gladbach, Flur 3. Quelle: Katasteramt Bergisch Gladbach.

T 06/A
Abbildung aus dem Rheinischen Industriemuseum Bergisch Gladbach, Papiermühle „Alte Dombach" (mit freundl. Genehmigung von Herrn H. W. Zanders).

T 06/B
Abbildung aus dem Rheinischen Industriemuseum Bergisch Gladbach, Papiermühle „Alte Dombach" (mit freundl. Genehmigung von Herrn H. W. Zanders).

T 06/C
Abbildung aus Heimat zwischen Sülz und Dhünn, Heft 11, 2004, S. 38.

T 06/D
Abbildung aus dem Rheinischen Industriemuseum Bergisch Gladbach, Papiermühle „Alte Dombach".

T 07/A
Abbildung aus Schmitz 1938, ohne Seitenangabe.

T 07/B
Anordnung der Grabsteine auf dem alten ev. Friedhof an der Gnadenkirche / Werling.

T 08/A – C
Schriftarten auf den Grabsteinen des alten ev. Friedhofes an der Gnadenkirche / Werling.

T 09/A – F
Grabsteinsymbole auf den Grabsteinen des alten ev. Friedhofes an der Gnadenkirche / Werling.

T 10/A – F
Grabsteinsymbole auf den Grabsteinen des alten ev. Friedhofes an der Gnadenkirche / Werling.

T 11/A – F
Grabsteinsymbole auf den Grabsteinen des alten ev. Friedhofes an der Gnadenkirche / Werling.

T 12/A – F
Signaturen auf den Grabsteinen des alten ev. Friedhofes an der Gnadenkirche / Werling.

T 13/A – D
Jacob Breuer, Arbeiten auf dem „alten Deutzer Friedhof" und dem „alten Kalker Friedhof" / Werling.

T 14/A – F
Johann Hansmann, Arbeiten auf Melaten / Werling.

T 15/A - C
Johann Hansmann, Arbeiten in Deutz und Mülheim / Werling.

T 16
Totenzettel des Johann Joseph Mannebach,
Quelle: Historisches Archiv der Stadt Köln; Bestand 1072 M, Nachlass Merlo.

T 17/A – F

Johann Joseph Mannebach, Arbeiten auf Melaten und dem ehem. Ev. Friedhof in Köln „Geusenfriedhof" / Werling.

T 18/A – D

Dietrich Meinardus, Arbeiten auf dem Golzheimer- und dem Nordfriedhof in Düsseldorf / Werling.

T 19/A – C

Simon Neffgen, Grabmal Pfarrer A. Rembold, Engelskirchen / Werling.

T 20/A

Aus Hartwig / Sprengel, „Handwerke und Künste in Tabellen", Berlin 1770, bzw. Boehlke 1979, S. 244.

T 20/B

Steinmetzen bei der Arbeit. Kupferstich aus dem 18. Jh., aus Boehlke 1979, S. 244.

T 20/C

Steinbearbeitung auf der Bank bzw. im Stich / Werling.

T 21

Herstellung eines Grabkreuzes / Werling.

T 22/A1 u. A2

Steinzerfall: Massive Zerstörungen bei Grabstein Z 17 (A1) bzw. Schalenbildung beim Sandstein, Grabstein Z 24 (A2).

T 22/B u. C

Steinzerfall / „Zwei Möglichkeiten der Festigung" und „typische Schadensbilder". Umzeichnung nach: Jbach – Steinkonservierung GMBH & CO KG / Bamberg.

T 23

Die Bauglieder der Grabdenkmale / M. Werling.

T 24

Denkmalausweisung / Urkunde

6.2 Anmerkungen zu den Fotografien (F)

Sämtliche Fotografien F01 bis F09 sind im Frühjahr 2004 von den Verfassern aufgenommen worden.

F07	Blick auf das Grabdenkmal der Familie Fues (Nr. 26)

6.3 Literaturverzeichnis

Abt 1986
J. Abt, Bildhauer und Steinmetzen in Kölner Adressbüchern, 1797 – 1941/42, Findbuch. Maschinenschr. Exemplar, Köln 1986.

Abt/Beines 1997
J. Abt/J. R. Beines, Melaten. Kölner Gräber und Geschichte, Köln 1997.

Abt/Vomm 1980
J. Abt/W. Vomm, Der Kölner Friedhof Melaten. Begegnung mit Vergangenem und Vergessenem aus rheinischer Geschichte und Kunst, Köln 1980.

Antikensammlung 1992
Die Antikensammlung im Pergamonmuseum und in Charlottenburg. Staatliche Museen zu Berlin – Preußischer Kulturbesitz, Hrsg.: Staatliche Museen zu Berlin, Mainz 1992.

Basedow 2001
M. Basedow, Der spätbronzezeitliche Friedhof am Besiktepe, in: Troia – Traum und Wirklichkeit, Darmstadt 2001.

Bechert 1982
T. Bechert, Römisches Germanien zwischen Rhein und Maas, München 1982.

Binding u. a. 1975
G. Binding/L. Hagendorf/N. Nussbaum/G. Pätzold/U. Wirtler, Das ehemalige romanische Zisterzienserkloster Altenberg. 9. Veröffentlichung der Abteilung Architektur des Kunsthistorischen Instituts der Universität Köln, Köln 1975.

Berve/Gruben 1978
H. Berve/G. Gruben, Tempel und Heiligtümer der Griechen, München 1978.

Bockemühl/Eckert 1970
J. Bockemühl/K. Eckert, Zwei Altenberger Grabsteine, Hrsg. im Jahre 1970 vom Altenberger- Domverein e. V., Bergisch Gladbach, zugleich als Jahresgabe des Altenberger Dom- Vereins, Bergisch Gladbach 1970.

Boehlke 1979
H. K. Boehlke (Hrsg.), Wie die Alten den Tod gebildet. Wandlungen der Sepulkralkultur 1750 – 1850. Kasseler Studien zur Sepulkralkultur, Bd. 1, Kassel 1979.

Boehlke 1986
H.-K. Boehlke, Vom Sinn des Grabes und des Grabmals. Sinnzeichen und Sinnbilder an Grabstätten und Grabmalen I, in: Naturstein, 41. Jg., April 1986, S. 334 – 337.

Branigan/Vickers 1991
K. Branigan/M. Vickers, Hellas. Kultur und Zivilisation, Bergisch Gladbach 1991.

Brockhaus [20]2001
Brockhaus, Die Enzyklopädie in vierundzwanzig Bänden. Studienausgabe, Leipzig, Mannheim [20]2001.

Chapeaurouge 1984
D. de Chapeaurouge, Einführung in die Geschichte der christlichen Symbole, Darmstadt 1984.

Chevalier/Gheerbrant [2]1973
J. Chevalier/A. Gheerbrant (Hrsg.), Dictionnaire des symboles. Mythes, 4 Bde. Paris [2]1973.

Deeters 1987
J. Deeters, Der Nachlass Ferdinand Franz Wallraf. Mitteilungen aus dem Staatsarchiv Köln, Hrsg. von H. Stehkämper, 71. Heft, Köln, Wien 1987.

Demandt 2002
A. Demandt, Über allen Wipfeln. Der Baum in der Kulturgeschichte, Köln, Weimar 2002.

Derwein 1931
H. Derwein, Geschichte des christlichen Friedhofs in Deutschland, Frankfurt 1931.

Didron 1965
A. N. Didron, Christian Iconography. The History of Christian Art in the Middle- Ages, 2 Bde. New York 1851- 1866, Neudruck 1965.

Die Bibel 1980
Die Bibel, Altes und Neues Testament. Einheitsübersetzung, Stuttgart 1980.

Dietmar/Jung 1996
C. Dietmar/W. Jung, Kleine illustrierte Geschichte der Stadt Köln, Köln 1996.

Dursy 1984
H. V. Dursy, Konservierung, Restaurierung und Kopienherstellung von historischen Grabdenkmalen, in: Umgang mit Historischen Friedhöfen. Kasseler Studien zur Sepulkralkultur, Hrsg. von H.-K. Boehlke, Bd.3, Kassel 1984.

Eckert [2]1991
W. P. Eckert, Kölner Stadtführer. Wege zur Kunst, Kultur und Geschichte, Köln [2]1991.

Eggebrecht 1990
A. Eggebrecht (Hrsg.), Suche nach Unsterblichkeit. Totenkult und Jenseitsglaube im Alten Ägypten, Hildesheim 1990.

Ehrhardt 1985
H. Ehrhardt, Samothrake, Heiligtümer in ihrer Landschaft und Geschichte als Zeugen antiken Geisteslebens, Stuttgart 1985.

Eversmann 1804
F. A. A. Eversmann, Übersicht der Eisen- und Stahl- Erzeugung auf Wasserwerken in den Ländern zwischen Lahn und Lippe, Hauptteil und Beilagen, Dortmund 1804.

Eyll 1982
K. van Eyll, 400 Jahre Papiermühlen an der Strunde, Hrsg.: Stiftung Zanders- Papiergeschichtliche Sammlung, Bergisch Gladbach 1982.

Ferguson ²1955
G. Ferguson, Signs and Symbols in Christian Art, London ²1955.

Fischer/Welter/Einholz 1988
C. Fischer/V. Welter/S. Einholz, Eisenguß auf den historischen Friedhöfen in Berlin – Zehn Anmerkungen, in: Aus einem Guß. Eisenguß in Kunst und Technik, Berlin 1988.

Germann 1974
G. Germann, Neugotik. Geschichte ihrer Architekturtheorie, Stuttgart 1974.

Geurts 2000
G. Geurts, Karren, Kessel und Granaten. Geschichte der Metallindustrie in Bergisch Gladbach, Beiträge zur Geschichte der Stadt Bergisch Gladbach, Bd. 8, Bergisch Gladbach 2000.

Goethe ²1968
Goethes Werk in zwölf Bänden, Bd. 8, Aus meinem Leben. Dichtung und Wahrheit, Erster und Zweiter Teil, Hrsg. von den Nationalen Forschungs- und Gedenkstätten der klassischen deutschen Literatur, Weimar ²1968.

Grimm 1875
J. Grimm, Deutsche Mythologie, Hrsg. von E. H. Meyer, 3 Bde. Berlin 1875.

Hable 1989
B. Hable, Klassizistische und Neugotische Grabmale und ihre Symbole auf dem Friedhof an der Caspar- Baur- Strasse in Wesel, Wesel 1989.

Hannig 1908
G. Hannig, Der Friedhof und seine Kunst, Berlin 1908.

Hartmann 1969
J. B. Hartmann, Die Genien des Lebens und des Todes. Zur Sepulkralikonographie des Klassizismus, in: Römisches Jahrbuch für Kunstgeschichte, Bd. XII, Tübingen 1969.

Hartwig/Sprengel 1770
C. L. Hartwig/P. N. Sprengel, Handwerk und Künste in Tabellen, Berlin 1770.

Heinz-Mohr ⁵1979
G. Heinz-Mohr, Lexikon der Symbole. Bilder und Zeichen der christlichen Kunst, Düsseldorf, Köln ⁵1979.

Herder 1877-1913
J. G. Herder, Wie die Alten den Tod gebildet? Ein Nachtrag zu Lessings Abhandlungen desselben Titels und Inhalts, in: Sämtliche Werke, Hrsg. von B. Suphan, 33 Bde. Berlin 1877-1913.

Illi 1992
M. Illi, Wohin die Toten gingen. Begräbnis und Kirchhof in der vorindustriellen Stadt, Zürich 1992.

Jöckle 1993
C. Jöckle, Memento Mori. Friedhöfe Europas, München 1993.

Jakob/Leicher ^{3}1995
S. Jakob/M. Leicher, Schrift und Symbol in Stein, Holz und Metall, München ^{3}1995.

Kätsch/Klie 1998
H.-M. Kätsch/T. Klie (Hrsg.), TodesZeichen. Grabmale in semiotischer und religionspädagogischer Perspektive. Religionspädagogisches Institut Loccum, Loccum 1998.

Kirschbaum 1976
E. Kirschbaum (Hrsg.), Lexikon der christlichen Ikonographie, 8 Bde. Rom, Freiburg, Basel, Wien 1968-1976.

Koch 1989
H. Koch, Zanders – Aus der Geschichte eines Unternehmens, Bergisch Gladbach 1989.

Koch ^{16}1999
H. Koch, Michelangelo, Hamburg ^{16}1999.

Koepf/Binding ^{3}1999
H. Koepf/G. Binding, Bildwörterbuch der Architektur, 3. Aufl., überarbeitet von G. Binding, Stuttgart ^{3}1999.

Kuhn 1982
H.-W. Kuhn, Die Kreuzesstrafe während der frühen Kaiserzeit. Ihre Wirklichkeit und Wertung in der Umwelt des Urchristentums, in: H. Temporini und W. Haase (Hrsg.), Aufstieg und Niedergang der römischen Welt, Bd. II, Berlin, New York 1982.

Lamer ^{9}1989
H. Lamer, Wörterbuch der Antike, Stuttgart ^{9}1989.

Laudert ^{5}2003
D. Laudert, Mythos Baum, München ^{5}2003.

Lange/Hirmer 1978
K. Lange/M. Hirmer, Ägypten. Architektur, Plastik, Malerei in drei Jahrtausenden, München 1978.

LCI ²1994
Lexikon der christlichen Ikonographie, Hrsg. von E. Kirschbaum u.a., 8 Bde. Freiburg im Breisgau 1968.

Leitner 2003
G. Leitner, Friedhöfe in Köln, Neumarkt 2003.

Lessing 1769
G. E. Lessing, Wie die Alten den Tod gebildet. Eine Untersuchung, Berlin 1769, Hrsg. von L. Uhlig, Stuttgart 1984.

Lurker 1958
M. Lurker, Symbol, Mythos und Legende in der Kunst. Die symbolische Aussage in Malerei, Plastik und Architektur, Studien zur Deutschen Kunstgeschichte, Bd. 314, Baden- Baden, Straßburg 1958.

Lurker 1960
M. Lurker, Der Baum in Glauben und Kunst (unter besonderer Berücksichtigung der Werke des Hieronymus Bosch), Studien zur Deutschen Kunstgeschichte, Bd. 328, Baden- Baden, Straßburg 1960.

Lurker ⁵1991
M. Lurker, Wörterbuch der Symbolik, Stuttgart ⁵1991.

Meis 2002
M. S. Meis, Historische Grabdenkmäler der Wupperregion, dokumentiert und analysiert vor dem Hintergrund der Entwicklung der Sepulkralkultur, Phil. Diss. Wuppertal 2002.

Memmesheimer 1969
P. A. Memmesheimer, Das klassizistische Grabmal. Eine Typologie, Phil. Diss. Bonn 1969.

Mercer 1989
R. J. Mercer, Wehranlage und Bestattungsplatz aus der Jungsteinzeit, in: Siedlungen der Steinzeit. Haus, Festung und Kult, Heidelberg 1989.

Merlo 1895
J. J. Merlo, Kölnische Künstler in Alter und Neuer Zeit, Hrsg. von E. Firmenich-Richartz. Publikation der Gesellschaft für Rheinische Geschichtskunde, Bd. IX, Kölnische Künstler, Düsseldorf 1895.

Meyers 1979
Meyers Neues Lexikon in 8 Bde. Hrsg. und bearb. von der Lexikonredaktion des Bibliographischen Instituts, Mannheim, Wien, Zürich 1978.

Müller ³1986
G. Müller, Refrath. Ein Beitrag zur Geschichte des Bergischen Landes, Hrsg. von P. Bürling in Zusammenarbeit mit der Stadt Bensberg, Neustadt a. d. Aisch ³1986.

Nisters – Weisbecker 1983
A. Nisters – Weisbecker, Grabsteine des 7. – 11. Jahrhunderts am Niederrhein, in: Bonner Jahrbücher des Rheinischen Landesmuseums in Bonn, Bd. 183, S. 175 – 326, Bonn 1983.

Ohler ²1990
N. Ohler, Sterben und Tod im Mittelalter, München ²1990.

Paffrath 1974
A. Paffrath, Altenberg. Der Dom des Bergischen Landes, Königstein i. T. 1974.

Päffgen/Ristow 1996
B. Päffgen/S. Ristow, Die Religion der Franken im Spiegel archäologischer Zeugnisse, in: Die Franken, Wegbereiter Europas. Katalog-Handbuch in zwei Teilen, Mannheim/Mainz 1996, Teil 2, S. 738 – 744.

Panofsky 1993
E. Panofsky, Grabplastik. Vier Vorlesungen über ihren Bedeutungswandel von Alt-Ägypten bis Bernini, Köln 1993.

Panofsky-Soergel 1972
G. Panofsky-Soergel, Die Denkmäler des Rheinlandes, Hrsg. vom Landeskonservator Rheinland. Rheinisch – Bergischer Kreis, Bd.1 – 3, Düsseldorf 1972.

Pieper 1905
P. Pieper, Entwicklung des Beerdigungswesens der Stadt Köln, Phil. Diss. 1905.

Pons, Latein- Deutsch 2001
Pons, Wörterbuch Latein- Deutsch, Bearb. von R. Hau unter Mitwirkung von A. W. Fromm und S. Grebe, Stuttgart 2001.

Praßler 1967
A. Praßler, Alte Friedhöfe und Grabmäler in und um Köln, in: Rheinische Heimatpflege, Bd. 4, Köln 1967, S. 215 – 230.

Rehse 1900
L. Rehse, Geschichte der evangelischen Gemeinde Bergisch Gladbach von ihren Anfängen bis zur Gegenwart. Festschrift zur Wiedereinweihung der umgebauten Kirche, Bergisch Gladbach 1900.

Rügge 1995
N. Rügge, Die Grabsteine an der Kirche in Talle, in: Lippische Mitteilungen aus Geschichte und Landeskunde, Bd. 64, S. 75 – 106, Detmold 1995.

Sachs/Badstübner/Neumann 1975
H. Sachs/E. Badstübner/H. Neumann, Christliche Ikonographie in Stichworten, München 1975.

Schleicher 1988
H. M. Schleicher, Der Alte ev. Friedhof Köln- Mülheim. Rheinische Friedhöfe, Sonderhefte der Mitteilungen der Westdeutschen Gesellschaft für Familienkunde, Köln 1988.

Schmitz 1938
F. Schmitz, Der alte Friedhof der evangelischen Gemeinde zu B. Gladbach, in: Ruhmreiche Berge! Heimatkundliche Beilage der Heiderschen Zeitung, Nr. 3, Mai/Juni 1938. Nachdruck der Jahrgänge 1930- 41. Berg. Geschichtsverein, Abt. Rhein- Berg e. v., Bergisch Gladbach 1992.

Schmitz 1979
F. Schmitz, Die Papiermühlen und Papiermacher des Bergischen Strundertales, Reprint-Ausgabe, Bergisch Gladbach 1979.

Scholz ^{7}1969
W. Scholz Baustoffkenntnis. Der Schlüssel zur Wirtschaftlichkeit und Schadensverhütung, Düsseldorf ^{7}1969.

Schumann ^{6}2002
W. Schumann, Der neue BLV Steine- und Mineralienführer, München ^{6}2002.

Schwarz – Winklhofer/Biedermann ^{2}1980
I. Schwarz – Winklhofer/H. Biedermann, Das Buch der Zeichen und Symbole. Mit Beiträgen von V. Möller (Symbolzeichen) und G. Schön (Symbole u. Zeichen auf Münzen), Graz ^{2}1980.

Seib 1979
G. Seib, Das Gusseisen im Dienst der Totenehrung in der Zeit zwischen 1750 und 1850, in: Wie die Alten den Tod gebildet. Wandlungen der Sepulkralkultur 1750 – 1850, Kasseler Studien zur Sepulkralkultur, Bd. 1, Mainz 1979.

Seibert 1980
J. Seibert, Lexikon christlicher Kunst. Themen, Gestalten, Symbolik, Freiburg im Breisgau 1980.

Snethlage 1997
R. Snethlage, Leitfaden Steinkonservierung. Planung von Untersuchungen und Maßnahmen zur Erhaltung von Denkmälern aus Naturstein, Stuttgart 1997.

Souli 1995
S. Souli, Griechische Mythologie, Athen 1995.

Türk 1979
K. H. Türk, Christliche Kleindenkmale in Börde und Neffetal, Köln 1979.

Urselmann O. D.
H. W. Urselmann, Der alte Friedhof zu Engelskirchen. Rheinische Friedhöfe, Sonderhefte der Mitteilungen der Westdeutschen Gesellschaft für Familienkunde, Heft 17, Köln 1988.

Vogts 1932

H. Vogts, Die alten Kölner Friedhöfe. Rheinische Friedhöfe, Sonderhefte der Mitteilungen der Westdeutschen Gesellschaft für Familienkunde, Heft 1, Köln 1932.

Vogts 1937

H. Vogts, Der Kölner Friedhof Melaten. Rheinische Friedhöfe. Sonderhefte der Mitteilungen der Westdeutschen Gesellschaft für Familienkunde, Heft 2, Köln 1937.

Wagner 1995

G. Wagner, MEMENTO MORI – Gedenke des Todes! Friedhofs- und Bestattungskultur in Köln gestern und heute, Köln 1995.

Walker/Ward ^{2}2002

C. Walker/D. Ward, Fossilien, Zürich 2002.

Weber 1984

H. Weber, Die Reinigung von Natursteinen, insbesondere von Grabsteinen, in: Umgang mit Historischen Friedhöfen. Kasseler Studien zur Sepulkralkultur, Hrsg. von H.-K. Boehlke, Bd.3, Kassel 1984.

Werling 2002

M. Werling, Die historischen Grabsteine an der „Taufkirche" in Bergisch Gladbach/Refrath. Eine Dokumentation in Text, Bild und Zeichnung, Köln 2002.

Winckelmann 1766

J. J. Winckelmann, Versuch einer Allegorie, besonders für die Kunst, Dresden 1766.

Wolff ^{3}1989

G. Wolff, Das römisch – germanische Köln. Führer zu Museum und Stadt, Köln ^{3}1989.

Wolfram ^{2}1821

L. F. Wolfram, Handbuch für Baumeister, 1.Teil, Baumateriallehre, Rudolfstadt ^{2}1821.

Zacher 1975

I. Zacher, Friedhofsanlagen und Grabmäler der kommunalen rheinischen Friedhöfe, in: E. Trier/W. Weyres (Hrsg.), Kunst des 19. Jahrh. im Rheinland, Bd. 4, Plastik, S. 385 – 442.

Zacher 1982

J. Zacher, Düsseldorfer Friedhöfe und Grabmäler. Begräbniswesen und Brauchtum im 19. Jh. Düsseldorf 1982.

Zander/Bätz 2001

E. Zander/J. Bätz, Der Alte Friedhof in Bonn. Kunst und Geschichte(n), Bonn 2001.

Zurstraßen 1992

A. Zurstraßen, Der Altenberger Dom. Geschichte und Kunst, München, Zürich 1992.

7. Die Dokumentation

7.1 Editorische Notiz (T 23)

Die hier vorgelegte bildliche und textliche Gesamtdokumentation orientiert sich an der heute vorzufindenden Situation der Grabmale. Die Leser werden – entgegen dem Uhrzeigersinn – von Süden nach Westen geführt, so als gingen sie vom Friedhofszugang (rechte Seite, hintere Reihe) beginnend, entlang der Grabmäler bis zur Südostseite, dann entlang der Steine an der Ostseite des Friedhofes bis zu jenen Grabmälern, welche als „Solitäre" auf der Westseite des Friedhofes aufgestellt sind.

Leser, welche eine streng chronologische Abfolge vorziehen, können dies mit Hilfe des chronologischen Registers (Kap. 8.3) auf den Seiten 215/216 realisieren. Ein „chronologisches Lesen" der Dokumentation hat den Vorteil, das Leben der ev. Gemeinde zu Bergisch Gladbach, zumindest in Schlaglichtern, aber auch die Entwicklung ihrer Sepulkralkultur nachvollziehbar zu machen. Eine weitere Orientierungsmöglichkeit bietet der sowohl auf den Zeichnungen (Z01 bis Z34) als auch auf der Tafel T 07/B (S. 40) abgebildete „Belegungsplan" des Friedhofes, auf dem jeder Grabstein mit seiner Ziffer versehen ist. Die Wiedergabe der die Zeichnungen begleitenden Texte erfolgt stets nach dem gleichen Schema: Nach der Angabe der Nummer des Grabdenkmals folgen die Abmessungen des Steines, das verwendete Material und eine knappe Beschreibung des Steines. Mit in diesen Text ist die jeweils zu lokalisierende Inschrift eingeflochten. Der Inschriftentext ist in zeilengenauer Entsprechung (fett gedruckt) wiedergegeben. Auch die Groß- und Kleinschreibung ist hierbei entsprechend berücksichtigt worden. Runde Klammern in der Wiedergabe der Inschrift kennzeichnen ergänzte Buchstaben oder Worte.

Nach diesen Ausführungen folgt gegebenenfalls ein Kommentar zur Inschrift und – soweit dies möglich war – biographische Angaben zur Person: Zunächst nochmals der Name der verstorbenen Person mit dem eventuellen Hinweis unterschiedlicher Schreibweisen. Es folgt das Geburts- bzw. Sterbedatum. Wenn Sterbeurkunden vorhanden sind, wurden diese entsprechend berücksichtigt. Ergänzend aufgelistet wurden ebenso Angaben zu Angehörigen der Verstorbenen (Eltern, Ehepaare und Kinder). Wenn die Quellen- bzw. die Literatur es zuließ, konnte eine abschließende Bemerkung zu Leben und Werk der Verstorbenen angeführt werden.

Die dem Text gegenübergestellte Zeichnung (Z) zeigt in der Regel die Draufsicht, die Vorderansicht als auch eine Seitenansicht des Grabsteines. Soweit es der Platz zuließ und soweit es für erforderlich gehalten wurde, ist die entsprechende Rückseite der Steine oder gar ein Detail mit abgebildet worden. Zwei Signaturen geben über die Steinoberfläche bei dem Zustand der Objektaufnahme eine Auskunft. So wurde die weitgehend zerstörte „Haut" der Grabsteine mit einer unter 45 Grad angelegten Schraffur gekennzeichnet, die Steinergänzungen sind dagegen als gepunktete Flächen erkennbar. Die der jeweiligen Zeichnung beigefügte Fotografie soll, neben der steingerechten Objektaufnahme, die bildnerische Übersetzung der Wirklichkeit dokumentieren.

Typen und Bauglieder der Grabdenkmale — T 23

A

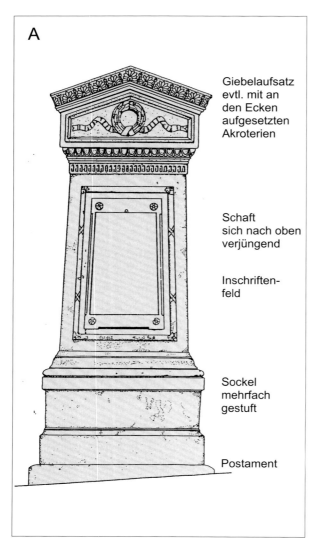

- Giebelaufsatz evtl. mit an den Ecken aufgesetzten Akroterien
- Schaft sich nach oben verjüngend
- Inschriftenfeld
- Sockel mehrfach gestuft
- Postament

B

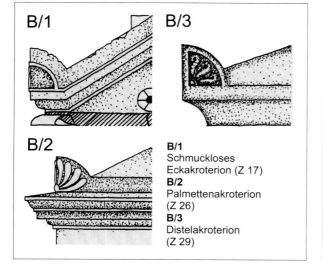

B/1 Schmuckloses Eckakroterion (Z 17)
B/2 Palmettenakroterion (Z 26)
B/3 Distelakroterion (Z 29)

C

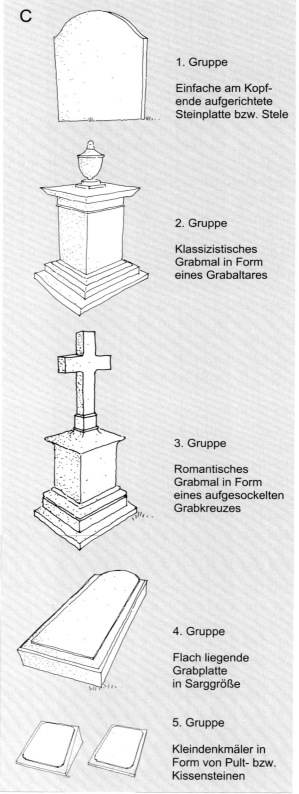

1. Gruppe — Einfache am Kopfende aufgerichtete Steinplatte bzw. Stele

2. Gruppe — Klassizistisches Grabmal in Form eines Grabaltares

3. Gruppe — Romantisches Grabmal in Form eines aufgesockelten Grabkreuzes

4. Gruppe — Flach liegende Grabplatte in Sarggröße

5. Gruppe — Kleindenkmäler in Form von Pult- bzw. Kissensteinen

7.2. Zeichnungs (Z) – und Kommentarteil

Grabdenkmal Nr. 01

Kissen L/B/H = 51/62,5/8 cm.
Marmortafel L/B/H = 40/52/2 cm.

Material: Kohlenkalk/Belgien, die aufliegende Platte aus Marmor, evtl. auch aus Belgien.

Schmuckloser, als liegendes Rechteck angelegter Kissenstein, dessen obenliegende Werksteinoberfläche mit einer Fase versehen ist. Die aufgelegte Marmorplatte, welche als Inschriftenplatte dient, ist an den Ecken durch einen leicht eingezogenen Viertelkreis gerundet. Trotz einer erheblichen Beschädigung dieser Platte (die linke obere Ecke fehlt) lässt sich noch folgende Inschrift entziffern:

(Au)guste Fues
geb. Schnabel
geb. 31. Octbr. 1801
gest. 29. Juni 1880
Römer 12.12.

Das am Ende der Inschrift angegebene Bibelzitat „Römer 12,12" soll die Hinterbliebenen auffordern, ein Leben aus dem Geiste anzustreben: „Seid fröhlich in der Hoffnung, geduldig in der Bedrängnis, beharrlich im Gebet!".

Eleonore Auguste Fues, geb. Schnabel

Geboren:	31. Oktober 1801 in Düsseldorf.
Gestorben:	29. Juni 1880[322].
Eltern:	?
Verheiratet mit:	Heinrich Fues, 1835[323].
Kinder:	Henriette, Helena, Adele (06.06.1837), Eleonore, Emilie, Eugenie (02.09.1841)[324]

---

[322] Ev. Verw. Amt, „Verzeichnis der Gestorbenen in der evangelischen Gemeinde zu Bergisch Gladbach vom Jahr 1857 bis zum Jahr 1918", S. 39, Nr.7.
[323] Ev. Verw. Amt, „Taufen, Trauungen, Bestattungen 1776 -1856, K 9, Verz. d. Verehel.", S. 89, Nr. 7.
[324] Ev. Verw. Amt, „Taufen, Trauungen, Bestattungen 1776 -1856, K 9, Verzeichnis der Getauften", S.89, Nr. 7 und S. 97, Nr. 15.

Bergisch Gladbach

Grabsteine auf dem Alten Friedhof an der Gnadenkirche

Z 1

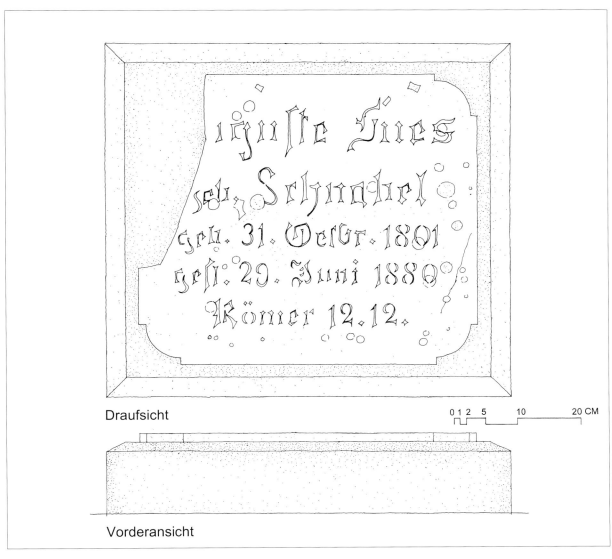

Draufsicht

Vorderansicht

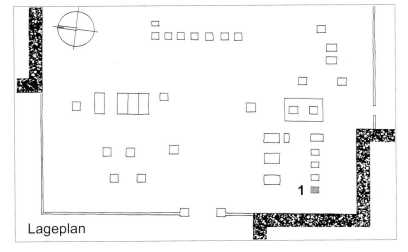

Lageplan

Grabdenkmal Nr. 02

Kissen L/B/H = 80/58/10 cm.
Marmortafel L/B/H = 64/44,5/1,5 cm.

Material: Kohlenkalk, eingelegte Platte aus Marmor.

Als stehendes Rechteck angelegter, lediglich durch eine Fase geschmückter Kissenstein. Die aus Marmor gefertigte Inschriftenplatte ist in eine ausgesparte Vertiefung des Kissens eingelegt. Die Platte ist ansonsten stark Moosbefallen, die beiden oberen Ecken abgeschlagen. Die sich auf die obere Hälfte der Platte beschränkende Inschrift lautet wie folgt:

Wilhelm Budde
geb. 14. Jan. 1847
gest. 18. Mai 1848

Wilhelm Budde

Geboren:	14. Januar 1847.
Gestorben:	18. Mai 1848[325].
Eltern:	Wilhelm Theodor Budde, Dr. Phil., Oberlehrer des Kadettenhauses zu Bensberg[326].

---

[325] Ev. Verw. Amt, „Taufen, Trauungen, Bestattungen 1776 – 1856, K 9, Verz. d. Gest.", S. 56, Nr. 4.
[326] Ebenda, S. 56, Nr. 4.

Bergisch Gladbach

Grabsteine auf dem Alten Friedhof an der Gnadenkirche

Z 2

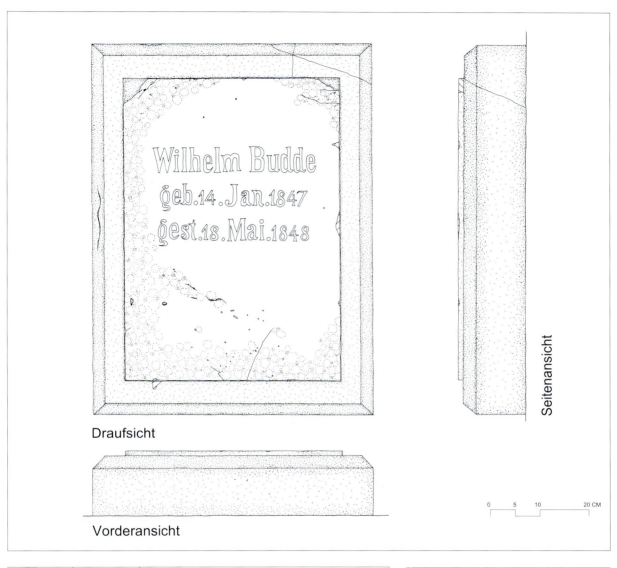

Wilhelm Budde
geb. 14. Jan. 1847
gest. 18. Mai 1848

Draufsicht

Seitenansicht

Vorderansicht

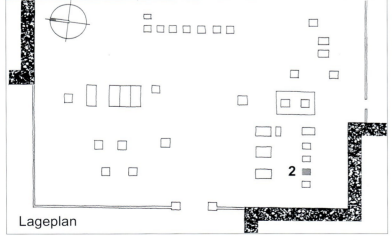

Lageplan

Grabdenkmal Nr. 03

Kissen L/B/H = 50/40/10 cm.
Kreuzaufsatz L/B/H = 43/33/8 cm.

Material: Buntsandstein.

Dem als stehendes Rechteck konzipierten Kissenstein ist ein Kreuz aufgelegt. Das Kissen zeigt auf dem Oberlager eine umlaufende, relativ breite Abfasung. Das Kreuz, welches aus zwei Teilen gefertigt ist, ziert ebenfalls eine umlaufende Fase. Die auf dem Kreuz aufgetragene Beschriftung, welche aufgrund der erheblichen Verwitterungsspuren nur noch schwer zu entziffern ist, lautet wie folgt:

Emilie Schrecker
18(?5)
Lasset die Kindlein zu mir
kommen
Marc. 10.11

Das am Ende der Inschrift aufgeführte Bibelzitat, welches die Segnung der Kinder zum Thema hat, ist unter „Markus 10.13" zu finden. Die Inschrift wird von einer sog. „Englischen Linie" abgeschlossen[327].

Emilie Schrecker

Geboren: ?

Gestorben: ?

Eltern: ?

---

[327] Eine „Englische Linie" ist ein Gestaltungsmittel, um Inhalte zu gliedern. Sie zeichnet sich dadurch aus, das sie an den Enden fein ist und zur Mitte hin dicker wird, Es gibt unterschiedliche Formen, die den jeweiligen Stilepochen zugeordnet werden können (vgl. W. Beinert, Lexikon der Deutschen Typographie, München 2002).

Bergisch Gladbach

Grabsteine auf dem Alten Friedhof an der Gnadenkirche

Z 3

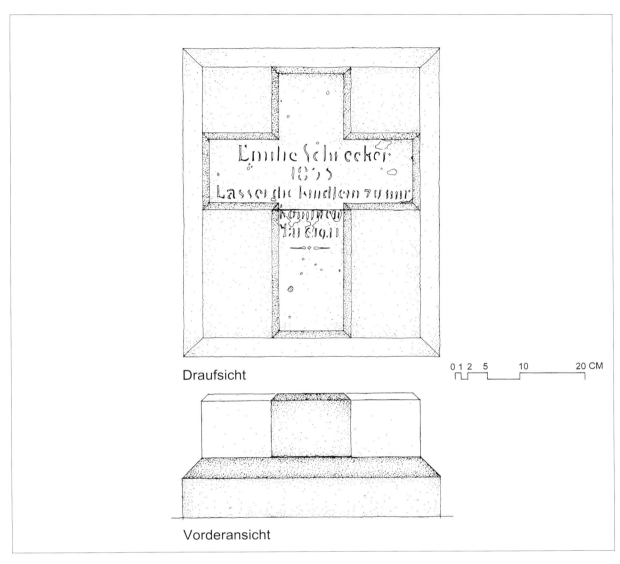

Draufsicht

Vorderansicht

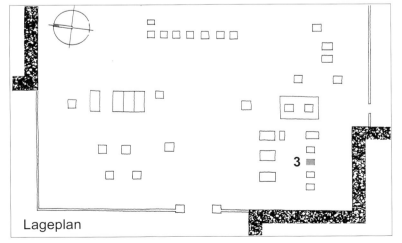

Lageplan

Grabdenkmal Nr. 04

Sockel L/B/H = 40/36/25 bzw. 8 cm.
Marmortafel L/B/H = 34/28/4 cm.

Material: Grobkörniger Buntsandstein (evtl. Maingebiet),
eingelegte Platte evtl. aus italienischem Marmor.

Das rustizierte Postament dieses Pultsteines trägt eine schlichte Marmorplatte, auf deren Ansichtsfläche sich folgende Inschrift ablesen lässt.

> **Hier ruht in Frieden**
> **Gottfried Flick**
> **geb. 29. März 1869**
> **gest. 17. April 1869**
>
> **Rosen blühen und fallen ab**
> **Einen Hoffnungsvollen deckt dies Grab**

Gottfried Flick

Geboren: 23[328]. bzw. 29. März 1869

Gestorben: 11[329]. bzw. 17. April 1869[330]

Eltern: Wilhelm Flick, gest. 27.10.1914,
                     und Anna Julia geb. Berg, Heirat am 23.12.1858 in Bergisch Gladbach[331].

Bemerkung:

Das Geburts- und das Todesdatum auf dem Grabmal stimmen nicht mit den Eintragungen in den Kirchenbüchern überein. Der Vater dieses früh verstorbenen Kindes war von Beruf Maurer und zu jener Zeit Küster der Ev. Kirche zu Bergisch Gladbach.

---

[328] Ev. Verw. Amt „Verzeichnis der Geborenen und Getauften der evangel. Gemeinde zu Bergisch Gladbach vom Jahr 1857 bis zum Jahr 1903", S. 28, Nr. 6.
[329] Ev. Verw. Amt, „Verzeichnis der Gestorbenen in der evangelischen Gemeinde zu Bergisch Gladbach vom Jahr 1857 bis zum Jahr 1918", S. 17, Nr. 6.
[330] Vgl. „Ein alter bergischer Totenacker erzählt...", Berg. Landzeitung vom 19. November 1949.
[331] Ev. Verw. Amt „Verzeichnis der Aufgebotenen und Getrauten in der evangel. Gemeinde zu Bergisch Gladbach vom Jahr 1857 bis zum Jahr 1924", S. 2, Nr. 8.

Bergisch Gladbach

Grabsteine auf dem Alten Friedhof an der Gnadenkirche

Z 4

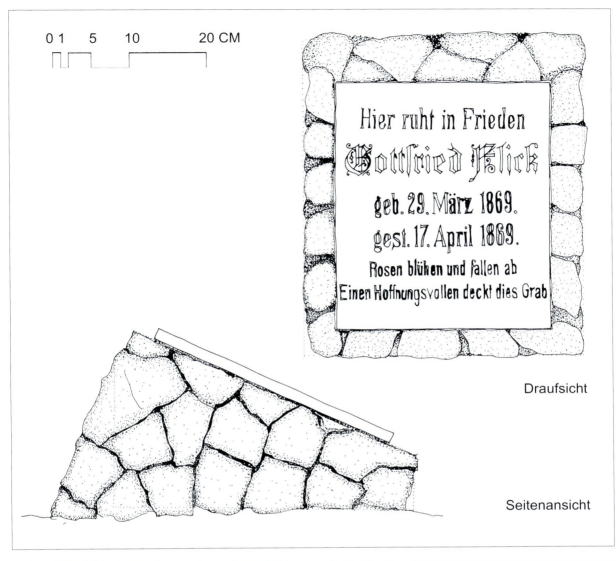

Hier ruht in Frieden
Gottfried Flick
geb. 29. März 1869.
gest. 17. April 1869.
Rosen blühen und fallen ab
Einen Hoffnungsvollen deckt dies Grab

Draufsicht

Seitenansicht

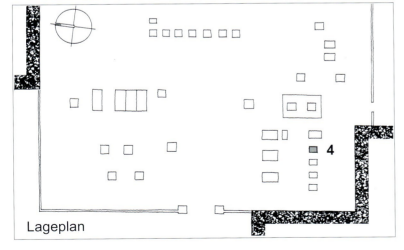

Lageplan

Grabdenkmal Nr. 05

Sockel L/B/H = 142/78,5/10 cm.
Marmortafel L/B/D = 128/65,5/2 cm.

Material: Kohlenkalk, eingelegte Platte evtl. aus italienischem Marmor.

Das Grabmal ist als liegende Platte ausgebildet. Die Oberfläche ist umlaufend durch ein wulstförmiges Profil von der übrigen Platte abgesetzt. Auf dieser ist die eigentliche Inschriftentafel aufgelegt, die an den Ecken durch leicht eingezogene Viertelkreise gerundet ist. Die Inschrift lautet wie folgt:

Heinrich Schürmann
*** 9. 3. 1836**
+ 10. 2. 1869.
Ich bin die Auferstehung und das Leben!

Heinrich Schürmann

Geboren:	09. März 1836.
Gestorben:	10. Februar 1869[332].
Eltern:	?
Verheiratet mit:	?
Kinder:	?

Bemerkung:

Laut Eintragung im Kirchenbuch war Johann August Heinrich Schürmann von Beruf Kaufmann und verheiratet.

---

[332] Ev. Verw. Amt, „Verzeichnis der Gestorbenen in der evangelischen Gemeinde zu Bergisch Gladbach vom Jahr 1857 bis zum Jahr 1918", S. 17, Nr. 3.

Bergisch Gladbach

Grabsteine auf dem Alten Friedhof an der Gnadenkirche

Z 5

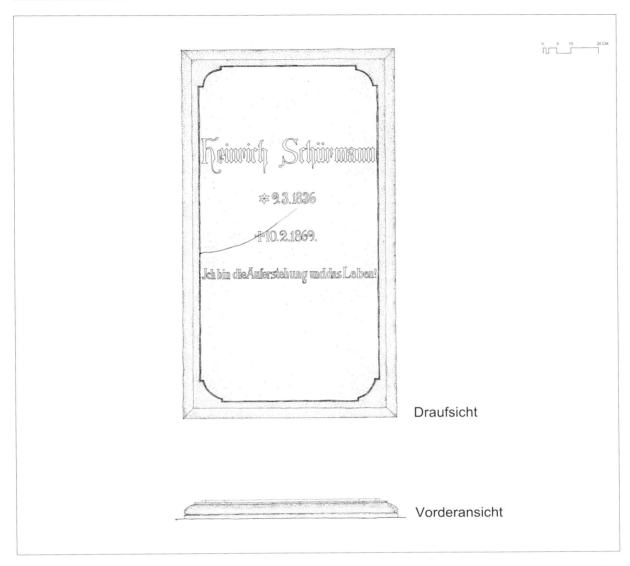

Draufsicht

Vorderansicht

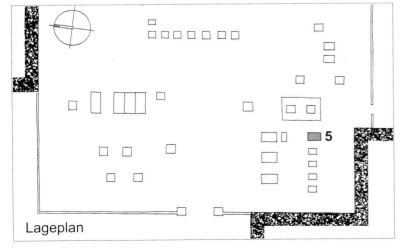

Lageplan

Grabdenkmal Nr. 06

L/B/H = 210/86,5/33 cm.

Material: Buntsandstein.

Das Grabdenkmal besteht aus einer liegenden, relativ starken, Grabplatte, die am Kopfende durch einen eingezogenen Flachbogen geschmückt ist. Die Oberfläche ist umlaufend durch einen fallenden Karnies von der übrigen Steinplatte abgesetzt. Ein erhaben gearbeitetes Relief in Form gekreuzter und nach unten gerichteter Fackeln, denen ein Kranz mit Trauerflor aufgelegt ist, schmückt das Kopfteil. Darunter befinden sich, in kunstvoll untereinander angeordneten Zeilen, die Angaben zur Verstorbenen und durch eine sog. „Englische Linie" abgesetzt, ein Bibelzitat. Die Betextung lautet wie folgt:

Hier ruhet

**Jacobine Steinkauler
geb. Zanders
geb. d. 11. Aug. 1791, gest. d. 17. Nov. 1844.**

....

**Joh. 16.22.
Ihr habt nun Traurigkeit, aber
ich will euch widersehen und euer
Herz soll sich freuen und eure Freude
soll Niemand von euch nehmen.**

Jacobine Steinkauler, geb. Zanders

Geboren:	11. August 1791.
Gestorben:	17. November 1844.
Eltern:	Johann Wilhelm Gottfried Zanders, geb. 18.10.1748 in Düsseldorf, gest. 30.09.1815 (vgl. Grabmal Nr. 8) und Maria Gertrud Jakobine, geb. Pütter, Düsseldorf.
Verheiratet mit:	Theodor Steinkauler (vgl. Grabmal Nr. 7).
Kinder:	?
Bemerkung:	Jacobine Steinkauler geb. Zanders war die Schwester von Johann Wilhelm Adolf Zanders, dem Gründer der Papierfabrik „J.W. Zanders" (vgl. Grabmal Nr. 10).

Bergisch Gladbach

Grabsteine auf dem Alten Friedhof an der Gnadenkirche

Z 6

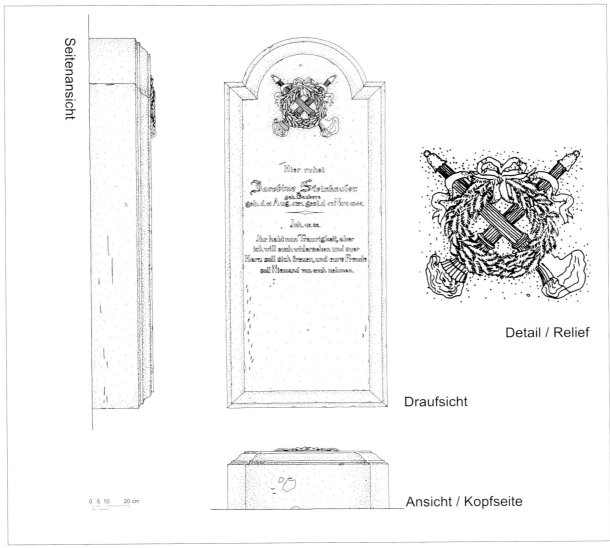

Seitenansicht

Detail / Relief

Draufsicht

Ansicht / Kopfseite

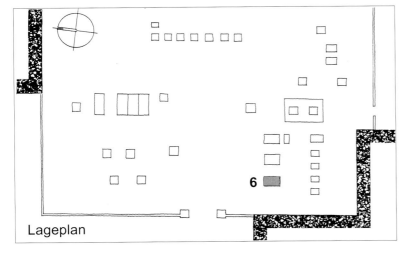

Lageplan

Grabdenkmal Nr. 07

L/B/H = 210/86,5/33 cm.

Material: Buntsandstein.

Die vermutlich die ganze Grabstelle bedeckende und leicht schräg ansteigende Grabplatte ist in ihrer Gestaltung vergleichbar mit dem Grabdenkmal Nr. 6. Sie schließt nämlich am oberen Ende ebenfalls mit einer etwas eingezogenen flachen Rundung ab. Unmittelbar darunter befindet sich nicht ein Trauer- bzw. Todessymbol, sondern ein aus dem Stein erhaben gearbeitetes Familienwappen mit Rüstungsvisier. Danach folgt die mehrzeilige Inschrift, die wiederum aus den persönlichen Daten des Verstorbenen und einem, durch eine sog. „Englische Linie" abgesetzten, Bibelspruch besteht. Ein Schmuckband in Form eines fallenden Karnies rahmt die gesamte Oberfläche und setzt sie dadurch von der übrigen Steinplatte wie zuvor ab. Dort ist Fußseitig auch die Signatur des Stein- bzw. Grabbildhauers „**J. Hansmann aus Cöln**" zu finden. Die Inschrift lautet:

Hier ruhet

Theodor Steinkauler
geb. d. 30. Nov. 1784 gest. d. 3. Aug. 1845.
Er wandelte in der Liebe und war
getreu bis in den Tod.

....

Joh. 11.27.
Den Frieden lasse ich euch, meinen
Frieden gebe ich euch. Nicht gebe ich
euch wie die Welt gibt. Euer Herz er-
schrecke nicht und fürchte sich nicht.

Theodor Steinkauler

Geboren:	30. November 1784.
Gestorben:	03. August 1845.
Eltern:	?
Verheiratet mit:	Jacobine, geb. Zanders, geb. 11.08.1791, gest. 17.11.1844, (vgl. Grabmal Nr. 6).
Kinder:	?

Bemerkung:

Theodor Steinkauler war ein angesehener Kaufmann in Mülheim am Rhein. Durch die Heirat wurde er Schwiegersohn von Medizinalrat Johann Wilhelm Gottfried Zanders, Düsseldorf (vgl. Grabmal Nr. 8) und Schwager von Johann Wilhelm Adolf Zanders, dem Gründer der Papierfabrik „J.W. Zanders" (vgl. Grabmal Nr. 10). Er war Eigentümer des Rommerscheider Hofes und erwarb von Gustav Josua Müller, dem Eigentümer der „Alten Dombach" und Vater von Julie Zanders (vgl. Grabmal Nr. 11) das Hofgut Igel, den heute im Besitz der Familie Zanders stehenden „Igeler Hof"[333].

---

[333] Schmitz 1979, S. 172, 233 und 244.

Bergisch Gladbach

Grabsteine auf dem Alten Friedhof an der Gnadenkirche

Z 7

Seitenansicht

Detail / Relief

Draufsicht

Ansicht / Kopfseite

Lageplan

Grabmal Nr. 08

L/B/H = 193/105/22 cm.

Material: Andesit (Siebengebirge).

Ein, durch das leicht ansteigende Friedhofsgelände schräg liegende, rechteckige Grabplatte, die umlaufend durch eine wulstförmige Profilierung die Oberseite von der übrigen Platte absetzt. Das Kopfende dieser Platte wird von einem erhaben gearbeiteten Relief in Form eines schildförmigen Familienwappens geschmückt, welches von einem geflügelten Visiers bekrönt ist. Ein Eichenlaubgebinde mit darunter liegendem Schleifenband schließt das Motiv ab. Darunter fügt sich, in untereinander gefügten Schriftreihen, die Betextung der Grabplatte, die wie folgt lautet:

> DIESER STEIN DECKT
> DIE STERBLICHE HÜLLE
> DES HERRN JOH. WILH.
> GOTTFRIED ZANDERS
> GEWESENER MED. DOCTOR·
> UND MEDICINAL RATH
> ZU DÜSSELDOFF (sic!)
>
> GEB. AM 18. OCT. 1748
> GEST. AM 30.SEPT. 1815

Johann Wilhelm Gottfried Zanders

Geboren:	18. Oktober 1748.
Gestorben:	30. September 1815.
Eltern:	Johann Bernard Zanders, Dr. med. in Düsseldorf[334].
Verheiratet:	Maria Gertrud Jakobine Pütter, Düsseldorf[335].
Kinder:	Jacobine Zanders, geb. 11.08.1791, gest. 17.11.1844 (vgl. Grabmal Nr. 6), Johann Wilhelm Adolf Zanders als 3. Kind, geb. 21.01.1795 in Düsseldorf, Gründer der Papierfabrik „I. W. Zanders", Schnabelsmühle, (vgl. Grabmal Nr. 10)[336].

Bemerkung:

Johann Wilhelm Gottfried Zanders entstammt einer alteingesessenen Düsseldorfer Familie. Er war – wie sein Vater – Arzt, sowie Stadtmedikus und Medizinalrat in Düsseldorf[337].

---

[334] Schmitz 1979, S. 171.
[335] Ebenda, S. 171.
[336] Koch 1989, S. 31.
[337] Schmitz 1979, S. 171.

Bergisch Gladbach

Grabsteine auf dem Alten Friedhof an der Gnadenkirche

Z 8

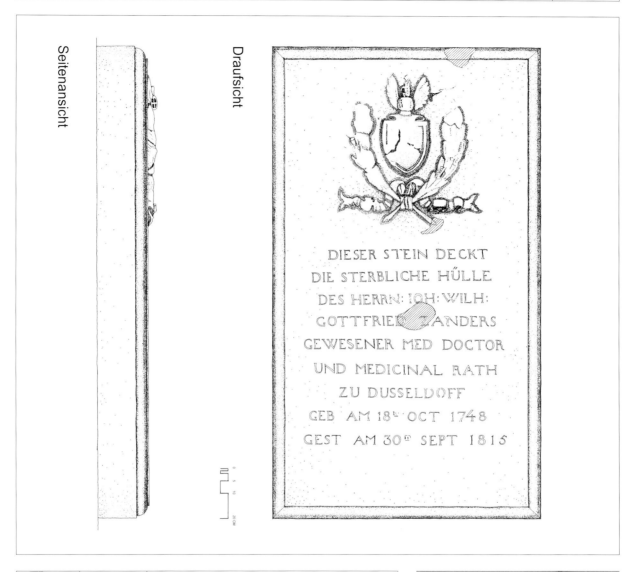

Seitenansicht

Draufsicht

DIESER STEIN DECKT
DIE STERBLICHE HÜLLE
DES HERRN: IOH: WILH:
GOTTFRIED ZANDERS
GEWESENER MED DOCTOR
UND MEDICINAL RATH
ZU DUSSELDOFF
GEB AM 18t OCT 1748
GEST AM 30t SEPT 1815

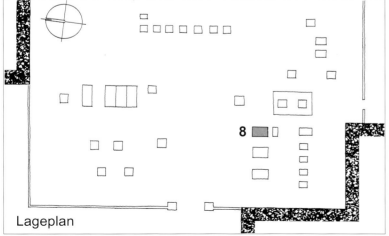

Lageplan

Grabdenkmal Nr. 09

H/B/D = 125/70/konischer Verlauf, von 9 cm auf 6 cm.

Material: Metamorpher Schiefer.

Der Gedenkstein besteht aus einer aufgesockelten Stele, die sich in ihrer Dicke nach oben hin leicht verjüngt. Die auf der Vorderseite nur noch schwer entzifferbare Inschrift wird von einem umlaufenden Rahmenband verziert, welches kopfseitig karniesbogenartig abschließt und innerhalb der Auswulstung von einem stilisierten Palmettenornament geschmückt ist. Die Inschrift lautet:

H(E?)IR RUHET
JOH. HEINR. ZANDER(S)
GEB. 2. APR. 1756
GEST. 28. DEC. 181(1)

weitere Grabinschriften sind unleserlich

Johann Heinrich Zanders

Geboren:	02. April 1756.
Gestorben:	28. Dezember 1811.
Eltern:	Dr. med. Johann Bernhard Zanders, Düsseldorf[338].
Verheiratet mit:	?
Kinder:	?

Bemerkung:

Johann Heinrich Zanders studierte an der Universität Duisburg Jura. Er ist ein Bruder von Johann Wilhelm Gottfried Zanders (vgl. Grabmal Nr. 8) und ein Onkel von Johann Wilhelm Adolf Zanders, dem Gründer der Papierfabrik „J.W. Zanders" (vgl. Grabmal Nr. 10).

---

[338] Schmitz 1979, S. 171.

Bergisch Gladbach

Grabsteine auf dem Alten Friedhof an der Gnadenkirche

Z 9

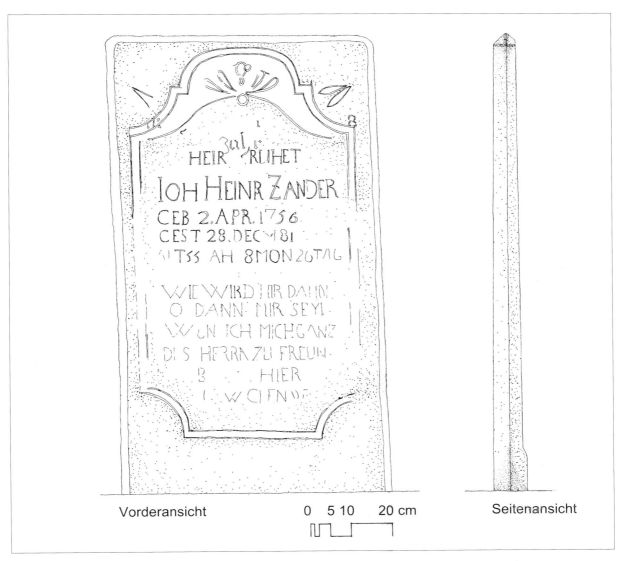

Vorderansicht   0 5 10   20 cm   Seitenansicht

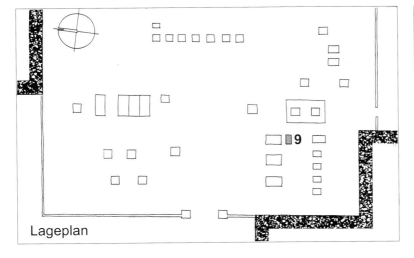

Lageplan

Grabdenkmal Nr. 10

Sockel L/B/H = 80,5/45/41 cm, Stele L/B/H = 62/26/126 cm,
Giebelaufsatz L/B/H = 62/30/24 cm, Gesamthöhe = 187 cm.

Material: Buntsandstein:

Auf einem rechteckig angelegten Postament ist eine flache zippusartige Stele mit sich verjüngendem Schaft aufgesetzt. Am Fuße des Schaftes vermittelt ein einfaches Basenprofil zum Unterbau. Der Schaft trägt schriftseitig über der Betextung das Relief eines Thujakranzes. Auf der Rückseite, der sog. Bildseite ist, ebenfalls über einer Inschrift, das Relief zweier Hände abgebildet, welche sich zwischen Himmel und Erde zu fassen versuchen. Die Schmalseiten des mächtigen Schaftes sind jeweils mit einer auszulöschenden Fackel bestückt. Oberhalb des Schaftes ist wiederum ein Profil angearbeitet, das zur allseitig überkragenden Deckplatte überleitet, welche die Form eines Kreuzdaches besitzt. Das Giebelfeld auf der Vorderseite ist mit einem geflügelten Stundenglas geschmückt, das auf der Rückseite zeigt das Motiv eines Sternenreigens. Die mit Hilfe zweier „Englischer Linien" gegliederte Inschrift lautet auf der Vorderseite:

**JOHANN WILHELM ADOLPH
ZANDERS
EINST AUF ERDEN
VOM 21. JANUAR 1795
BIS 4. SEPTEMBER 1831
SEIN STERBLICHES
DECKT DIESER STEIN**

Auf der Rückseite ist die Inschrift auf Grund erheblicher Beschädigungen nur noch zum Teil ablesbar. Sie lautet in der Ergänzung wie folgt:

**DER SEELEN BÜNDNIS
TRENNT KEIN TOD**

Auf dem Unterbau des Grabmals ist die Signatur des Grabbildhauers „**MANNEBACH IN CÖLN**" angebracht:

Johann Wilhelm Adolph Zanders

Geboren:	21. Januar 1795 zu Düsseldorf.
Gestorben:	04. September 1831 auf der Schnabelsmühle[339].
Eltern:	Johann Wilhelm Gottfried Zanders, Medizinalrat in Düsseldorf (vgl. Grabmal Nr. 8).
Verheiratet mit:	Julie Müller, Alte Dombach, am 10.05.1824 in Berg. Gladbach[340] (vgl. Grabmal Nr. 11).
Kinder:	Jacobina Augusta Sophia Mathilda (02.03.1825), Karl Wilhelm Richard (18.07.1826), Hermann Rudolf (12.07.1828), Adelheid Elisabeth (20.07.1830), alle auf der Schnabelsmühle geboren[341].

Bemerkung:

Johann Wilhelm Adolph Zanders war Papierfabrikant, Eigentümer der „Schnabelsmühle" und Gründer der Papierfabrik „I.W. Zanders".

---

[339] Ev. Verw. Amt „Taufen, Trauungen, Bestattungen 1776 – 1856, K9, Verz. d. Gest.", S. 38, Nr. 10.
[340] Ev. Verw. Amt „Taufen, Trauungen, Bestattungen 1776 – 1856, K9, Verz. d. Verehel.", S. 14, Nr.1.
[341] Ev. Verw. Amt „Taufen, Trauungen, Bestattungen 1776 – 1856, K9, Verzeichnis der Getauften", S. 68, 70, 73 und 75.

Bergisch Gladbach

Grabsteine auf dem Alten Friedhof an der Gnadenkirche

Z 10

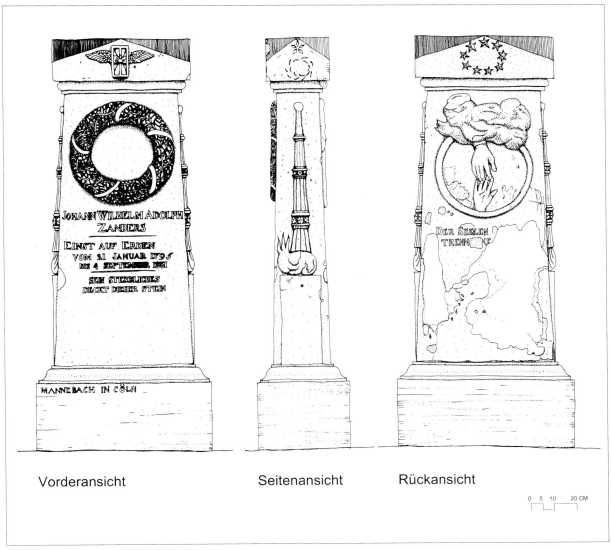

Vorderansicht　　　Seitenansicht　　　Rückansicht

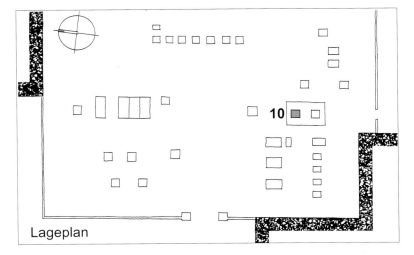

Lageplan

Grabdenkmal Nr. 11

Postament L/B/H = 80/80/12 cm, Sockel L/B/H = 56/50/95 cm.
Kreuzaufsatz H/B/D = 89/54/10 cm.

Material: Kohlenkalk bzw. verputztes Mauerwerk.

Ein quadratisch angelegtes Postament dient als Unterbau für einen gestuften und umlaufend profilierten Sockel. Dieser ist von einem ca. 88 cm hohen Kreuzaufsatz bekrönt, dessen Balkenkanten mittig gefast sind. Die Hauptansichtsseite trägt innerhalb der kassettierten Sockelfläche eine Inschrift, die wie folgt lautet:

*

**Christus ist mein
Leben und Sterben
ist mein Gewinn
Phil. 1.21**

Die Nennung des Namens und der persönlichen Daten sind auf dem Unterbau zu finden:

**Hier ruhet in Gott
Julie Zanders, geb. Müller
geb. 17. Juni. 1804. gest. 28. Nov. 1869.**

Julie Zanders, geb. Müller

Geboren:	17. Juni 1804 in Berg. Gladbach, in der Dombach[342].
Gestorben:	28. November 1869 in Berg. Gladbach, auf der Schnabelsmühle[343].
Eltern:	Gustav Josua Müller, Papierfabrikant (1773 – 1839) und Anna Johanna Frederica Müller, geb. Maurenbrecher.
Verheiratet mit.	Johann Wilhelm Adolf Zanders, am 10.05.1824 in Berg. Gladbach, (vgl. Grabmal Nr. 10).
Kinder:	Jacobina Augusta Sophia Mathilda, 02.03.1825, Schnabelsmühle, Carl Wilhelm Richard, 18.07.1826, Schnabelsmühle, Hermann Rudolf, 12.07.1828, Schnabelsmühle, Adelheid Elisabeth, 20.07.1830, Schnabelsmühle[344].

Bemerkung: Julie Zanders, geb. Müller, stammte aus einer angesehenen Papiermacherfamilie in Bergisch Gladbach. Der Vater Gustav Josua Müller war Eigentümer der Papiermühle „Alte Dombach". Er unterhielt als einziger Papierfabrikant Bergisch Gladbachs ein Lager in Wien und exportierte Papier bis nach Italien[345]. Julie Müller heiratete den Inhaber der „Schnabelsmühle" und Gründer der Papierfabrik „I.W. Zanders", Johann Wilhelm Adolf Zanders. In der nur sieben Jahren andauernden Ehe schenkte sie vier Kindern das Licht der Welt[346]. Nach dem Tode ihres Mannes führte sie das Unternehmen weiter und vergrößerte den Besitz. Im Jahre 1857 übergab sie das Unternehmen an den Sohn Carl Richard Zanders.

---

[342] Ev. Verw. Amt „Taufen, Trauungen, Bestattungen 1776:-1856, K9, Verz. der Verehel.", S. 14, Nr.1.
[343] Ev. Verw. Amt „Verzeichnis der Gestorbenen in der evangelischen Gemeinde zu Bergisch Gladbach vom Jahr 1857 bis zum Jahr 1918", S. 18, Nr.12.
[344] Schmitz 1979, S. 207 ff.
[345] Papiermuseum Bergisch Gladbach.
[346] Koch 1989, S. 47 ff.

Bergisch Gladbach

Grabsteine auf dem Alten Friedhof an der Gnadenkirche

Z 11

Seitenansicht　　　　　Vorderansicht

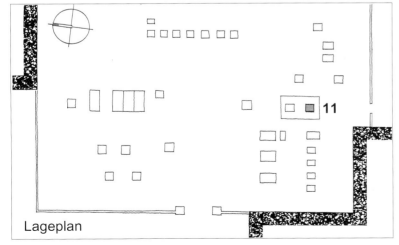

Lageplan

Grabdenkmal Nr. 12

Sockel L/B/H = 100/60/10 cm.
Stele einschl. Giebelaufsatz L/B/H = 87/46/210 cm.
Gesamthöhe = 220 cm

Material: Gelblich feinkörniger Sandstein (Untertrias), bzw. verputztes Mauerwerk.

Auf einem gemauerten und verputztem Postament erhebt sich ein mehrteiliger Sockel und eine sich nach oben hin verjüngende Stele. Die Vorderseite der Stele weist einen erhaben gearbeiteten und im Profil wulstförmigen Rahmen auf, welcher, sich ebenfalls nach oben verjüngend, passepartoutartig, eine Inschriftenplatte umfasst. Diese Platte ist aus blaugrauem Kohlenkalk (Stromatactisstruktur) geschnitten und setzt sich somit eindrucksvoll gegen den gelblichen Sandstein des Grabmales ab. Zur formalen Abgrenzung des Schaftes ist, zum Giebel hin, ein umlaufend schmaler, nur wenig vorkragender rundbogenartiger Fries angearbeitet. Die relativ aufwendige Ausgestaltung des darauf ruhenden Giebelaufsatzes beginnt mit einem der Abdeckung folgenden Eierstabes. Die Stirnseite des Giebels ist gegenüber einer eingrenzenden Profilierung leicht zurückgesetzt und trägt als Ausschmückung einen relieffartig ausgearbeiteten Trauerkranz aus stilisierten Lorbeerblättern mit sich seitwärts entfaltendem Trauerflor. Den Giebelabschluss bildet ein in friesartiger Reihung gefügtes Palmettenmotiv, welches sich um den gesamten Kopf des Grabdenkmals verkröpft. Die Inschriftenplatte ist mit einem Kreuz geschmückt, darunter befindet sich folgende Inschrift:

**WILHELMINE
PAAS
* 19. 11. 1802
+ 10. 03.1856**

Wilhelmine Paas, geb. Loehmer

Geboren:	19. November 1802.
Gestorben:	10. März 1856 zu Bensberg[347].
Eltern:	?
Verheiratet mit:	Johann Wilhelm Paas[348].
Kinder:	Wilhelmina Josine, geb. 08.02.1832[349],
	Wilhelmine Mathilde, geb. 19.12.1832,
	Wilhelmina Justine, geb. 22.01.1834,
	Wilhelm Otto, geb. 18.09.1835, gest. 01.11.1835[350],
	Wilhelm Richard, geb. Nov. 1836, gest. 26.08.1837[351],
	Wilhelm Reinhard, geb. 05.06.1839,
	Wilhelm Emil, geb. 31.01.1841.

---

[347] Ev. Verw. Amt „Taufen, Trauungen, Bestattungen 1776 – 1856, K9, Verz. der Verst.", S. 71, Nr. 3.
[348] Ebenda, S. 71, Nr. 3.
[349] Ev. Verw. Amt „Taufen, Trauungen, Bestattungen 1776 – 1856, K9, Verz. d. Get.", S. 79, Nr. 1, S. 81, Nr. 5, S. 85, Nr. 8, S. 93, Nr. 5, S. 95, Nr.3.
[350] Ev. Verw. Amt „Taufen, Trauungen, Bestattungen 1776 – 1856, K9, Verz. d. Gest.", S. 41.
[351] Ebenda, S. 43.

Bergisch Gladbach

Grabsteine auf dem Alten Friedhof an der Gnadenkirche

Z 12

Seitenansicht

Vorderansicht

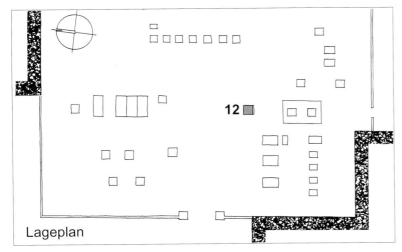

Lageplan

Grabdenkmal Nr. 13

Postament L/B/H = 70/68/14 cm,
Säule einschl. Unterbau, H = 190 cm, Durchmesser = 33 bzw. 29 cm.

Material: Kohlenkalk bzw. verputztes Mauerwerk.

Auf einem Postament erhebt sich ein Sockel auf quadratischem Grundriss. Auf dessen Abdeckplatte sitzt eine aus Muschelkalk gefertigte, sich leicht nach oben verjüngende, Säule auf. Während der Fuß der Säule mit einem einfachen Basenprofil geschmückt ist, scheidet eine Kerbe den Säulenschaft vom Säulenhals. Dieser obere Teil war ursprünglich von sechs Sternen aus Keramik (oder Speckstein) verziert, von denen mittlerweile zwei fehlen, die restlichen beschädigt sind. Den oberen Abschluss der Säule bildet eine relativ weit auskragende profilierte runde Abdeckplatte, die von sechs Akroterien in Form gedrückter Spitzbögen bekrönt ist. Die Betextung ist in den Säulenschaft eingearbeitet und lautet:

**Aurelie Poensgen
geb. Fues
Witwe des sel. Pastors
Eduard Poensgen
zu Hunshoven
geb. zu Berg. Gladbach
25. Mai 1815
gest. 21. Mai 1857**

Eine Inschrift auf dem Sockel lautet:

**Siehe wir preisen selig
die erduldet haben.**

Das Grabmal ist am Fuß des Sockels signiert. Danach stammt diese Arbeit von dem Grabbildhauer „**J. Breuer in Cöln**"

Aurelie Eleonore Poensgen geb. Fues

Geboren:	25. Mai 1815 auf der Kieppemühle in Berg. Gladbach[352].
Gestorben:	21. Mai 1857[353].
Eltern:	Ludwig Wilhelm Fues, Berg. Gladbach/Gronau (vgl. Grabmal Nr. 26) und Anna Johanna Koch, verw. Fues, geb. Hoesch aus Düren (vgl. Grabmal Nr. 16). Eheschließung am 14.04.1814 in Berg. Gladbach[354].
Verheiratet mit:	Eduard Poensgen, Pastor, am 16.Sept.1843.
Kinder:	Julius Otto Poensgen.

---

[352] Ev. Verw. Amt „Taufen, Trauungen, Bestattungen 1776 – 1856, K9, Verz. d. Get.", S. 58, Nr.8.
[353] Ev. Verw. Amt „Verzeichnis der Gestorbenen in der evangel. Gemeinde zu Bergisch Gladbach vom Jahr 1857 bis zum Jahr 1918", S. 1, Nr. 4.
[354] Vgl. Felicitas und Rotraut Poensgen, Lampertheim/ Berg. Gladbach, 12. Januar 1998.

Bergisch Gladbach

Grabsteine auf dem Alten Friedhof an der Gnadenkirche

Z 13

Draufsicht

Aurelie Poensgen
geb. Tues
Witwe des sel. Pastors
Eduard Poensgen
zu Hunshoven
geb zu Berg. Gladbach
25. Mai 1815
gest 21. Mai 1857

Vorderansicht

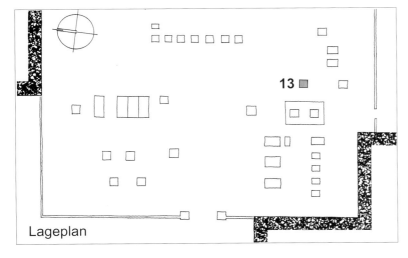

Lageplan

Grabdenkmal Nr. 14

Unterbau L/B/H = 92/52/25 cm.
Stele L/B/H = 78/36/175 cm.
Gesamthöhe = 195 cm.

Material: Marmor, evtl aus Carrara (Italien) oder Oberfranken. Unterbau aus Buntsandstein.

Auf einem aus unverputzten Ziegelsteinen bestehenden rechteckig angelegten Unterbau sitzt ein einfach gestufter Sockel auf, der in Form einer Schräge zur eigentlichen Grabsteinstele überleitet. Diese kräftige Marmorplatte ist auf der Vorderseite mit einer vertieft gearbeiteten Schriftfläche geschmückt, die am Kopfende, von Zwickeln flankiert, halbkreisförmig abschließt. Ein gesimsartiges Motiv leitet oberhalb des Schaftes zu einem Fries über. Dieser ist mit einem relativ weit ausladenden Abschlussgesims gerahmt, dessen Seitenkanten auf der Vorderseite, nach geradem Verlauf, etwas zur Mitte hin einspringen um dann nach oben ebenfalls halbkreisförmig zusammenzulaufen. Diese giebelartige Rundung wird durch ein erhaben gearbeitetes Kreuz geschmückt und seitlich von zwei Blattrosetten flankiert. Die Betextung nimmt das an diesem Grabmal favorisierte Rundbogenmotiv auf, indem zunächst über der Inschrift ein Bibelzitat in halbrunder Anordnung in den Stein eingeschrieben ist, welche wie folgt lautet:

Ich weis, das mein Erlöser lebt,-
Er wird mich aus der Erde auferwecken

Darunter folgt:

Hier ruht
Wilhelmine Fues
geb. zu Berg. Gladbach
am 11 ten Juni 1792
gest. ebendaselbst
am 8 ten Mai 1865

Auf der Oberseite des Unterbaus ist die Signatur des Grabbildhauers „**S. Neffgen. Mülh.a.R.**" zu finden.

Wilhelmine Fues

Geboren: 11. Juni 1792 in der Dombach, Bergisch Gladbach[355].

Gestorben: 08. Mai 1865[356].

Eltern: Johann Wilhelm Aurelius Fues, (vgl. Grabmal Nr. 26) und
Clara Wilhelmine Christina, geb. Clarenbach, (vgl. Grabmal Nr. 26).

Verheiratet mit: ledig.

---

[355] Ev. Verw. Amt „Taufen, Trauungen, Bestattungen 1776 – 1856, K9, Verz. d. Get.", S. 14, Nr. 3.
[356] Ev. Verw. Amt „Verzeichnis der Gestorbenen in der evangel. Gemeinde zu Bergisch Gladbach vom Jahr 1857 bis zum Jahr 1918", S. 11, Nr. 2.

Bergisch Gladbach

Grabsteine auf dem Alten Friedhof an der Gnadenkirche

Z 14

Vorderansicht

Seitenansicht

Draufsicht

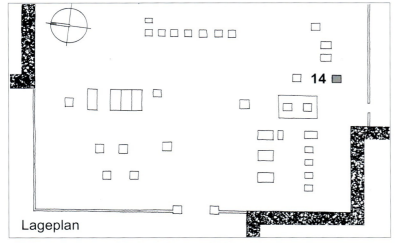

Lageplan

Grabdenkmal Nr. 15

Kissen L/B/H = 90/65/10 cm.
Marmortafel L/B/H = 78/54/2 cm.

Material: Kohlenkalk bzw. italienischer Marmor.

Der als stehendes Rechteck konzipierte Kissenstein ist auf dem Oberlager durch eine umlaufende Fase gefasst. Eine Marmorplatte, an den Ecken durch leicht eingezogene Viertelkreise gerundet, ist dem Kissen aufgesetzt. Sie dient als Träger der Inschrift, die erhaben aus dem Material herausgearbeitet wurde und wie folgt lautet:

> Carl August
> Koch
> geb. 12. Febr. 1795
> in Münsingen (Württemberg)
> gest. 19. Febr. 1880
> zu Kieppemühle.
>
> Das Gedächtnis des Gerechten
> bleibet im Segen.
> Sprüche 10.7

Der historische Friedhof an der Gnadenkirche wurde im Jahre 1869 geschlossen. Die letzte Beerdigung fand am 01. Dezember 1869 statt (vgl. Grabmal Nr. 11 der Julie Zanders, geb. Müller). Der hier beschriebene Kissenstein wurde nach der Aufgabe der Grabstätte auf dem Ev. Friedhof Quirlsberg erst im Jahre 1998 auf den historischen Friedhof verlegt.

Carl August Koch

Geboren:	12. Februar 1795.
Gestorben:	19. Februar 1880 zu Kieppemühle[357].
Eltern:	Johann Michael Koch, Burgvogt und Förster zu Grafeneck und Anna Maria, geb. Gloter.
Verheiratet mit:	Witwe Anna Johanna Fues, geb. Hoesch, am 03.06.1824 in Berg. Gladbach (vgl. Grabmal Nr. 16)[358].
Kinder:	Die Ehe blieb kinderlos[359].
Bemerkung:	

Carl August Koch übernahm nach der Heirat im Jahre 1832 die Papierfabrik „Kieppemühle", die seine Frau Anna Johanna seit dem Tod ihres 1. Mannes Ludwig Wilhelm Fues (08. Mai 1785 bis 26. Dezember 1817) geführt hatte. C. A. Koch war Abgeordneter im Landtag, Mitglied des Kreistages, des Stadtrates und Friedensrichter in Bensberg. Von 1831 bis 1841 sowie 1854 bis zu seinem Tode im Jahre 1880 war er außerdem Kirchmeister der evangelischen Kirche (Gnadenkirche) in Bergisch Gladbach[360].

---

[357] Ev. Verw. Amt, „Verzeichnis der Gestorbenen in der evangelischen Gemeinde zu Bergisch Gladbach vom Jahr 1857 bis zum Jahr 1918", S. 39, Nr. 4.
[358] Ev. Verw. Amt „Taufen, Trauungen, Bestattungen 1776 – 1856, K 9, Verz. d. Verehel.", S. 14, Nr.2.
[359] Vgl. Felicitas und Rotraud Poensgen, Lampertheim/Berg. Gladbach, 12. Januar 1998.
[360] Vgl. Schmitz 1979, S. 282 ff. bzw. Rehse 1900, S. 237 ff.

Bergisch Gladbach

Grabsteine auf dem Alten Friedhof an der Gnadenkirche

Z 15

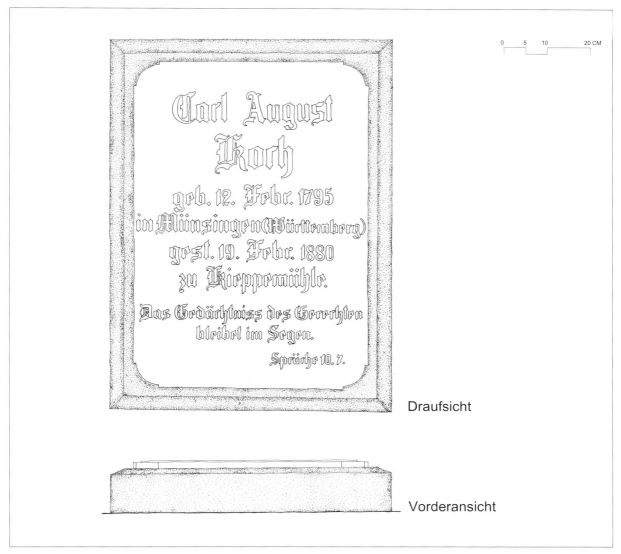

Carl August Koch
geb. 12. Febr. 1795
in Münsingen (Württemberg)
gest. 19. Febr. 1880
zu Kieppemühle.

Das Gedächtniss des Gerechten
bleibet im Segen.

Sprüche 10. 7.

Draufsicht

Vorderansicht

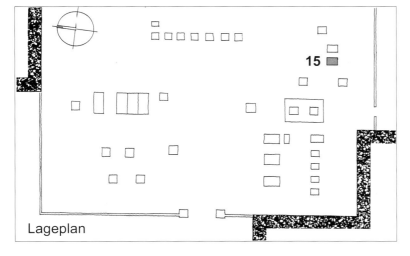

Lageplan

Grabdenkmal Nr. 16

Kissen L/B/H = 90/65/10 cm.
Marmortafel L/B/H = 78/54/2 cm.

Material: Kohlenkalk bzw. italienischer Marmor.

Trotz einiger Beschädigungen und Verwitterungserscheinungen lässt sich die umlaufende Fase auf dem Oberlager des als stehenden Rechteckes konzipierten Kissensteines erkennen. Eine Marmorplatte, an den Ecken durch leicht eingezogene Viertelkreise gerundet, ist dem Kissen aufgesetzt. Sie dient als Träger der Inschrift, die erhaben aus dem Material herausgearbeitet wurde und wie folgt lautet:

**Frau
Johanna Koch
verwittw. Fues geb. Hoesch
geb. 20. März 1795
in Düren
gest. 14. April 1884
zu Kieppemühle**

**„Die Liebe höret nimmer auf."
1. Cor. 13.8.**

Erst nach Aufgabe der Grabstätte auf dem ev. Friedhof Quirlsberg im Jahre 1998, wurde der Kissenstein auf den hist. Friedhof neben der Gnadenkirche transloziert (vgl. auch das Grabmal des Ehemannes C. A. Koch, Nr. 15).

Anna Johanna Koch

Geboren:	20. März 1795 in Düren.
Gestorben:	14. April 1884 zu Kieppemühle[361].
Eltern:	Wilhelm Ludolf Hoesch und Anna Eleonore, geb. Klug, Düren[362].
Verheiratet:	In 1. Ehe mit Ludwig Wilhelm Fues, Berg. Gladbach, Kieppemühle[363]. In 2. Ehe mit Carl August Koch (vgl. Grabmal Nr. 15) am 03.06.1824[364].
Kinder:	Aus 1. Ehe Aurelie Eleonore Fues, geb. 25.05.1815 (vgl. Grabmal Nr. 13), Clara Ludolphine Hermine, geb. 21.07.1816[365], Louise Wilhelmine Friederica, geb. 15.07.1818[366]. Die 2. Ehe blieb kinderlos.

---

[361] Ev. Verw. Amt, „Verzeichnis der Gestorbenen in der evangelischen Gemeinde zu Bergisch Gladbach vom Jahr 1857 bis zum Jahr 1918", S. 47, Nr. 8.
[362] Vgl. Felicitas und Rotraud Poensgen, Lampertheim/Berg. Gladbach, 12. Januar 1998.
[363] Schmitz 1979, S. 281.
[364] Ev. Verw. Amt „Taufen, Trauungen, Bestattungen 1776 – 1856, K 9, Verz. d. Verehel.", S. 14, Nr.2.
[365] Ev. Verw. Amt „Taufen, Trauungen, Bestattungen 1776 – 1856, K 9, Verz. d. Getauft.", S. 58, Nr. 3.
[366] Ebenda, S. 60, Nr. 3.

Bergisch Gladbach

Grabsteine auf dem Alten Friedhof an der Gnadenkirche

Z 16

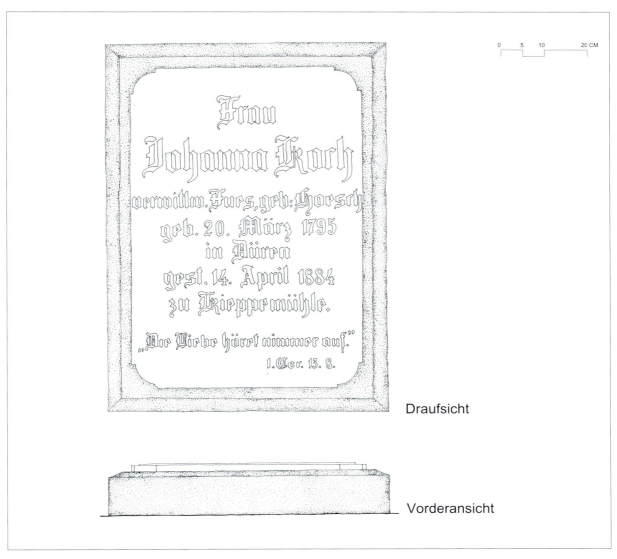

Frau
Johanna Koch
verwittw. Fues, geb. Hoesch
geb. 20. März 1795
in Düren
gest. 14. April 1884
zu Kippemühle.

„Die Liebe höret nimmer auf."
1. Cor. 13. 8.

Draufsicht

Vorderansicht

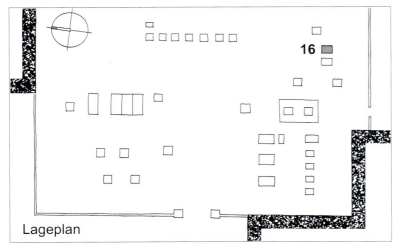

Lageplan

Grabdenkmal Nr. 17

Sockel L/B/H = 75/36/53 cm.
Stele einschl. Giebelaufsatz L/B/H = 62,5/21/134 cm.

Material: Wandung grober Trias- Sandstein. Erneuerungen feinkörniger Sandstein (mitteldevonisch).

Das Grabmal hat die Gestalt eines flachen zippusartigen Pfeilers. Ein relativ hoher Sockel, der aus verputztem Mauerwerk besteht, schließt mit einem sog. attischen Basenprofil – Band nach oben hin ab. Im Zentrum des aufgesockelten Schaftes befindet sich eine Tafel aus Kohlenkalk mit den Daten des Verstorbenen. Oberhalb des Schaftes ist ein Fries angeordnet, der, mit drei Blattrosetten geschmückt, zur Übergiebelung überleitet. Dieser hat die Form eines Tympanons mit Eck – Akroterien. Der Zustand des aus vier Sandsteinblöcken bestehenden Grabmals ist, auch nach der Wiederaufrichtung im Jahre 1990 und zum Teil auch schon durchgeführten steinergänzenden Maßnahmen, Besorgnis erregend. Die Inschrift lautet wie folgt:

**Hier ruht
Friedr. Jos. Koch
Kaufmann in Frankfurt / M.
geb. 29. Juni 1789
zu Munsingen
gest. 25. Juni 1838
zu Kieppemühle**

**Die Liebe höret nimmer auf
Cor. 13.8**

Friedrich Joseph Koch

Geboren: 29. Juni 1789.

Gestorben: 25. Juni 1838.

Weitere persönliche Daten fehlen.

Bemerkung:

In den Kirchenbüchern ist in Zusammenhang mit der Sterbeeintragung vermerkt, dass sich F. J. Koch zu Besuch in der Kieppemühle aufgehalten hat[367]. Die Kieppemühle stand im Eigentum von Carl August Koch (vgl. Grabmal Nr. 15)[368] Es kann daher davon ausgegangen werden, dass es sich bei dem Verstorbenen um einen Bruder oder nahen Verwandten von C. A. Koch gehandelt hat.

---

[367] Ev. Verw. Amt, „Taufen, Trauungen, Bestattungen 1776 – 1856, K 9, Verz. d. Gest.", S. 44.
[368] Vgl. Felicitas und Rotraud Poensgen, Lampertheim/Berg. Gladbach, 12. Januar 1998.

Bergisch Gladbach

Grabsteine auf dem Alten Friedhof an der Gnadenkirche

Z 17

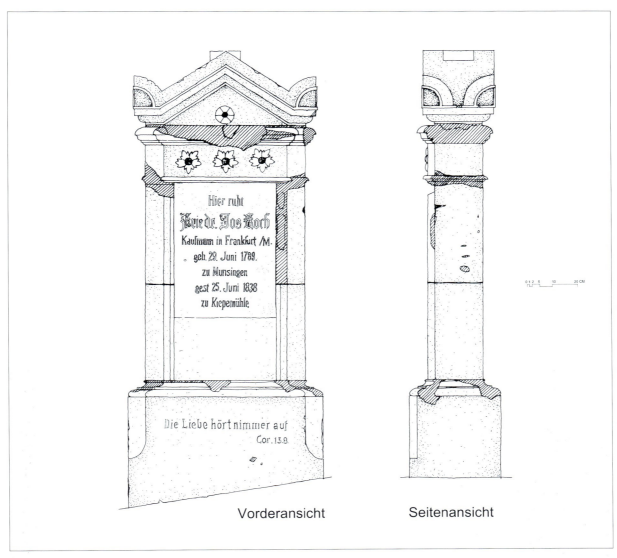

Vorderansicht

Seitenansicht

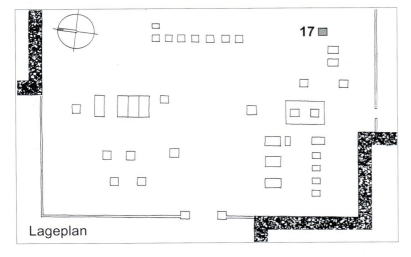

Lageplan

Grabdenkmal Nr. 18

Sockel L/B/H = 83/40/10 cm.
Inschriftenteil L/B/H = 63/27/145 cm.
Kreuzaufsatz H/B/D = 90/52/7 cm.

Material: Kohlenkalk bzw. verputztes Mauerwerk.

Auf einem rechteckig angelegten Unterbau sitzt ein schlichter Sockel der wiederum eine beschriftete Stele trägt, welche Kopfseitig mit einem Dreipassmotiv abgeschlossen ist. Bekrönt wird das Grabmal von einem ca. 90 cm hohen Kreuz, dessen Balkenenden kleeblattförmig ausgebildet sind. Der Text auf dem Inschriftenteil lautet wie folgt:

Jacobine Giesen
geb. 3.Juli 1838
gest. 17. Octob. 1854

Henriette Giesen
geb. Siller
geb. 1. Janr. 1810
gest. 29. Aug. 1866

Eine Inschrift auf dem Sockel lautet:

1.Cor. 13 V8
Die Liebe höret nimmer auf

Jacobine Giesen

Geboren: 03. Juli 1838.
Gestorben: 17. Oktober 1854[369].
Eltern: Johann Heinrich Giesen und Henrietta Catharina Giesen, geb. Siller, wohnhaft in Berg. Gladbach/Strundorf, Eheschließung 12.05.1833[370].

Henriette Catharina Giesen, geb. Siller

Geboren: 01. Januar 1810[371].
Gestorben: 29. August 1866[372].
Eltern: Jacob Heinrich Siller, Maurer, und Catharina Luise Siller, geb. Schumacher, wohnhaft in Berg. Gladbach/Strundorf, Eheschließung 12.09.1802[373].
Verheiratet mit: Johann Heinrich Michael Giesen, Formenmacher, am 12.05.1833[374].
Kinder: Jacobine (03.07.1838), vgl. oben.

Bemerkung: Das auf dem Grabstein angegebene Geburtsdatum der Henriette C. Giesen stimmt nicht mit den Eintragungen im Kirchenbuch der evangelischen Gemeinde überein. Dort wird als Geburtsdatum der 02.01.1810 und als Taufdatum der 04.01.1810 angegeben[375].

---

[369] Ev. Verw. Amt, „Taufen, Trauungen, Bestattungen 1776 – 1856, K 9, Verz. d. Gest.", S. 70, Nr. 5.
[370] Ev. Verw. Amt, „Taufen, Trauungen, Bestattungen 1776 – 1856, K 9, Verz. d. Verehel.", S. 18, Nr.3.
[371] Ev. Verw. Amt, „Taufen, Trauungen, Bestattungen 1776 – 1856, K 9, Verz. d. Getauft.", S. 52, Nr.1.
[372] Ev. Verw. Amt, „Verzeichnis der Gestorbenen in der evangelischen Gemeinde zu Bergisch Gladbach vom Jahr 1857 bis zum Jahr 1918", S. 13. Nr. 10.
[373] Ev. Verw. Amt, „Taufen, Trauungen, Bestattungen 1776 – 1856, K 9, Verz. d. Verehel.", S. 7, Nr. 3.
[374] Ev. Verw. Amt, „Taufen, Trauungen, Bestattungen 1776 – 1856, K 9, Verz. d. Gest.", S. 70, Nr. 5.
[375] Ev. Verw. Amt, „Taufen, Trauungen, Bestattungen 1776 – 1856, K 9, Verz. d. Getauft.", S. 52, Nr.1.

Bergisch Gladbach

Grabsteine auf dem Alten Friedhof an der Gnadenkirche

Z 18

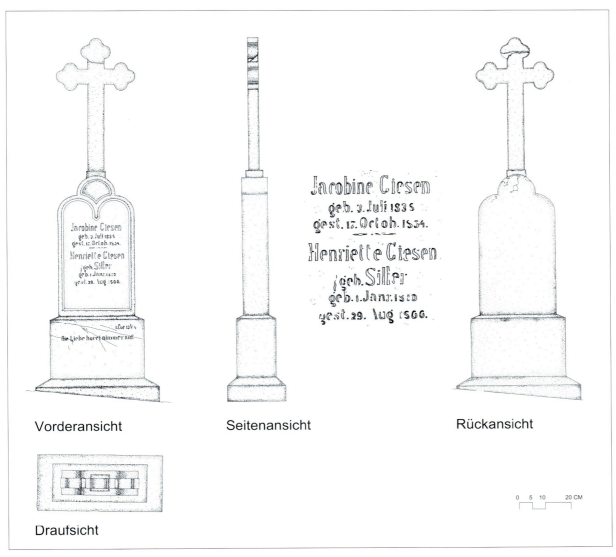

Vorderansicht Seitenansicht Rückansicht

Draufsicht

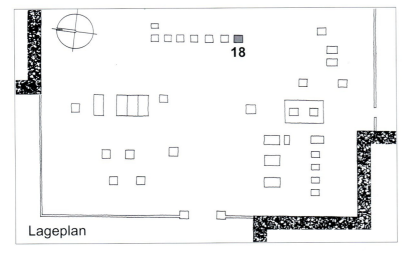

Lageplan

Grabdenkmal Nr. 19

Sockel L/B/H = 39/31/16 cm.
Kreuz H/B/D = 115/59/3,5 cm.

Material: Sockel aus Basaltlava, Kreuz aus Gusseisen.

Über einem knappen Sandsteinsockel erhebt sich ein schlicht gestaltetes gusseisernes Kreuz. Wegen seiner Ausformung an den Balkenenden bezeichnet man es als ein sog. Krückenkreuz. Die Betextung ist sowohl auf der Vorder- als auch auf der Rückseite angebracht, zieht sich über die gesamte Kreuzform, ist erhaben gegossen und war wohl ehemals vergoldet. Die Inschrift auf der Vorderseite lautet:

**Hier
ruht
FRIED. DILTHEY.
aus
NASSAU
DIEZ
geb:
4.Juni
1818**

Auf der Rückseite:

**gestb.
zu
BENSBERG
9.Juni
1840**

Friedrich Dilthey

Geboren:	04. Juni 1818
Gestorben:	09. Juni 1840[376]
Eltern:	Pfarrer Dilthey, Konsistorialrat, Nassau/Diez[377].
Verheiratet mit:	?
Kinder:	?

---

[376] Ev. Verw. Amt „Taufen, Trauungen, Bestattungen 1776 – 1856, K 9, Verz. d. Gestorbenen" S. 45.
[377] Ebenda, S. 45.

Bergisch Gladbach

Grabsteine auf dem Alten Friedhof an der Gnadenkirche

Z 19

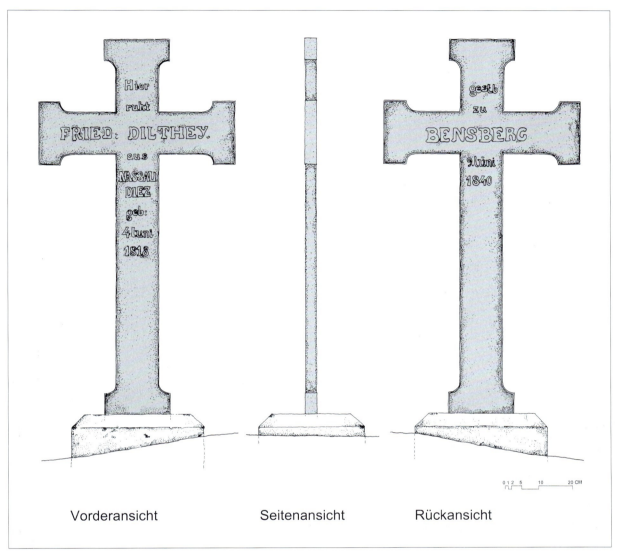

Vorderansicht   Seitenansicht   Rückansicht

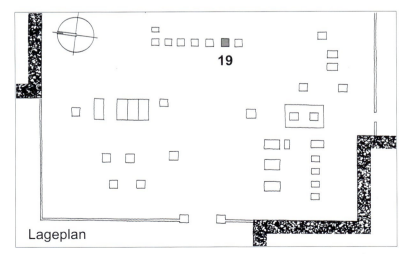

Lageplan

Grabdenkmal Nr. 20

Sockel L/B/H = 52/65/32 bzw. 16 cm.
Abdeckung L/B/H = 55/69/5 cm.
Marmortafel L/B/H = 62/47/2,5 cm.

Material: Grundplatte Diabas oder Kohlenkalk, Inschriftenplatte aus Kalksandstein.

Der aus verputztem Mauerwerk bestehende Unterbau des Pultsteines wird durch eine leicht überkragende unprofilierte Platte aus Kohlenkalk (oder Diabas) abgedeckt. Darauf ruht eine, von starker Moosbildung befallene und in mehrere Stücke zerbrochene, marmorne Inschriftenplatte, auf der folgender Text eingearbeitet ist:

**Hier ruht
in Gott
Dorothea Supan
geb. den 24. Dez. 1798
gest. den 10. Nov. 1866
Cor. 13,8 Die Liebe höret
nimmer auf**

Wilhelmine Dorothea Supan

Geboren:	24. Dezember 1798.
Gestorben:	10. November 1866[378].
Eltern:	?
Verheiratet mit:	?
Kinder:	Johann Heinrich Supan, geb. am 31.10.1821 (unehelich), gest. am 04.07.1895 (vgl. Grabmal Nr. 23).

---

[378] Das Sterbedatum auf dem Grabmal stimmt nicht mit den Eintragungen im Kirchenbuch (12. Nov. 1866) überein (vgl. Ev. Verw. Amt „Verzeichnis der Gestorbenen in der evangel. Gemeinde zu Bergisch Gladbach vom Jahr 1857 bis zum Jahr 1918" S. 13, Nr. 12.

Bergisch Gladbach

Grabsteine auf dem Alten Friedhof an der Gnadenkirche

Z 20

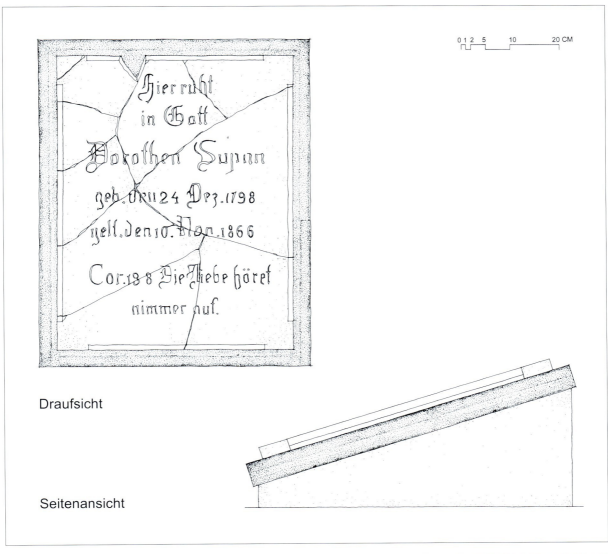

Hier ruht
in Gott
Dorothea Supan
geb. den 24 Dez. 1798
gest. den 10. Nov. 1866

Cor. 13 8 Die Liebe höret
nimmer auf.

Draufsicht

Seitenansicht

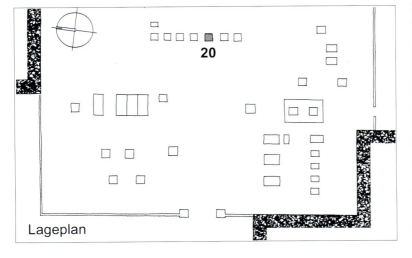

Lageplan

Grabdenkmal Nr. 21

Sockel L/B/H = 50/82/39 bzw. 16 cm.
Marmortafel L/B/H = 50/80/ 2 cm.

Material: Unterbau aus Ziegelmauerwerk, Inschriftenplatte aus italienischem Marmor.

Ein aus Ziegeln gemauertes und unverputzt belassenes Postament bildet den Unterbau für eine stark vermooste, im Kopfbereich angewitterte und aus Marmor bestehende Inschriftenplatte. Sie ist außerdem in zwei Teile zerbrochen. An der linken oberen Ecke ist eine der durch einen leicht eingezogenen Viertelkreis gestalteten Eckausbildungen abgeschlagen. Die Inschrift lautet wie folgt:

> **Hier ruht in Frieden**
> **unser innigst geliebter**
> **Vater u. Großvater**
> **Joh. Gottfried**
> **Thiemer**
> **geb. 23. Juli 1800**
> **gest. 7. Nov. 1879**

Johann Peter Gottfried Thiemer

Geboren: 23. Juli 1800.

Gestorben: 07. November 1879[379].

Eltern ?

Verheiratet mit: ?

Kinder: ?

Bemerkung:

Da der Friedhof an der Gnadenkirche im Jahre 1869 geschlossen wurde, muss der hier besprochene Pultstein bzw. zumindest die marmorne Inschriftenplatte zunächst auf einer Grabstelle auf dem Ev. Friedhof auf dem Quirlsberg gewesen sein. Die Translozierung erfolgte vermutlich in unserer Zeit (vgl. hierzu auch die Grabmale Nr. 15 und 16).

---

[379] Ev. Verw. Amt „Verzeichnis der Gestorbenen in der evangel. Gemeinde zu Bergisch Gladbach vom Jahr 1857 bis zum Jahr 1918", S. 38, Nr. 2.

Bergisch Gladbach

Z 21

Grabsteine auf dem Alten Friedhof an der Gnadenkirche

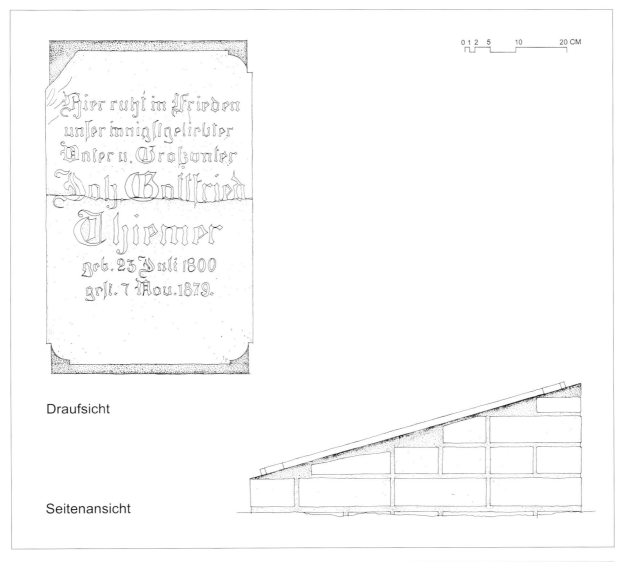

Hier ruht in Frieden
unser innigstgeliebter
Vater u. Großvater
Joh. Gottfried
Thiemer
geb. 23 Juli 1800
gest. 7 Nov. 1879.

Draufsicht

Seitenansicht

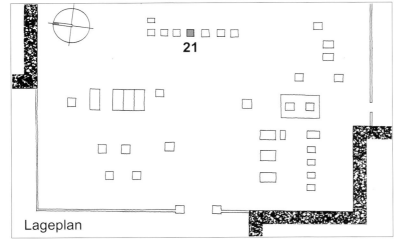

Lageplan

Grabdenkmal Nr. 22

H/B/D = 80/56,5/11 cm.

Material: Grobkörniger Quarzsandstein (Trias).

Ein Sockelstein, im Grundriss gleich der aufsitzenden Grabstele angelegt, bildet den Auftakt dieses Gedenksteines. Der notwendige Verbund wird durch Eisenklammern gesichert, welche jeweils auf den Schmalseiten zu finden sind. Die Stele ist auf der Vorderseite im Bereich der oberen Hälfte mit einer flächefüllenden Inschrift versehen. Auf der Rück- bzw. Bildseite befindet sich das Relief eines Cherubim. Der Schaft wird am Kopfende mit einem flachen Karniesbogen abgeschlossen. Die Betextung lautet wie folgt:

> HIER RUHET·ANNA MARIA
> BIESENBACH·EHEFRAU
> VON WEL. ABRAHAM GLASER
> GEB: 1707 DEN 25. JULII.
> GEST: 1791 DEN 19. DECEM.
> AUS KINDLICHER LIEBE GEGEBEN.

Anna Maria Biesenbach

Geboren:	25. Juli 1707.
Gestorben:	19. Dezember 1791[380].
Eltern:	?
Verheiratet mit:	Wel. Abraham Glaser (Glaeser?).
Kinder:	?
Bemerkung:	

Der abgekürzte Vornamen „WEL" könnte evtl. für „**WIL**HE**L**M" stehen.

---

[380] Ev. Verw. Amt „Taufen, Trauungen, Bestattungen 1776 – 1856, K 9, Verz. d. Gest.", S. 7, Nr. 8.

Bergisch Gladbach

Grabsteine auf dem Alten Friedhof an der Gnadenkirche

Z 22

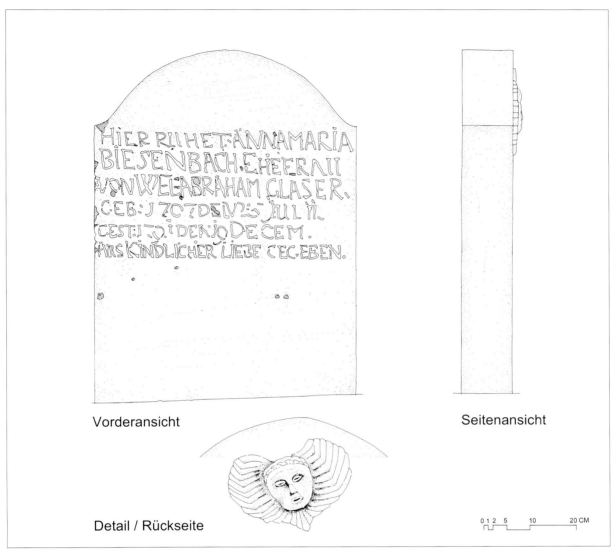

Vorderansicht

Seitenansicht

Detail / Rückseite

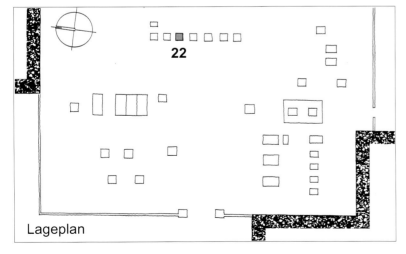

Lageplan

Grabdenkmal Nr. 23

Sockel L/B/H = 63/70/28 bzw. 19 cm.
Marmortafel L/B/H = 63/69/3 cm.

Material: Ziegel bzw. Marmor aus Italien.

Das in Form eines Pultsteines gestaltete Grabmal besteht aus einem aus Ziegeln aufgemauerten Sockel. Auf der gefertigten Schräge ist eine Inschriftenplatte aufgelegt, die am Kopf durch einen eingezogenen Flachbogen geschmückt ist. Die Platte ist vermutlich auf Grund ihrer Hohllage mehrfach gebrochen. Einige der Bruchstücke sind schon verloren. Durch eine starke Verwitterung und Vermoosung der Platte ist folgende, kaum noch zu entzifferbare, Inschrift abzulesen:

**Hier ruhen (in) Gott
(unsere) theuren Eltern
Gertr. Supan   Heinr. Supan**

**geb. (Hörnchen?)   geb. 29. Oct. 1821
geb. 3. April 1826   gest. (?) Juli 1895
gest. 17. Nov. 1883**

**Die Liebe höret nimmer auf
Cor. 13, 8**

In den Kirchenbüchern finden sich folgende Eintragungen:

Gertrud Supan

Geboren:	03. April 1826.
Gestorben:	17. November 1883[381].
Eltern:	?
Verheiratet mit:	Johann Heinrich Supan (04.08.1867)[382].
Kinder:	1 Sohn.

Johann Heinrich Supan

Geboren:	31 Oktober 1821, unehelich[383].
Gestorben:	04. Juli 1895[384].
Eltern:	Dorothea Supan (vgl. Grabmal Nr. 20).
Verheiratet mit:	Gertrud Supan geb. Hörnchen (04.08.1867)[385].
Kinder:	1 Sohn.

Bemerkung: Die Todesdaten beider Verstorbenen liegen eindeutig nach der Schließung des Ev. Friedhofes im Jahre 1869, so dass wir auch hier von einer Translozierung - zumindest der Inschriftenplatte - ausgehen dürfen.

---

[381] Ev. Verw. Amt „Verzeichnis der Gestorbenen in der evangel. Gemeinde zu Bergisch Gladbach vom Jahr 1857 bis zum Jahr 1918", S. 45, Nr. 12.
[382] Ev. Verw. Amt „Verzeichnis der Aufgebotenen und Getrauten in der evangel. Gemeinde zu Bergisch Gladbach vom Jahr 1857 bis zum Jahr 1924", S. 7, Nr. 7.
[383] Ev. Verw. Amt „Taufen, Trauungen, Bestattungen 1776 – 1856, K 9, Verz. d. Getauft.", S. 64, Nr. 4.
[384] Ev. Verw. Amt „Verzeichnis der Gestorbenen in der evangel. Gemeinde zu Bergisch Gladbach vom Jahr 1857 bis zum Jahr 1918", S. 69, Nr. 10.
[385] Ev. Verw. Amt „Verzeichnis der Aufgebotenen und Getrauten in der evangelischen Gemeinde zu Bergisch Gladbach vom Jahr 1857 bis zum Jahr 1924", S. 7, Nr. 7.

Bergisch Gladbach

Grabsteine auf dem Alten Friedhof an der Gnadenkirche

Z 23

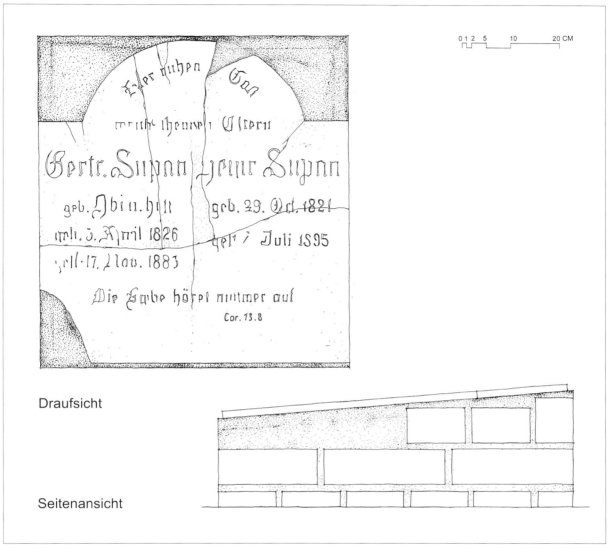

Draufsicht

Seitenansicht

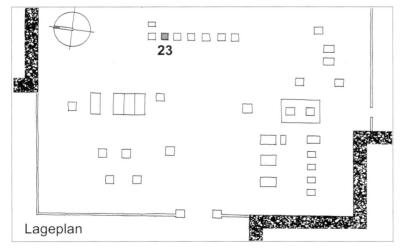

Lageplan

Grabdenkmal Nr. 24

H/B/D = 92,5/69/15 cm.

Material: Buntsandstein.

Ein nur geringfügig von der Stele abgesetzter Sockel bildet die Basis dieses Grabmals. Der Schaft der Stele, der sich nach oben hin verjüngt, ist auf der Vorderseite über die gesamte Fläche betextet. Bekrönt wird das Grabmal von einem ebenfalls allseitig nur geringfügig auskragenden Giebelaufsatz. Auf dessen Frontseite befindet sich ein Relief mit zwei gekreuzten, nach unten gesenkten Fackeln, denen im Kreuzungspunkt ein sog. Ouroboros aufgelegt ist. Die Inschrift lautet wie folgt:

> JOHANN ISAAC FUES.
> GEB. 1716. D. 23. SEPT.
> IN DER DOMBACH.
> GEST. D. 27. APRIL 1797.
> AUF DEM GIERATH.
> UND SEINE EHEFRAU,
> ELISABETH SCHNEIDER.
> GEB. 1727 D. 24. JUNY.
> IN OBERCASSEL.
> GEST. D. 12 JUNY 1803.

Eine sog. „Englische Linie" trennt folgende Heilsbotschaft von den Geburts- und Todesdaten der Verstorbenen:

> ES WIRD GESÄET VERWESLICH UND
> WIRD AUFERSTEHEN UNVERWESLICH.
> ES WIRD GESÄET IN SCHWACHHEIT
> UND WIRD AUFERSTEHEN IN KRAFT.
> 1 COR 15. (42)

Johann Isaac Fues

Geboren:	23 September 1716.
Gestorben:	27. April 1797[386].
Eltern:	Gerhard Fues und Maria, geb. Liefferingh, Eheschließung am 15.12.1699[387].
Verheiratet mit:	Catharina Elisabeth, geb. Schneider.
Kinder:	?

Catharina Elisabeth Fues, geb. Schneider

Geboren:	24. Juni 1727.
Gestorben:	12. Juni 1803[388].
Eltern:	?
Verheiratet mit:	Johann Isaac Fues.
Kinder:	?

---

[386] Ev. Verw. Amt „Taufen, Trauungen, Bestattungen 1776 – 1856, K 9, Verz. d. Gest.", S. 13.
[387] Schmitz 1979, S. 69.
[388] Ev. Verw. Amt „Taufen, Trauungen, Bestattungen 1776 – 1856, K 9, Verz. d. Gest.", S. 18.

Bergisch Gladbach

Grabsteine auf dem Alten Friedhof an der Gnadenkirche

Z 24

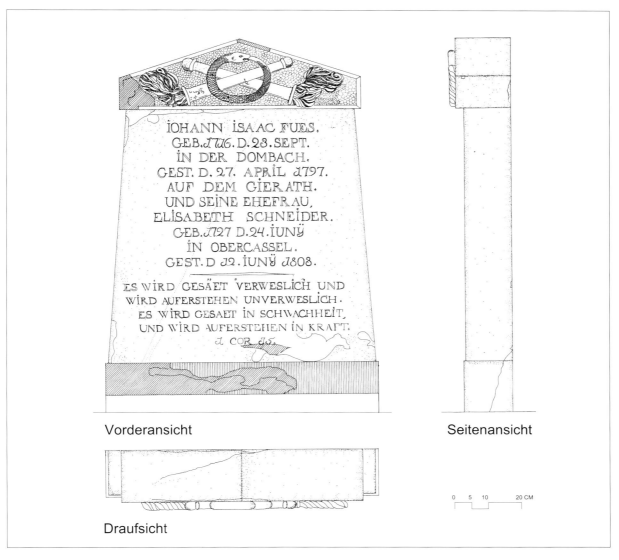

Vorderansicht

Seitenansicht

Draufsicht

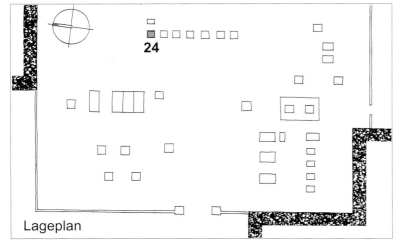

Lageplan

Grabdenkmal Nr. 25

L/B/H = 044/49/37 bzw. 27 cm.

Material: Buntsandstein

Das Grabmal besteht aus einem Sockel aus verputztem Mauerwerk und einer aus Rotsandstein gefertigten Auflage in Form eines dicken Buches. Die Lebensdaten der Verstorbenen waren, wie noch ansatzweise nachzuvollziehen ist, auf die zwei aufgeschlagenen Seiten verteilt. Die kaum noch lesbare Inschrift lautet wie folgt:

Hier   **(ruhen)**
Julie   **Mathilde**
Schmidt   **Schmidt**
geb.(?)   **geb. (?66)**
gest. (?)   **gest. (?68)**

Julie Schmidt

In den Kirchenbüchern lassen sich keine persönlichen Daten nachweisen.

Mathilde Schmidt

In den Kirchenbüchern lassen sich ebenfalls keine persönlichen Daten nachweisen.

Bergisch Gladbach

Grabsteine auf dem Alten Friedhof an der Gnadenkirche

Z 25

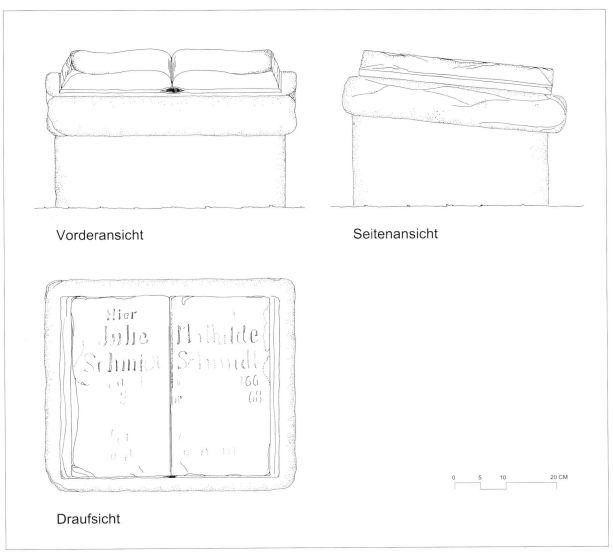

Vorderansicht

Seitenansicht

Draufsicht

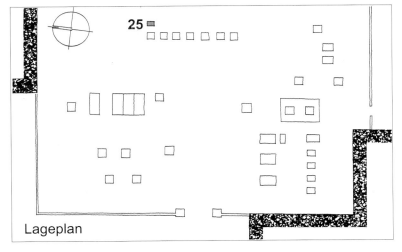

Lageplan

Grabdenkmal Nr. 26

Sockel L/B/H = 93/52/32 cm.
Stele einschl. Giebelaufsatz L/B/H = 70/29/101 cm.
Gesamthöhe = 166 cm.

Material: Kohlenkalk.

Ein kräftiger rechteckig gefügter Sockel bildet den Unterbau für einen zippusartigen Pfeiler. Auf der Vorderseite des Schaftes ist unterhalb der Betextung ein Relief in Form einer gesunkenen Fackel gekreuzt mit einem Eichenlaubzweig angearbeitet. Oberhalb des Schaftes schließt eine breit überkragende, gestufte Deckplatte das Motiv ab. Als Bekrönung des Grabmals dient ein gestelztes Pyramidendach, welches an den vier Ecken durch Palmettenakroterien geschmückt ist. Die Inschrift auf der Vorderseite lautet wie folgt:

Hier ruhen in Frieden
JOH. WILH. AURELIUS FUES
geb. d. 25. Febr. 1755, gest. d. 29. Februar 1828

CLARA WILH. FUES
geb. CLARENBACH
geb. d. 25. Oct. 1762, gest. d. 29. Oct. 1832

WILHELM LUDWIG FUES
geb. d. 8. Mai 1785, gest. d. 26. Dec. 1817

Mit den Entschlafenen Vater und Sohn erlosch
der männliche Zweig der Familie Fues
zur Dombach

Das Gedächnis....

Auf der Rückseite steht:

Das große Wort des Herrn
Joh: 11 V. 25 u. 26

Ich bin die Auferstehung und das Leben
Wer an mich glaubt der wird leben
ob er gleich stürbe
Und wer da lebet und glaubet an mich
der wird nimmermehr sterben.

Der Entschlafenen Glaube und Zuversicht.

Bergisch Gladbach

Grabsteine auf dem Alten Friedhof an der Gnadenkirche

Z 26 A

Vorderansicht

Hier ruhen in Frieden
JOH. WILH. AURELIUS FUES
geb. d. 25. Febr. 1755 gest. d. 29. Febr. 1828
CLARA WILH. FUES
geb. CLARENBACH
geb. d. 25. Oct. 1762 gest. d. 29. Oct. 1832
WILHELM LUDWIG FUES
geb. d. 8. Mai 1785 gest. d. 26. Dec. 1817.
Mit den Entschlafenen Vater u. Sohn erlosch
der mannl. he Zweig der Familie Fues
z... omb...ch
Das Gedach... ...

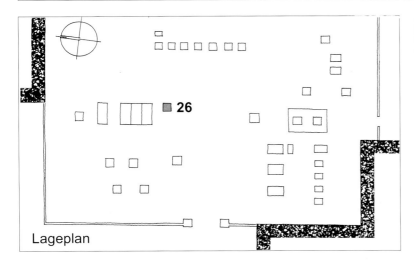

Lageplan

Johann Wilhelm Aurelius Fues

Geboren:	25. Februar 1755.
Gestorben:	29. Februar 1828[389].
Eltern:	Gerhard Fues, Dombach[390].
Verheiratet mit:	Clara Wilhelmine, geb. Clarenbach.
Kinder:	Wilhelm Ludwig, geb. 08.05.1785, gest. 26.12.1817, Wilhelmine, geb. 11.06.1792, gest. 08.05.1865 (vgl. Grabmal Nr. 14).

Clara Wilhelmine Fues, geb. Clarenbach

Geboren:	25. Oktober 1762.
Gestorben:	29. Oktober 1832[391].
Eltern:	?
Verheiratet mit:	Johann Wilhelm Aurelius Fues.
Kinder:	Wilhelm Ludwig, geb. 08.05.1785, gest. 26.12.1817, Wilhelmine, geb. 11.06.1792, gest. 08.05.1865 (vgl. Grabmal Nr. 14).

Wilhelm Ludwig Fues

Geboren:	08. Mai 1785.
Gestorben:	26. Dezember 1817[392].
Eltern:	Johann Wilhelm Aurelius Fues und Clara Wilhelmine geb. Clarenbach.
Verheiratet mit:	Anna Johanna, geb. Hoesch aus Düren, Eheschließung am 08.03.1815[393], (vgl. Grabmal Nr. 16).
Kinder:	Aurelie Eleonore, geb. 25.05.1815, gest. 21.05.1857 (vgl. Grabmal Nr. 13) Clara Ludolphine Hermine, geb. 21.07.1816, Louise Wilhelmine Friederica, geb. 15.07.1818[394].

Bemerkung:

Johann Wilhelm Aurelius Fues war Besitzer folgender Papiermühlen im Strundertal:
- Quirlsmühle (später Schnabelsmühle)
- Kieppenmühle
- Dombachmühle[395]

---

[389] Ev. Verw. Amt „Taufen, Trauungen, Bestattungen 1776 -1856, K 9, Verz. d. Gest.", S. 34, Nr. 3.
[390] Schmitz 1979, S. 52, 68 ff. und 124.
[391] Ev. Verw. Amt „Taufen, Trauungen, Bestattungen 1776 -1856, K 9, Verz. d. Gest.", S. 38, Nr. 4.
[392] Ebenda, S. 28, Nr. 6.
[393] Ev. Verw. Amt „Taufen, Trauungen, Bestattungen 1776 -1856, K 9, Verz. d. Verehel.", S. 11, Nr. 4.
[394] Ev. Verw. Amt „Taufen, Trauungen, Bestattungen 1776 -1856, K 9, Verz. d. Get.", S. 58, Nr. 3, und S. 60, Nr. 3.
[395] Schmitz 1979, S. 52, 79, und 230 ff.

Bergisch Gladbach

Grabsteine auf dem Alten Friedhof an der Gnadenkirche

Z 26 B

Rückansicht

Das große Wort des Herrn:
Joh: 11 V. 25 u. 26.

Ich bin die Auferstehung und das Leben
Wer an mich glaubt der wird leben
ob er gleich stürbe
Und wer da lebet und glaubet an mich
der wird nimmermehr sterben.

Der Entschlafenen Glaube und Zuversicht.

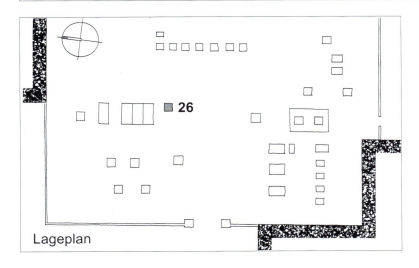

Lageplan

Grabdenkmal Nr. 27 A

L/B/H = 175,5/57,5/9 cm.

Material: Mitteldevonischer Sandstein (Mühlenbergschichten / Lindlar).

Bei dem Grabmal mit der Position 27 handelt es sich um eine dreiteilige und durch einen knappen Unterbau in leichte Schräglage gebrachte, liegende Platte, jeweils etwa in Grabstellengröße. Die Position 27A bezeichnet das auf der linken Seite befindliche Teilstück. Es liegt unmittelbar auf dem nur geringfügig aus dem Erdreich herausragenden, gemauerten Sockel auf und hat die Form einer sehr schlanken rechteckigen Platte. Eine umlaufende Nut schmückt die Aufschrift, die in die Platte eingetieft ist. Im Gegensatz dazu steht ein erhaben aufgearbeitetes, helmverziertes Wappenschild, das sich über der Inschrift befindet und durch einen länglich runden Kranz geschmückt wird. Die Wappenfigur ist ein nach rechts gerichteter Fuß, das Familienzeichen der hier bestatteten Johanna Gerdraut Fues. Eine zweizeilige Inschrift über dem Wappen thematisiert wohl den Wahlspruch der Verstorbenen:

**GOTTERGEBEN STAND =
HAFT UND ZUFRIEDEN**

Die restliche Betextung lautet wie folgt:

**FRIEDE DER ASCHE
DER WEILAND FRAU
JOHANNA GERDRAUT FUES
VEREHLICHT MIT HERRN
HEINRICH SCHNABEL
GEB. 1709. DEN 6. OCTOBER
GEST. 1789. DEN 17. NOVEMB.
GATTIN UND MUTTER STIF-
TETE SIE IN DEN HERZEN DER
IHRIGEN EIN DENKMAL DER
LIEBE, TREUE UND REDLICHKEIT.**

Johanna Gerdraut Fues

Geboren:	06. Oktober 1709.
Gestorben:	17. November 1789[396].
Eltern:	?
Verheiratet mit:	Heinrich Schnabel im Jahre 1738, (vgl. Grabmal Nr. 27 C).
Kinder:	Die Zwillingsschwestern: Maria Johanna, geb. 09.09.1739 in Mülheim a. Rhein, und Anna Helena, geb. 09.09.1739 in Mülheim a. Rhein, verh. mit Gottfried Fauth, (vgl. Grabmal Nr. 27 b), Carl Jakob Friedrich, geb. 05.10.1740, Bernhard Philipp Wilhelm, geb. 30.07.1742[397].

---

[396] Ev. Verw. Amt „Taufen, Trauungen, Bestattungen 1776 – 1856, K 9, Verz. d. Gest.", S. 3 Nr. 8.
[397] Schmitz 1979, S. 56 ff.

Bergisch Gladbach

Grabsteine auf dem Alten Friedhof an der Gnadenkirche

Z 27 A

Draufsicht

> GOTT ERGEBEN STAND-
> HAFT UND ZUFRIEDEN.
>
> FRIEDE DER ASCHE
> DER WEILAND FRAU
> JOHANNA GERDRAUT FUES
> VEREHLICHT MIT HERRN
> HEINRICH SCHNABEL
> GEB 1709. DEN 6 OCTOBER
> GEST 1789. DEN 17 NOVEMB
> GATTIN UND MUTTER STIF
> TETE SIE IN DEN HERZEN DER
> IHRIGEN EIN DENKMAL DER
> LIEBE TREUE UND REDLICHKEIT.

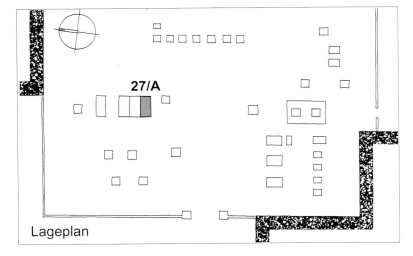

Lageplan

Grabdenkmal Nr. 27 B

L/B/H = 173/57/9 cm.

Material: Mitteldevonischer Sandstein (Mühlenbergschichten / Lindlar).

Bei dem Grabmal mit der Position 27 handelt es sich um eine dreiteilige und durch einen knappen Unterbau in leichte Schräglage gebrachte, liegende Platte, jeweils etwa in Grabstellengröße. Die Position 27B bezeichnet das mittlere Teilstück. Es besitzt ein rechteckiges Format, ist allerdings etwas größer als die beiden flankierenden Grabplatten. Ein umlaufendes wulstförmiges Profil schmückt die in die Platte eingegrabene Inschrift. Bekrönt wird die Inschrift wie zuvor durch ein Hochbild, welches das Wappen der Familie Fauth darstellt. Es zeigt einen rechts ausholenden erhobenen Arm mit einem Hammer in der Faust. Der Schild ist mit Helmzier bekrönt und von einem Lorbeerkranz umrahmt. Ein zweizeiliger Wahlspruch am oberen Ende der Grabplatte lautet wie folgt:

MELIOR POSTASPERA FATA
RESUREC(TIT)

Die Inschrift unterhalb des Wappens lautet:

HIER RUHET IN GOTT WEILAND
DER HERR JOH. GOTTF. FAUTH
VERSCHIEDENER FÜRSTEN UND STÄNDE
DES REICHS HOFRATH UND RESIDENT
IM NIEDERRHEINISCH WESTFÄLISCHEN KREISE
WURDE GEBOREN 1732, DEN 8. JANUAR
STARB 1797 DEN 16. MAERZ
LEICHENTEXT SPRUCH SALOMON 10 V.7.
DA............................US DES GERECHTEN
.........TM....L GEN
............ET ZUM LIEBEVOLLEN ANDENKEN
VON
(D)EN SEINIGEN

Johann Gottfried Fauth

Geboren:	08. Januar 1732.
Gestorben:	16. März 1797[398].
Eltern:	Franz Philipp Fauth[399].
Verheiratet mit:	Anna Helena Katharina, geb. Schnabel[400].
Kinder:	Franz (Johann) Heinrich, geb. 15.01.1766, gest. 08.09.1820, (vgl. Grabmal Nr. 29).
Bemerkung:	Die Übersetzung der lat. Überschrift lautet sinngemäß: „Nach schlimmen Schicksalsschlägen wird es ihm als Auferstandener besser gehen"[401].

---

[398] Ev. Verw. Amt „Taufen, Trauungen, Bestattungen 1776 – 1856, K 9, Verz. d. Gest.", S. 8.
[399] Schmitz 1979, S. 61.
[400] Koch 1989, S.29, bzw. Schmitz 1979, S. 61.
[401] Für die Unterstützung bei der Deutung dieses Spruches sei sowohl Benni Baader/Landstuhl als auch Jan Asmus Werling/Berg. Gladbach herzlichst gedankt.

Bergisch Gladbach

Grabsteine auf dem Alten Friedhof an der Gnadenkirche

Z 27 B

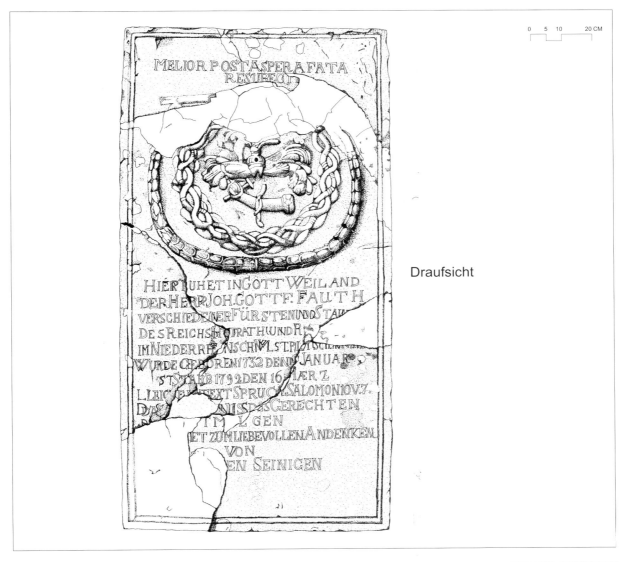

Draufsicht

Lageplan

Grabdenkmal Nr. 27 C

L/B/H = 175,5/59,5/9 cm.

Material: Mitteldevonischer Sandstein (Mühlenbergschichten / Lindlar).

Bei dem Grabmal mit der Position 27 handelt es sich um eine dreiteilige und durch einen knappen Unterbau in leichte Schräglage gebrachte, liegende Platte, jeweils etwa in Grabstellengröße. Die Position 27C bezeichnet das rechte Teilstück und entspricht in der Ausformung dem gegenüberliegenden Linken. Die Grabplatte zeigt das Wappen der Familie Schnabel. Es handelt sich hierbei um einen quergeteilten Schild, der im oberen Feld zweimal, im unteren Feld einmal ein dreiblättriges Kleeblatt zeigt. Der Helmzier enthält einen rechtsschreitenden Storch mit langem Schnabel. Das gesamte Motiv ist mit einem länglich runden Kranz umrahmt. Als Wahlspruch ist am Kopfende der Grabplatte eine zweizeilige Inschrift in den Sandstein eingetieft, die wie folgt lautet:

<blockquote>
GOTTESFURCHT, FLEIS
UND DEUTSCHER SINN.
</blockquote>

Die Inschrift unterhalb des Wappens lautet:

<blockquote>
HIER RUHET WEILAND
HERR HEINRICH SCHNABEL
GEB. 1706 DEN 16. JULY
GEST. 1797 DEN 24. FEBRUAR
GEGEBEN SEINEM HAUSE
ZUR ERHALTUNG UND DER
HIESIGEN REFORMIRTEN
GEMEINDE ZUM WERKZEUG
IHRER STIFTUNG
LEICHENTEXT HIOB 5 V 26
</blockquote>

Heinrich Schnabel

Geboren:	16. Juli 1706.
Gestorben:	24. Februar 1797[402].
Eltern:	Jakob Heinrich Schnabel und Apollonia Magdalena, geb. Recklinghausen[403].
Verheiratet mit:	Johanna Gerdraut Fues, im Jahre 1738[404], (vgl. Grabmal Nr. 27A).
Kinder:	Die Zwillingsschwestern: Maria Johanna, geb. 09.09.1739 in Mülheim a. Rhein, und Anna Helena, geb. 09.09.1739 in Mülheim a. Rhein, verh. mit Gottfried Fauth, (vgl. Grabmal Nr. 29), Carl Jakob Friedrich, geb. 05.10.1740, Bernhard Philipp Wilhelm, geb. 30.07.1742[405].

Bemerkung: Heinrich Schnabel erwarb im Jahre 1773 die „Kradepohlsmühle". 1782 wurde er Eigentümer der „Quirlsmühle", die dann den Namen „Schnabelsmühle" erhielt. Im gleichen Jahr wurde er auch Teilhaber der „Gohrsmühle". Er wurde Mitbegründer der „Evangelischen Gemeinde zu Gladbach und Tombach". Er war außerdem „Eltester und Cassirer" (sic!) also Kirchmeister der Gemeinde[406].

---

[402] Ev. Verw. Amt „Taufen, Trauungen, Bestattungen 1776 – 1856, K 9, Verz. d. Gest.", S. 13.
[403] Schmitz 1979, S. 53 ff.
[404] Koch 1989, S. 28 ff.
[405] Schmitz 1979, S. 53 ff.
[406] Rehse 1900, S. 110.

Bergisch Gladbach

Grabsteine auf dem Alten Friedhof an der Gnadenkirche

Z 27 C

Draufsicht

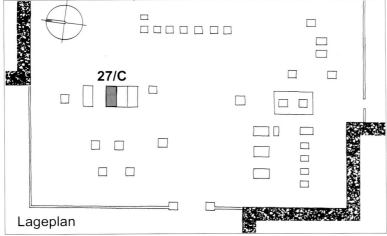

Lageplan

Grabdenkmal Nr. 28

L/B/H = 176/87/8,5 cm.

Material: Mitteldevonischer Sandstein (Mühlenbergschichten / Lindlar).

Die eine ganze Grabstelle bedeckende, und auf der Oberseite, reich ornamentierte Platte ist auf einem leicht zum Kopfende hin ansteigenden gemauerten Unterbau aufgelegt. Dem rechteckig angelegten Grabmal ist mittig eine ebenfalls rechteckige und erhaben gearbeitete Inschriftentafel aufgesetzt, welche heute nur noch in Ansätzen die Lebensdaten der Verstorbenen wiedergibt:

>1809 DEN (19. JUNII, AM 11TEN TAGE)
>NACH IHR (ER 9TEN ENTBINDUNG)
>IM 17. JA (HRE IHRES EHESTANDES)
>IM 39. (JAHRE IHRES ALTERS)
>SCHIED (ANNA CATHARINA FAUTH)
>GEB. P (ÜTTER VON IHREM GATTEN)
>UN (D 5 KINDERN IN EIN)
>BE (SSERES LEBEN)

Auf dem Abschlussgesims dieses Inschriftenfeldes entwachsen drei Trauerweiden. Die beiden äußeren sind etwas größer dargestellt und symbolisieren das Elternpaar, der kleinere Baum dazwischen das oder die Kinder. Während die äußeren Zweige über den Rahmen der darunter befindlichen Tafel fallen, flechtet sich durch die Kronen der Bäume ein Spruchband:

„WIR WERDEN UNS WIEDERSEHEN ! FREUNDSCHAFT LIEBE DANKBARKEIT"

Bekrönt werden die beiden außenstehenden Trauerweiden von jeweils einem, kreisförmigen Kranz umrahmten, Wappenschild. Diese Familienzeichen sind aber nicht nur lose nebeneinander gestellt, sondern durch zwei ineinander geschlungene Hände verbunden, welche ein Sinnbild der ehelichen Gemeinschaft darstellen sollen. Die Wappenmotive verkünden stolz von der (realen oder fiktiven) aristokratischen Vergangenheit ihrer Träger. Links ist das der Fam. Fauth, (eine hammerschwingende Faust), rechts das der Verstorbenen, bzw. der Fam. Pütter (zwei durch einen Architrav verbundene Säulenpaare) zu lokalisieren. Beide Wappenmotive sind am Kopfende durch entsprechende Helmzier geschmückt. Am unteren Ende der Grabplatte ist ein weiteres oval geformtes und umkränztes Inschriftenfeld angeordnet, dessen Zeilen die Verstorbene Charakterisieren sollen:

>EIN KINDLICH HERZ, TREU
>SORGSAM, VOLL LIEB
>UND MILD.
>SOLCHE GATTIN, SOLCHE MUTTER,
>DIES SEELIGE IST DEIN
>BILD.

Zweizeilige Grabtexte rahmen an der Oberseite, umlaufend die Grabplatte. Die in den Stein eingegrabene Inschrift am Kopf ist nicht mehr zu entziffern. Die ersten Wörter lauten:

DER TOD ...

Bergisch Gladbach

Grabsteine auf dem Alten Friedhof an der Gnadenkirche

Z 28 A

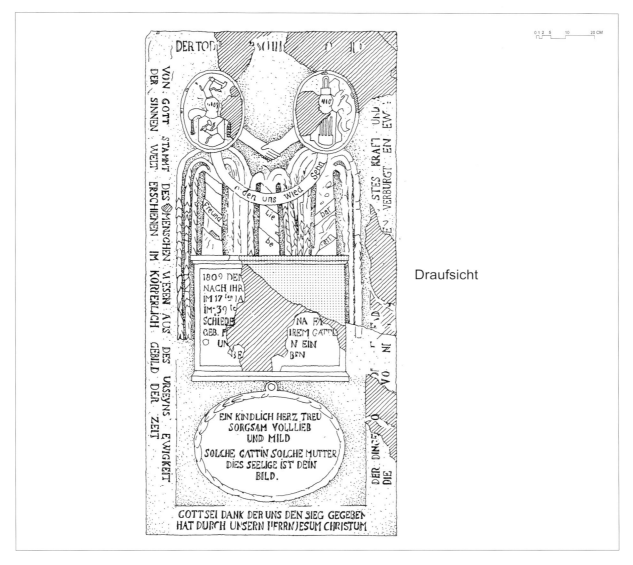

Draufsicht

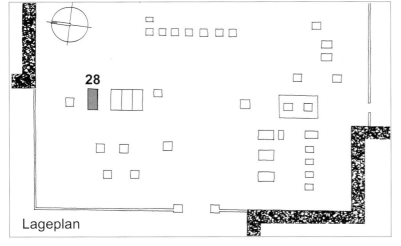

Lageplan

Am Fuß der Platte steht:

**GOTT SEI DANK DER UNS DEN SIEG GEGEBEN
HAT DURCH UNSERN HERRN JESUM CHRISTUM.**

Auf der linken Seite steht:

**VON GOTT STAMMT DES MENSCHEN WESEN AUS DES URSEYNS EWIGKEIT
DER SINNEN WELT ERSCHIENEN IM KÖRPERLICH GEBILD DER ZEIT.**

Auf der rechten Seite steht:

**DER DINGE (ORDNUNG, DER TUGEND WAHRHEIT, DES GEISTES KRAFT UND
STREBEN). DIE (KLUFT DES SEINS VON NICHTSEIN, SCHEIDEN) VERBÜRGT
EIN EW(IGES LEBEN).**

Anna Catharina Fauth, geb. Pütter

Geboren:	1770.
Gestorben:	19. Juni 1809 auf der Schnabelsmühle[407].
Eltern:	?
Verheiratet mit:	Franz Heinrich Fauth (vgl. Grabmal Nr. 29).
Kinder:	Helena Jacobina Henrietta, geb. 10.11.1793, gest. 03.04.1824 (vgl. Grabmal Nr. 29).
	Johanna Catharina Charlotta, geb. 02.03.1795, gest. 03.05.1795,
	Karl Gottfried Adolph Heinrich, geb. 17.02.1796, gest. 19.02.1796,
	Jacob Gottfried Matthias, geb. 04.10.1797, gest. 11.02.1829, (vgl. Grabmal Nr. 29),
	Peter Theodor Heinrich, geb. 07.11.1800, gest. ?,
	Wilhelm Friedrich, geb. 24.01.1806, gest. 04.05.1806,
	Elisabetha Jacobine Henrietta Berta, geb. 22.07.1807, gest. ?,
	Eleonore Mathilde Thusnelde, geb. 06.06.1809, gest. ?[408]

---

[407] Ev. Verw. Amt „Taufen, Trauungen, Bestattungen 1776 – 1856, K 9, Verz. d. Gest.", S. 22, Nr. 3.
[408] Die Fundstellen der Geburts- und Sterbedaten der Kinder lt. Kirchenbuch des Ev. Verw. Amtes „Taufen, Trauungen, Bestattungen 1776 – 1856, K 9, Verzeichnis der Getauften" und „der Gestorbenen" nachgewiesen (vgl. außerdem Schmitz 1979, S. 155 ff.).

Bergisch Gladbach

Grabsteine auf dem Alten Friedhof an der Gnadenkirche

Z 28 B

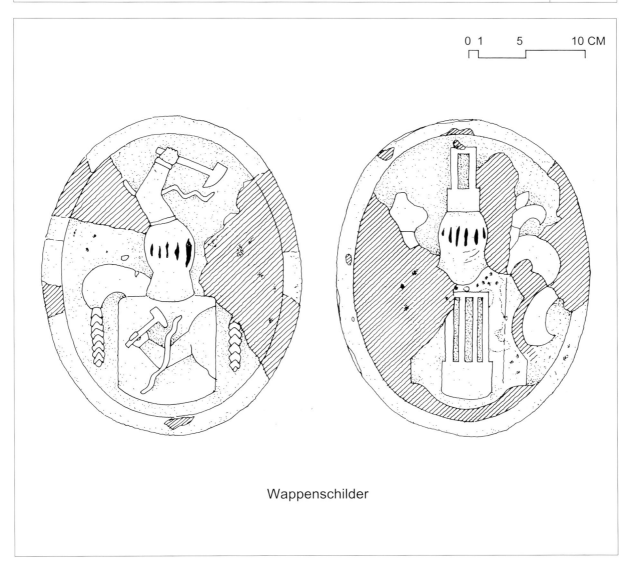

Wappenschilder

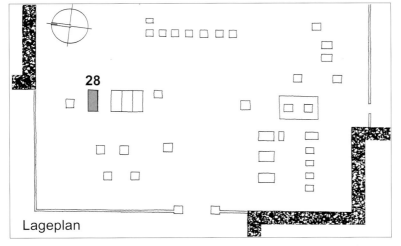

Lageplan

Grabdenkmal Nr. 29

Sockel L/B/H = 077/47/44 cm.
Stele einschl. Giebelaufsatz L/B/H = 62/33/127 cm.

Material: Kohlenkalk.

Das Grabmal hat die Gestalt eines flachen zippusartigen Pfeilers. Ein relativ hoher Sockel bildet den entsprechenden Unterbau. Am Kopf ist er mit einer leichten Schräge versehen und leitet so zur aufsitzenden Grabstele über. Der Schaft der Stele, der sich nach oben hin leicht verjüngt, ist auf allen vier Seiten mit Inschriften versehen. Am Kopf des Schaftes ist ein nur wenig vorspringendes umlaufendes Band angearbeitet, welches den Auftakt bildet für eine Hohlkehle, die zur allseitig überkragenden Deckplatte überleitet. Als Bekrönung dient ein Pyramidendach, welches an den vier Ecken durch stilisierte Distelakroterien geschmückt ist. Die Inschriften lauten:

**FRANZ HEINRICH
FAUTH
GEBOREN AM
15. JANUAR 1766
GESTORBEN AM
8. SEPTEMBER 1820**

Auf der linken Schmalseite:

**HELENE
FAUTH
GEBOREN AM
8. NOVEMBER 1793
GESTORBEN AM
3. APRIL 1824**

Auf der rechten Schmalseite:

**GOTTFRIED
FAUTH
GEBOREN AM
17. FEBRUAR 1796**[409]
**GESTORBEN AM
11. FEBRUAR 1829**

Auf der Rückseite:

Joh. XI.V. 25

**ICH BIN DIE
AUFERSTEHUNG
UND DAS LEBEN.
WER AN MICH GLAUBT
DER WIRD LEBEN
OB ER GLEICH STÜRBE**

Die Beschriftung wird jeweils durch eine sog. „Englische Linie" abgeschlossen.

---

[409] Das auf dem Grabstein genannte Geburtsdatum (17.02.1796) steht im Widerspruch zu der Geburtseintragung (04.10.1797) im Register des ev. Verw. Amtes „Taufen, Trauungen, Bestattungen 1776 – 1856", K 9, S. 21. Letzteres ist als richtig anzusehen.

Bergisch Gladbach

Grabsteine auf dem Alten Friedhof an der Gnadenkirche

Z 29 A

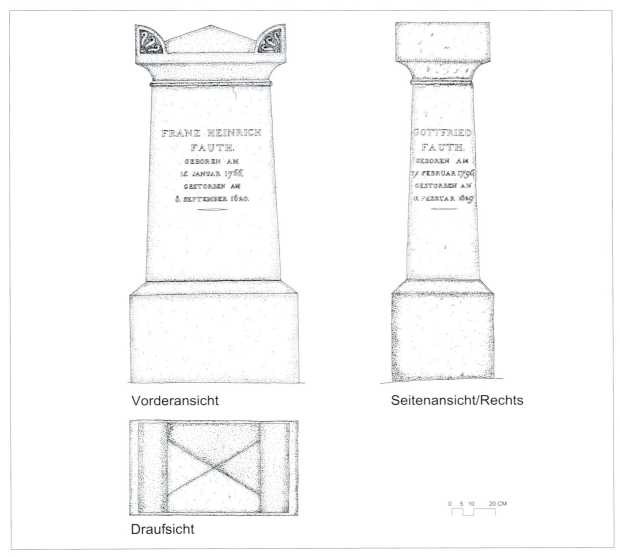

Vorderansicht

Seitenansicht/Rechts

Draufsicht

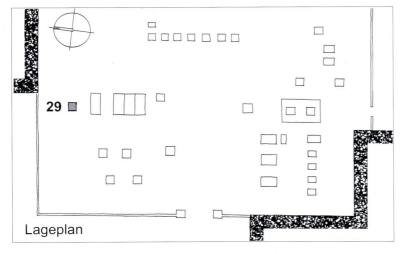

Lageplan

Franz (Johann) Heinrich Fauth

Geboren:	15. Januar 1766.
Gestorben:	08. September 1820.
Eltern:	Johann Gottfried Fauth[410] (vgl. Grabmal Nr. 27 B) und Anna Helena Katharina geb. Schnabel.
Verheiratet mit:	Anna Catharina Pütter, 1792 in Düsseldorf, gest. 19.06.1809 auf der Schnabelsmühle (vgl. Grabmal Nr. 28).
Kinder:	Helena Jacobina Henrietta (08.11.1793 – 03.04.1824), Johanna Catharina Charlotta (02.03.1795 – 03.05.1795), Karl Gottfried Adolph Heinrich (17.02.1796 – 19.02.1796), Jacob Gottfried Matthias (04.10.1797 – 11.02.1829)[411], Peter Theodor Heinrich (1800 - ?), Wilhelm Friedrich (1806), Elisabeth Jacobina Henrietta Berta (1807 - ?), Eleonore Matthilde Thusnelde (1809 - ?)[412].

Bemerkungen: Franz Heinrich Fauth war von 1797 bis 1820 Eigentümer der Schnabelsmühle. Im Jahre 1798 wurde er Nassau- Oranischer Hofrath sowie später Bürgermeister von Gladbach und Bensberg. Ab Juni 1800 bis zu seinem Tode im Jahre 1820 war er Kirchenältester der ev. Kirchengemeinde Gladbach[413]. Mit ihm ruhen an gleicher Stelle zwei seiner Kinder.

Helena Jacobina Henriette Fauth

Geboren:	08.November 1793.
Gestorben:	03. April 1824 auf der Schnabelsmühle[414].
Eltern:	Franz Heinrich Fauth und Anna Catharina Fauth, geb. Pütter (vgl. Grabmal Nr. 28).
Verheiratet mit:	Ledig.

Jacob Gottfried Matthias Fauth

Geboren:	17. Februar 1796.
Gestorben:	11. Februar 1829[415].
Eltern:	Franz Heinrich Fauth und Anna Catharina Fauth, geb. Pütter (vgl. Grabmal Nr. 28).
Verheiratet mit:	?

Bemerkung: Gottfried Fauth übernahm die Schnabelsmühle im Jahre 1820 nach dem Tode seines Vaters und führte sie bis 1822 alleine, von 1822 bis zu seinem Tode im Jahre 1829 gemeinsam mit Johann Wilhelm Zanders. Auch er wurde, wie schon sein Vater, zum Ältesten und Kirchmeister der ev. Kirchengemeinde gewählt. Leider konnte er dieses Amt nur 15 Monate ausüben, weil sein früher Tod mit 31 Jahren am 11. Februar allem ein Ende setzte[416].

---

[410] Koch 1989, S. 29 bzw. 47.
[411] Vgl. Anm. 409.
[412] Nachweis der Kinder lt. Daten des Ev. Verw. Amt „Taufen, Trauungen, Bestattungen 1776 – 1856, K 9, Verz. d. Getauften/Gestorbenen": Helena, S. 16, Nr. 4/S. 31, Nr. 1, Johanna, S. 19, Nr. 3/S. 11, Karl, S. 19, Nr.1/S. 12, Jacob S. 21, Nr. 3/S. 35, Peter, kein Eintrag, Wilhelm, S. 26, Nr. 9/S. 20, Elisabetha, S. 44, Nr. 8/ kein Eintrag, Eleonore, S. 48, Nr. 7/ kein Eintrag.
[413] Vgl. u.a. Rehse 1900, S. 201 ff. bzw. Schmitz 1979, S. 153 ff.
[414] Schmitz 1938, ohne Seitenangabe.
[415] Auch hinsichtlich des Todesdatums von Jacob Gottfried Matthias Fauth finden sich zwei unterschiedliche Angaben. In der Ausarbeitung von „Koch 1989, S. 47" wird als Sterbedatum der 11. Januar 1829 genannt. Im Buch der Ev. Kirche, Taufen, Trauungen, Bestattungen 1776 – 1856, k 9, Verz. d. Gest.", S. 35, Nr. 1 ist als Todestag der 11. Februar 1829 eingetragen. Dies deckt sich mit der Angabe auf dem Grabstein.
[416] Rehse 1900, S. 202 ff.

Bergisch Gladbach

Grabsteine auf dem Alten Friedhof an der Gnadenkirche

Z 29 B

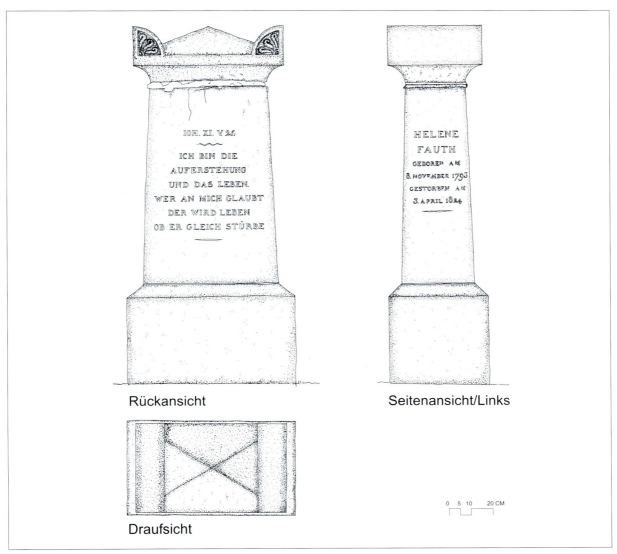

Rückansicht

IOH. XI. V 25.

ICH BIN DIE
AUFERSTEHUNG
UND DAS LEBEN.
WER AN MICH GLAUBT
DER WIRD LEBEN
OB ER GLEICH STÜRBE

Seitenansicht/Links

HELENE
FAUTH
GEBOREN AM
8. NOVEMBER 1793
GESTORBEN AM
5. APRIL 1884

Draufsicht

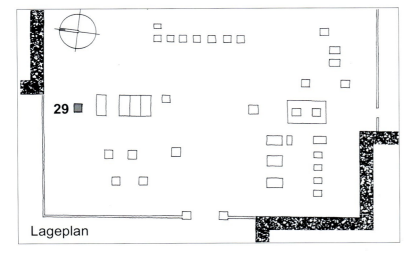

Lageplan

Grabdenkmal Nr. 30

Sockel L/B/H = 50,5/58/30 bzw. 18 cm.
Marmortafel L/B/H = 40,5/49/3 cm.

Material: Sockel aus mitteldevonischem Sandstein (Mühlenbergschichten / Lindlar), Inschriftenplatte aus Labradorit/Diorit (evtl. aus Skandinavien).

Das in Form eines Pultsteines gefertigte Grabmal besteht aus einem leicht ansteigenden Bruchsteinsockel, dem eine Inschriftenplatte aus Marmor eingelegt ist. Die eingravierte Inschrift lautet wie folgt:

**JOHANNE FUES
GEB·FROWEIN
GEB·2·SEPT·1825
GEST·13·MAI·1858**

JOH·11·25

Das am Ende der Inschrift angegebene Bibelzitat "Joh. 11, 25" lautet: „...Ich bin die Auferstehung und das Leben. Wer an mich glaubt, wird leben, auch wenn er stirbt, ...".

Johanne bzw. Johanna Fues

Geboren:	02 September 1825.
Gestorben:	13. Mai 1858[417].
Eltern:	Christoph Friedrich Wilhelm Frowein und Anna Frowein geb. van Hees[418].
Verheiratet:	Eduard Fues, am 12.09.1851 in Bergisch Gladbach[419].
Kinder:	Maria Emilie, geb. 22.05.1852, gest. 08. 01.1853[420]. Emma Maria, geb.10.06.1855, gest. 01.07.1855.

---

[417] Ev. Verw. Amt „Verzeichnis der Gestorbenen in der evangel. Gemeinde zu Bergisch Gladbach vom Jahr 1857 bis zum Jahr 1918", S. 3, Nr. 7.
[418] Ev. Verw. Amt „Taufen, Trauungen, Bestattungen 1776 -1856, K 9, Verz. d. Verehel.", S. 40, Nr. 5.
[419] Ebenda, S. 40, Nr. 5.
[420] Ev. Verw. Amt „Taufen, Trauungen, Bestattungen 1776 -1856, K 9, Verz. d. Getauften", S. 136, Nr. 8. bzw. „Verz. d. Gestorbenen", S. 68, Nr. 2.

Bergisch Gladbach

Grabsteine auf dem Alten Friedhof an der Gnadenkirche

Z 30

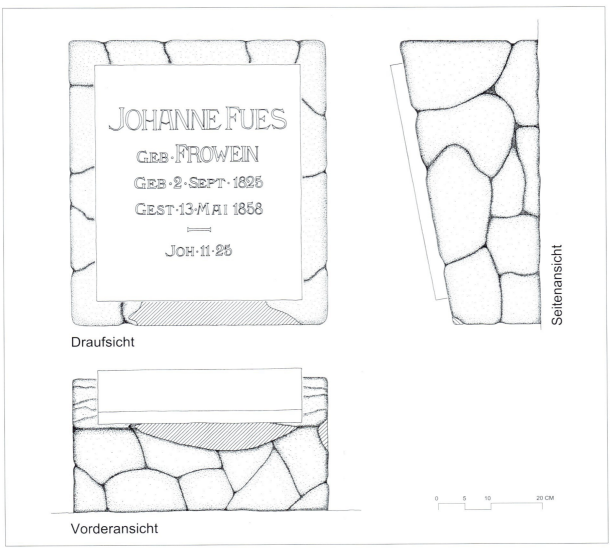

JOHANNE FUES
GEB. FROWEIN
GEB. 2. SEPT. 1825
GEST. 13. MAI 1858

JOH. 11. 25

Draufsicht

Seitenansicht

Vorderansicht

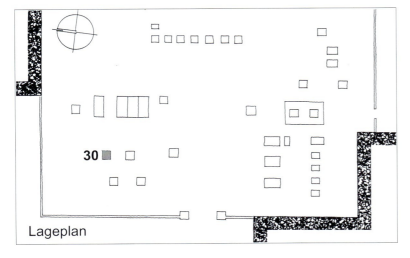

Lageplan

Grabdenkmal Nr. 31

Postament L/B/H = 92/75/15 cm.
Inschriftenteil L/B/H = 70,5/52.5/165 cm.
Kreuzaufsatz H/B/D = 78/50/7 cm.

Material: Kohlenkalk, Kreuzaufsatz aus Lahn – Marmor.

Zunächst dient ein rechteckig angelegtes Postament als Unterbau für einen gestuften Sockel. Der Absatz ist mit einem einfachen Basenprofil umlaufend geschmückt. Die Oberseite des Sockels wird von einer relativ weit auskragenden Abdeckplatte abgeschlossen, welche nach oben hin Zeltdach-förmig abschließt. Die Bekrönung des Grabmals erfolgt allerdings durch einen ca. 87 cm hohen Kreuzaufsatz, dessen Balkenenden mittig mit einer Fase versehen sind. Die Hauptansichtsfläche trägt auf beiden Sockelflächen eine Inschrift, die auf dem oberen Teil wie folgt lautet:

**Hier ruht
Heinrich Jacob
Maurenbrecher
geb. den 28. November 1779
zu Düsseldorf
gest. den 30. Juli 1856
zu Dombach**

Auf dem Sockel steht geschrieben:

**Ev. Matth. 11. 28.
Kommet her zu mir alle, die ihr mühselig
und beladen seid. Ich will euch erquicken**

Außerdem ist dort die Signatur des Grabbildhauers **„MEINARDUS IN D.DORF"** zu finden.

Heinrich Jacob Maurenbrecher

Geboren:	28. November 1779 (zu Düsseldorf).
Gestorben:	30. Juli 1856[421].
Eltern:	?
Verheiratet mit:	Josephine, geb. Hagens.
Kinder:	Wilhelm.
Bemerkung:	

Heinrich Jacob Maurenbrecher war von 1833 bis 1850 Eigentümer der Papiermühle „Dombach"[422].

---

[421] Ev. Verw. Amt „Taufen, Trauungen, Bestattungen 1776 – 1856, K 9, Verz. d. Gest.", S. 72, Nr. 12.
[422] Vgl. u.a. Koch 1989, S. 33, Schmitz 1938, ohne Seitenangabe, bzw. „Ein alter bergischer Totenacker erzählt...", Bergische Landzeitung, Samstag den 19. Nov. 1949.

Bergisch Gladbach

Grabsteine auf dem Alten Friedhof an der Gnadenkirche

Z 31

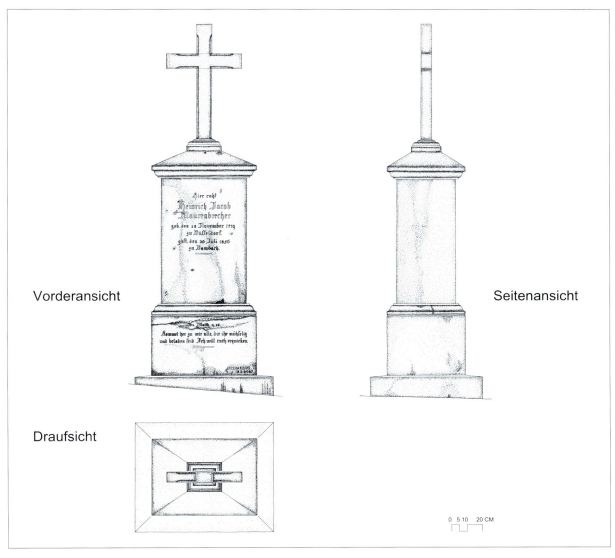

Vorderansicht

Seitenansicht

Draufsicht

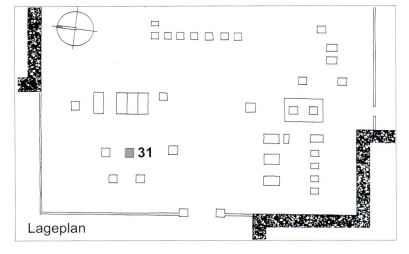

Lageplan

Grabdenkmal Nr. 32

Unterbau L/B/H = 85/78/16 cm.
Stipes L/B/H = 67,5/67,5/95 cm.
Urnenaufsatz H/D = 42/23 cm.

Material: Kohlenkalk und Travertin.

Ein aus verputztem Mauerwerk bestehendes Postament bildet die Basis für ein Grabmal, welches der Form eines Grabaltares nachempfunden ist. Über einem quadratischen Grundriss erhebt sich der Altarunterbau ein sog. Stipes, mit einer umfangreichen Profilierung am Sockel und unter der Mensa, der Altarplatte. Auf dieser steht, mittig angeordnet, eine Urne, deren Abdeckung in konkaver Form in einem pinienzapfenähnlichen Motiv ausläuft. Auf zwei gegenüberliegenden Seiten des Altarblocks befindet sich jeweils, einem Antependium vergleichbar, eine erhöhte Inschriftenplatte mit nach innen gerundeten Ecken. Die auf der Vorderseite eingearbeitete Betextung lautet wie folgt:

**Hier ruht
der treue Gatte und Vater
Gerhard Jacob Fues
geboren den 25. Februar 1761
entschlafen den 6. Mai 1825**

Friede seiner Asche

Auf der Rückseite:

**Edelsinn und Wohl (?)
schmückten sein Leben**

Gerhard Jacob Fues

Geboren:	25. Februar 1761.
Gestorben:	06. Mai 1825[423].
Eltern:	?
Verheiratet mit:	In 1. Ehe (29.09.1793) mit Adelheit Louise Christine Sproegel, Köln[424],
	In 2. Ehe (01.05.1798) mit Henriette Helene Gertraud Schnabel, Berg. Gladbach[425].
Kinder aus 1. Ehe:	Friedrich Johann Adam, geb. 25.10.1794, gest. 01. 1795[426].
Kinder aus 2. Ehe:	Carl Peter, geb. 10.02.1799, Heinrich, geb. 27.04.1800, Emilie, geb. 14.03.1802, Eduard, geb. 17.04.1804, gest. 11.09.1805, Eduard, geb.31.03.1807, Emma, geb. 14.08.1809, gest. 15.09.1809, Otto, geb. 06.04.1811, Martin, geb. 22.11.1813, gest. 02.04.1814, Emma, geb. 30.03.1819[427].

Bemerkung: Gerhard Jacob Fues war Besitzer der Gohrsmühle, sowie Kirchenältester der Reformierten Gemeinde vom 12. Februar 1795 bis Juni 1800[428].

---

[423] Ev. Verw. Amt „Taufen, Trauungen, Bestattungen 1776 – 1856, K 9, Verz. d. Gest.", S. 32, Nr. 1.
[424] Ev. Verw. Amt „Taufen, Trauungen, Bestattungen 1776 – 1856, K 9, Verz. d. Verehel.", S. 4, Nr. 2.
[425] Ebenda, S. 4, Nr. 1.
[426] Schmitz 1979, S. 67 ff.
[427] Ev. Verw. Amt „Taufen, Trauungen, Bestattungen 1776 – 1856, K 9, Verz. d. Get./Gest.": Carl Peter, S. 22, Nr. 1, Heinrich, S. 25, Nr. 2, Emilie, S. 28, Nr. 1, Eduard, S. 36, Nr. 4/S. 20, Nr.1, Eduard, S. 44, Nr. 6, Emma, S. 50, Nr. 8/S. 22, Nr. 5, Otto, S. 53, Nr. 4, Martin, S. 55, Nr. 2/S. 26, Emma, S. 61, Nr. 3.
[428] Rehse 1900, S. 201.

Bergisch Gladbach

Grabsteine auf dem Alten Friedhof an der Gnadenkirche

Z 32

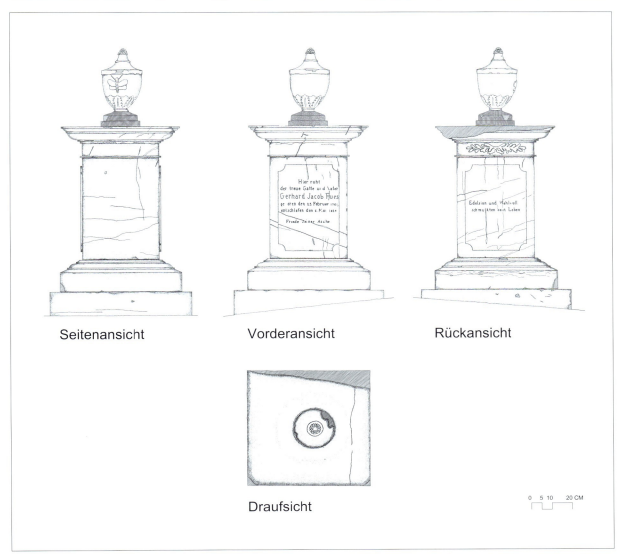

Seitenansicht Vorderansicht Rückansicht

Draufsicht

0 5 10   20 CM

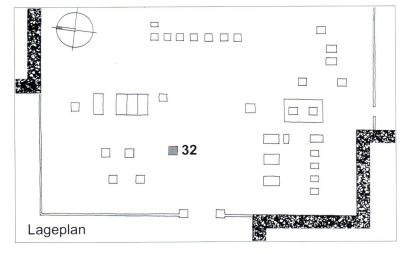

Lageplan

Grabdenkmal Nr. 33

Unterbau L/B/H = 57/55/10 cm.
Sockel L/B/H = 47/45/63 cm.
Kreuzaufsatz H/B/D = 112/63/12 cm.

Material: Buntsandstein. Unterbau aus mitteldevonischem Sandstein (Mühlenbergschichten / Lindlar).

Auf einem rechteckig angelegten Unterbau steht ein Sockel, der auf der Vorderseite eine eingesetzte marmorne Inschriftenplatte trägt. Eine aufwendige Profilierung leitet zu einem kleineren Sockelmotiv über, welches am Kopf allseitig abgeschrägt, die Basis bildet für einen, das Grabmal bekrönenden, Kreuzaufsatz. Dieser ist mit gotischem Nasenwerk besetzt und in den Vierungen mit Medaillons geschmückt. Auf der Vorderseite (Schriftseite) ist bzw. war ein Kreuz/Herz- Motiv eingeschrieben, auf der Rückseite ein Rosenmotiv integriert. Die Inschrift auf der Vorderseite lautet:

**EMMA PAULY
geb. d. 5. September 1829
gest. d. 14. November 1848
Verlobte
von W. Krauß
in Bensberg**

Auf der Rückseite befindet sich eine Heilsbotschaft des Apostel Paulus an die Philipper:

**Christus ist mein
Leben und Sterben
ist mein Gewinn

Philipper 1.21**

Emma Pauly

Geboren: 05 September 1829.

Gestorben: 14. November 1848[429].

Eltern: Heinrich Pauli, Gerichtsvollzieher[430].

Verlobt mit: W. Krauß aus Bensberg.

Bemerkung:

Laut Kirchenbuch ist der Name mit „Pauli" eingetragen[431].

---

[429] Ev. Verw. Amt „Taufen, Trauungen, Bestattungen 1776 – 1856, K 9, Verz. d. Gest.", S. 58, Nr. 7.
[430] Ebenda, S. 58, Nr. 7.
[431] Ebenda, S. 58, Nr. 7.

Bergisch Gladbach

Grabsteine auf dem Alten Friedhof an der Gnadenkirche

Z 33

Seitenansicht | Vorderansicht | Rückansicht

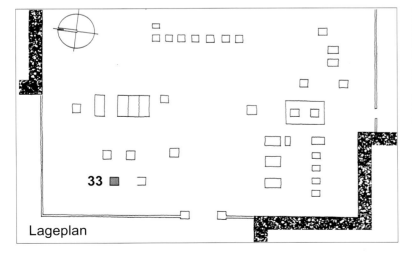

Lageplan

Grabdenkmal Nr. 34

Sockel L/B/H = 78/43,5/18 cm.
Stele einschl. Giebelaufsatz L/B/H = 73/38/165 cm.

Material: Unterbau aus Basaltlava (Niedermendig), ansonsten Buntsandstein.

Ein rechteckig angelegter Unterbau bildet die Basis für einen schlicht gefügten Sockel. Ein aus einem Wulst und einer Hohlkehle formuliertes Basenprofil leitet über zur eigentlichen Grabstele, welche auf der Vorderseite, über der Beschriftung, ein Thanatos – Relief zeigt. Oberhalb des Schaftes vermittelt ein aufwendig angearbeitetes Gesims zur Deckplatte über. Den oberen Abschluss bilden frontseitig ornamentgeschmückte Voluten, auf denen mittig eine großformatige Mittelakroterie thront. Die Grabsteinbetextung, die mit Hilfe sog. „Englischer Linien" eine Unterteilung erfährt, lautet wie folgt:

REGINE LOUISE KAESMANN
VERWITTWE STEUER EINNEHMER
JOSEPH WACHENDORFF
GEB. DEN 9.JANUAR 1780 GEST. AM 18. JUNI 1852

FROMME MUTTER DU DER DEINEN
EWIG SELIG LEBST DU DORT
WO WIR FRÖHLICH UNS VEREINEN
NACH DES THEUREN HEILANDS WORT
HIMMELSTROST IM TODESSCHMERZ
FÜLLT MIT GLAUBEN UNSER HERZ

Regine Louise Kaesmann

Geboren: 09. Januar 1780.

Gestorben: 18. Juni 1852[432].

Eltern: ?

Verheiratet mit: Joseph Wachendorff.

Kinder: ?

---

[432] Ev. Verw. Amt „Taufen, Trauungen, Bestattungen 1776 – 1856, K 9, Verz. d. Gest.", S. 67, Nr. 3.

Bergisch Gladbach

Grabsteine auf dem Alten Friedhof an der Gnadenkirche

Z 34

Vorderansicht

Seitenansicht

REGINE LOUISE ESMANN
VERWITTWE STEUER EINNEHMER
IOSEPH WACHENDORFF
GEB. DEN 9 IANUAR 1750 GEST AM 18 IUNI 1852

FROMME MUTTER DU DER DEINEN
EWIG SELIG LEBST DU DORT
WO WIR FRÖHLICH UNS VEREINEN
NACH DES THEUREN HEILANDS WORT
HIMMELSTROST IM TODESSCHMERZ
FÜLLT MIT GLAUBEN UNSER HERZ.

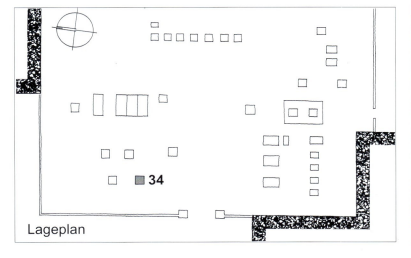

Lageplan

F08 Blick auf das Grabdenkmal der Regine Louise Kaesmann (Nr. 34)

8. Anhang zur Dokumentation

8.1 Liste der Grabsteine nach den Kartierungsnummern

Nr. Z	Name	Vorname	Geburtsdat.	Sterbedat.	Gatte/in	Bemerkung
1	Fues	Auguste	31.10.1801	29.06.1880	Heinrich	
2	Budde	Wilhelm	14.01.1847	18.05.1848		
3	Schrecker	Emilie				
4	Flick	Gottfried	29.03.1869	17.04.1869		
5	Schürmann	Heinrich	09.03.1836	10.02.1869		
6	Steinkauler (geb. Zanders)	Jacobine	11.08.1791	17.11.1844	Theodor	vgl. Nr. 7
7	Steinkauler	Theodor	30.11.1784	03.08.1845	Jacobine	vgl. Nr. 6
8	Zanders	Johann-Wilh. Gottfried	18.10.1748	30.09.1815	Maria-Gertr. Jakobine	
9	Zanders	Johann-Heinrich	02.04.1756	28.12.1811		
10	Zanders	Johann-Wilh. Adolph	21.01.1795	04.09.1831	Julie	vgl. Nr. 11
11	Zanders (geb. Müller)	Julie	17.06.1804	28.11.1869	Johann-Wilh. Adolph	vgl. Nr. 10
12	Paas (geb. Loehmer)	Wilhelmine	19.11.1802	10.03.1856	Johann-Willhelm	
13	Poensgen (geb. Fues)	Aurelie	25.05.1815	21.05.1857	Eduard	
14	Fues	Wilhelmine	11.06.1792	08.05.1865		
15	Koch	Carl August	12.02.1795	19.02.1880	Anna Johanna	vgl. Nr. 16
16	Koch (geb. Hoesch)	Anna Johanna	20.03.1795	14.04.1884	Carl August	vgl. Nr. 15
17	Koch	Friedrich Joseph	29.06.1789	25.06.1838		
18	Giesen	Jacobine	03.07.1838	17.10.1854		
18	Giesen (geb. Siller)	Henriette Catharina	01.01.1810	29.08.1866	Joh. Heinrich Michael	
19	Dilthey	Friedrich	04.06.1818	09.06.1840		
20	Supan	Wilhelmine Dorothea	24.12.1798	10.11.1866		
21	Thiemer	Johann Peter Gottfried	23.07.1800	07.11.1879		
22	Biesenbach	Anna Maria	25.07.1707	19.12.1791	Wel. Abraham Glaser	
23	Supan	Gertrud	03.04.1826	17.11.1883	Johann Heinrich	

Nr. Z	Name	Vorname	Geburtsdat.	Sterbedat.	Gatte/in	Bemerkung
23	Supan	Johann Heinrich	31.10.1821	04.07.1895	Gertrud	
24	Fues	Johann Isaac	23.09.1716	27.04.1797	Catharina Elisabeth	
24	Fues (geb. Schneider)	Catharina Elisabeth	24.06.1727	12.06.1803	Johann Isaac	
25	Schmidt	Julie				
25	Schmidt	Mathilde				
26	Fues	Joh. Wilh. Aurelius	25.02.1755	29.02.1828	Clara Wilhelmine	
26	Fues (geb. Clarenbach)	Clara Wilhelmine	25.10.1762	29.10.1832	Joh. Wilh. Aurelius	
26	Fues	Wilhelm Ludwig	08.05.1785	26.12.1817	Anna Johanna	vgl. Nr. 16
27 A	Fues	Johanna Gerdraut	06.10.1709	17.11.1789	Heinrich Schnabel	vgl. Nr. 27 C
27 B	Fauth	Johann Gottfried	08.01.1732	16.03.1797	Anna Helena Katharina	
27 C	Schnabel	Heinrich	16.07.1706	24.02.1797	Johanna Gerdraut	vgl. Nr. 27 A
28	Fauth (geb. Pütter)	Anna Catharina	1770	19.06.1809	Franz Heinrich	vgl. Nr. 29
29	Fauth	Franz Heinrich	15.01.1766	08.09.1820	Anna Catharina	vgl. Nr. 28
29	Fauth	Helena Jacobina Henriette	08.11.1793	03.04.1824		
29	Fauth	Jacob Gottfried Matthias	17.02.1796	11.02.1829		
30	Fues (geb. Frowein)	Johanne	02.09.1825	13.05.1858	Eduard	
31	Maurenbrecher	Heinrich Jacob	28.11.1779	30.07.1856	Josephine	
32	Fues	Gerhard Jacob	25.02.1761	06.05.1825	Adelheit (1.Ehe) Henriette (2.Ehe)	
33	Pauly	Emma	05.09.1829	14.11.1848		
34	Kaesmann	Regine Louise	09.01.1780	18.06.1852	Joseph Wachendorff	

8.2 Alphabetische Liste der Grabsteine

Nr. Z	Name	Vorname	Geburtsdat.	Sterbedat.	Gatte/in	Bemerkung
22	Biesenbach	Anna Maria	25.07.1707	19.12.1791	Wel. Abraham Glaser	
2	Budde	Wilhelm	14.01.1847	18.05.1848		
19	Dilthey	Friedrich	04.06.1818	09.06.1840		
28	Fauth (geb. Pütter)	Anna Catharina	1770	19.06.1809	Franz Heinrich	vgl. Nr. 29
29	Fauth	Franz Heinrich	15.01.1766	08.09.1820	Anna Catharina	vgl. Nr. 28
29	Fauth	Helena Jacobina Henriette	08.11.1793	03.04.1824		
29	Fauth	Jacob Gottfried Matthias	17.02.1796	11.02.1829		
27 B	Fauth	Johann Gottfried	08.01.1732	16.03.1797	Anna Helena Katharina	
4	Flick	Gottfried	29.03.1869	17.04.1869		
1	Fues	Auguste	31.10.1801	29.06.1880	Heinrich	
24	Fues (geb. Schneider)	Catharina Elisabeth	24.06.1727	12.06.1803	Johann Isaac	
26	Fues (geb. Clarenbach)	Clara Wilhelmine	25.10.1762	29.10.1832	Joh. Wilh. Aurelius	
32	Fues	Gerhard Jacob	25.02.1761	06.05.1825	Adelheit (1.Ehe) Henriette (2.Ehe)	
24	Fues	Johann Isaac	23.09.1716	27.04.1797	Catharina Elisabeth	
26	Fues	Joh. Wilh. Aurelius	25.02.1755	29.02.1828	Clara Wilhelmine	
27 A	Fues	Johanna Gerdraut	06.10.1709	17.11.1789	Heinrich Schnabel	vgl. Nr. 27 C
30	Fues (geb. Frowein)	Johanne	02.09.1825	13.05.1858	Eduard	
26	Fues	Wilhelm Ludwig	08.05.1785	26.12.1817	Anna Johanna	vgl. Nr. 16
14	Fues	Wilhelmine	11.06.1792	08.05.1865		
18	Giesen (geb. Siller)	Henriette Catharina	01.01.1810	29.08.1866	Joh. Heinrich Michael	
18	Giesen	Jacobine	03.07.1838	17.10.1854		
34	Kaesmann	Regine Louise	09.01.1780	18.06.1852	Joseph Wachendorff	
16	Koch (geb. Hoesch)	Anna Johanna	20.03.1795	14.04.1884	Carl August	vgl. Nr. 15
15	Koch	Carl August	12.02.1795	19.02.1880	Anna Johanna	vgl. Nr. 16
17	Koch	Friedrich Joseph	29.06.1789	25.06.1838		

Nr. Z	Name	Vorname	Geburtsdat.	Sterbedat.	Gatte/in	Bemerkung
31	**Maurenbrecher**	Heinrich Jacob	28.11.1779	30.07.1856	Josephine	
12	**Paas** (geb. Loehmer)	Wilhelmine	19.11.1802	10.03.1856	Johann-Willhelm	
33	**Pauly**	Emma	05.09.1829	14.11.1848		
13	**Poensgen** (geb. Fues)	Aurelie	25.05.1815	21.05.1857	Eduard	
25	**Schmidt**	Julie				
25	**Schmidt**	Mathilde				
27 C	**Schnabel**	Heinrich	16.07.1706	24.02.1797	Johanna Gerdraut	vgl. Nr. 27 A
3	**Schrecker**	Emilie				
5	**Schürmann**	Heinrich	09.03.1836	10.02.1869		
6	**Steinkauler** (geb. Zanders)	Jacobine	11.08.1791	17.11.1844	Theodor	vgl. Nr. 7
7	**Steinkauler**	Theodor	30.11.1784	03.08.1845	Jacobine	vgl. Nr. 6
23	**Supan**	Gertrud	03.04.1826	17.11.1883	Johann Heinrich	
23	**Supan**	Johann Heinrich	31.10.1821	04.07.1895	Gertrud	
20	**Supan**	Wilhelmine Dorothea	24.12.1798	10.11.1866		
21	**Thiemer**	Johann Peter Gottfried	23.07.1800	07.11.1879		
9	**Zanders**	Johann-Heinrich	02.04.1756	28.12.1811		
10	**Zanders**	Johann-Wilh. Adolph	21.01.1795	04.09.1831	Julie	vgl. Nr. 11
8	**Zanders**	Johann-Wilh. Gottfried	18.10.1748	30.09.1815	Maria-Gertr. Jakobine	
11	**Zanders** (geb. Müller)	Julie	17.06.1804	28.11.1869	Johann-Wilh. Adolph	vgl. Nr. 10

8.3 Chronologische Liste der Grabsteine

Nr. Z	Name	Vorname	Geburtsdat.	Sterbedat.	Gatte/in	Bemerkung
27 A	Fues	Johanna Gerdraut	06.10.1709	**17.11.1789**	Heinrich Schnabel	vgl. Nr. 27 C
22	Biesenbach	Anna Maria	25.07.1707	**19.12.1791**	Wel. Abraham Glaser	
27 C	Schnabel	Heinrich	16.07.1706	**24.02.1797**	Johanna Gerdraut	vgl. Nr. 27 A
27 B	Fauth	Johann Gottfried	08.01.1732	**16.03.1797**	Anna Helena Katharina	
24	Fues	Johann Isaac	23.09.1716	**27.04.1797**	Catharina Elisabeth	
24	Fues (geb. Schneider)	Catharina Elisabeth	24.06.1727	**12.06.1803**	Johann Isaac	
28	Fauth (geb. Pütter)	Anna Catharina	1770	**19.06.1809**	Franz Heinrich	vgl. Nr. 29
9	Zanders	Johann-Heinrich	02.04.1756	**28.12.1811**		
8	Zanders	Johann-Wilh. Gottfried	18.10.1748	**30.09.1815**	Maria-Gertr. Jakobine	
26	Fues	Wilhelm Ludwig	08.05.1785	**26.12.1817**	Anna Johanna	vgl. Nr. 16
29	Fauth	Franz Heinrich	15.01.1766	**08.09.1820**	Anna Catharina	vgl. Nr. 28
29	Fauth	Helena Jacobina Henriette	08.11.1793	**03.04.1824**		
32	Fues	Gerhard Jacob	25.02.1761	**06.05.1825**	Adelheit (1.Ehe) Henriette (2.Ehe)	
26	Fues	Joh. Wilh. Aurelius	25.02.1755	**29.02.1828**	Clara Wilhelmine	
29	Fauth	Jacob Gottfried Matthias	17.02.1796	**11.02.1829**		
10	Zanders	Johann-Wilh. Adolph	21.01.1795	**04.09.1831**	Julie	vgl. Nr. 11
26	Fues (geb. Clarenbach)	Clara Wilhelmine	25.10.1762	**29.10.1832**	Joh. Wilh. Aurelius	
17	Koch	Friedrich Joseph	29.06.1789	**25.06.1838**		
19	Dilthey	Friedrich	04.06.1818	**09.06.1840**		
6	Steinkauler (geb. Zanders)	Jacobine	11.08.1791	**17.11.1844**	Theodor	vgl. Nr. 7
7	Steinkauler	Theodor	30.11.1784	**03.08.1845**	Jacobine	vgl. Nr. 6
2	Budde	Wilhelm	14.01.1847	**18.05.1848**		
33	Pauly	Emma	05.09.1829	**14.11.1848**		
34	Kaesmann	Regine Louise	09.01.1780	**18.06.1852**	Joesph Wachendorff	
18	Giesen	Jacobine	03.07.1838	**17.10.1854**		

Nr. Z	Name	Vorname	Geburtsdat.	Sterbedat.	Gatte/in	Bemerkung
12	Paas (geb. Loehmer)	Wilhelmine	19.11.1802	**10.03.1856**	Johann-Willhelm	
31	Maurenbrecher	Heinrich Jacob	28.11.1779	**30.07.1856**	Josephine	
13	Poensgen (geb. Fues)	Aurelie	25.05.1815	**21.05.1857**	Eduard	
30	Fues (geb. Frowein)	Johanne	02.09.1825	**13.05.1858**	Eduard	
14	Fues	Wilhelmine	11.06.1792	**08.05.1865**		
18	Giesen (geb. Siller)	Henriette Catharina	01.01.1810	**29.08.1866**	Joh. Heinrich Michael	
20	Supan	Wilhelmine Dorothea	24.12.1798	**10.11.1866**		
5	Schürmann	Heinrich	09.03.1836	**10.02.1869**		
4	Flick	Gottfried	29.03.1869	**17.04.1869**		
11	Zanders (geb. Müller)	Julie	17.06.1804	**28.11.1869**	Johann-Wilh. Adolph	vgl. Nr. 10
21	Thiemer	Johann Peter Gottfried	23.07.1800	**07.11.1879**		
15	Koch	Carl August	12.02.1795	**19.02.1880**	Anna Johanna	vgl. Nr. 16
1	Fues	Auguste	31.10.1801	**29.06.1880**	Heinrich	
23	Supan	Gertrud	03.04.1826	**17.11.1883**	Johann Heinrich	
16	Koch (geb. Hoesch)	Anna Johanna	20.03.1795	**14.04.1884**	Carl August	vgl. Nr. 15
23	Supan	Johann Heinrich	31.10.1821	**04.07.1895**	Gertrud	
25	Schmidt	Julie				
25	Schmidt	Mathilde				
3	Schrecker	Emilie				

8.4 Liste der Grabsteine nach den verwendeten Materialien

Nr. Z	Metall / Gußeisen	Kohlenkalk	Buntsandstein	Sandstein (Feinkörnig)	Sandstein (Grobkörnig)	Sandstein (Mitteldevonisch/Lindlar)	Andesit	Metamorpher Schiefer	Marmor / Carara	Lahn - Marmor	Travertin	Basaltlava	Mauerwerk im Postamentbereich	Inschriftentafel aus
1		X												Belg. Marmor
2		X												Marmor
3			X											Marmor
4			X											Marmor
5		X												Marmor
6			X											
7			X											
8							X							
9								X						
10			X											
11		X												
12				X										
13		X												
14									X					
15		X												Marmor
16		X												Marmor
17				X	X									
18		X											X	
19	X												X	
20		X												Kalksandstein
21													X	Marmor
22					X									
23													X	Marmor
24			X											
25			X											
26		X												

Nr. Z	Metall / Gußeisen	Kohlenkalk	Buntsandstein	Sandstein (Feinkörnig)	Sandstein (Grobkörnig)	Sandstein (Mitteldevonisch/Lindlar)	Andesit	Metamorpher Schiefer	Marmor / Carara	Lahn - Marmor	Travertin	Basaltlava	Mauerwerk im Postamentbereich	Inschriftentafel aus
27 A						X								
27 B						X								
27 C						X								
28						X								
29		X												
30						X								Diorit / Labradorit
31		X								X				
32		X									X			
33			X			X								
34			X									X		

8.5 Quellenverzeichnis

Ev. Verw. Amt, „Taufen, Trauungen, Bestattungen 1776 – 1856, K9, Verzeichnis der Getauften".

Ev. Verw. Amt, „Taufen, Trauungen, Bestattungen 1776 – 1856, K9, Verzeichnis der Verehelichten".

Ev. Verw. Amt, „Taufen, Trauungen, Bestattungen 1776 – 1856, K9, Verzeichnis der Gestorbenen".

Ev. Verw. Amt,
„Verzeichnis der Geborenen und Getauften der ev. Gemeinde zu Bergisch Gladbach vom Jahr 1857 bis zum Jahr 1903".

Ev. Verw. Amt,
"Verzeichnis der Aufgebotenen und Getrauten in der ev. Gemeinde zu Bergisch Gladbach vom Jahr 1857 bis zum Jahr 1924".

Ev. Verw. Amt,
„Verzeichnis der Gestorbenen in der ev. Gemeinde zu Bergisch Gladbach vom Jahr 1857 bis zum Jahr 1918".

Die wenigen in den Anmerkungen des Kommentarteils der Zeichnungen aufgeführten Literaturhinweise sind unter dem Kap. 6.3 „Literaturverzeichnis" auf S. 121 ff. aufgelistet.

8.6 Verzeichnis der an der Bauaufnahme Beteiligten

Z 01	Ems, Daniel / Werling, Michael
Z 02	Steinbiß, Wiebke
Z 03	Ems, Daniel / Werling, Michael
Z 04	Schweizer, Gabi
Z 05	Lückerath, Anna
Z 06	Steinbiß, Wiebke
Z 07	Ems, Daniel / Werling, Michael
Z 08/09	Köhler, Stefan
Z 10	Petersen, Jan
Z 11	Schweizer, Gabi
Z 12	Richter, Sascha
Z 13	Vilz, Susanne
Z 14	Kiszio, Claudia
Z 15/16	Lückerath, Anna
Z 17	Ems, Daniel / Werling, Michael
Z 18	Rimpel, Melanie
Z 19	Vilz, Susanne
Z 20–Z 23	Ems, Daniel / Werling, Michael
Z 24/25	Graap, Kerstin
Z 26	Ems, Daniel / Werling, Michael
Z 27A	Lötsch, Britta
Z 27B	Nilson, Kai
Z 27 C	Neurode, Vera
Z 28A/28B	Ems, Daniel / Werling, Michael
Z 29	Rimpel, Melanie
Z 30/31	Basara - Thomas, Valentina
Z 32	Scheideler, Alexandra
Z 33	Krüger, Elke
Z 34	Poschmann, Sandra

Buchbearbeitung und Layout: Simons, Petra / Werling, Michael

8.7 Zu den Autoren

Manfred-Walter Kautz

Geb. 1928 in Königsberg/Ostpreussen.
Kriegsgefangenschaft.
Studium in München, Dipl.-Ing. (FH), Baumeister.
Seit 1962 in Bergisch Gladbach wohnhaft.
Tätigkeiten in Wirtschaft, Staatsdienst (Staatshochbauverwaltung und Ministerium für Wiederaufbau), Rundfunkanstalten (WDR und ORB), Vortrags-, Seminar- und Lehrtätigkeit, Unternehmensberatung.
Von 1988 bis 2000 Presbyter an der Ev. Gnadenkirche, Baukirchmeister und Friedhofsdezernent der Ev. Kirchen in Bergisch Gladbach.

Michael Werling

Geb. 1950 in Ludwigshafen am Rhein.
1970-1973 Studium der Architektur an der Ingenieurschule Mainz.
1973-1977 Studium der Architektur an der TH Karlsruhe.
1977-1983 Wissenschaftlicher Mitarbeiter an der Universität Kaiserslautern.
1984 Promotion zum Dr.-Ing.
1983-1985 selbständiger Architekt, Partner bei der „WERKS-Planungsgemeinschaft" in Kaiserslautern.
1985-1990 Konservator bzw. Dezernent bei der Bezirksregierung Hannover (Obere Denkmalschutzbehörde).
Seit 1990 Professur für Baugeschichte und Entwerfen an der FH Köln, Fakultät für Architektur.
Seit 2002 Dekan der Fakultät für Architektur der FH Köln.
Lebt mit seiner Familie seit 1990 in Bergisch Gladbach/Frankenforst.

Denkmalausweisung	T 24

URKUNDE

Ev. Kirchengemeinde Bergisch Gladbach

erhält diese Urkunde in Verbindung mit der Denkmalplakette des Landes Nordrhein-Westfalen für das Denkmal

**Ehemaliger Ev. Friedhof
unweit der Ev. Gnadenkirche
Hauptstraße
51465 Bergisch Gladbach**

in Anerkennung der Verpflichtung, das Denkmal im Interesse der Allgemeinheit zu erhalten und so zur Bewahrung des kulturellen Erbes in Nordrhein-Westfalen beizutragen.

Der Ministerpräsident
des Landes Nordrhein-Westfalen

Johannes Rau

Der Minister für Stadtentwicklung
und Verkehr
des Landes Nordrhein-Westfalen

Franz-Josef Kniola

F09 Andenkenplatte auf dem alten ev. Friedhof an der Gnadenkirche in Bergisch Gladbach, gestiftet vom Verschönerungsverein der Stadt Bergisch Gladbach.